T0165033

EL

ASCENSO

DE

MARCO

RUBIO

Manuel Roig-Franzia

SIMON & SCHUSTER

Nueva York   Londres   Toronto   Sídney   Nueva Delhi

Simon & Schuster
1230 Avenue of the Americas
New York, NY 10020

Copyright © 2012 por Manuel Roig-Franzia
Copyright de la traducción © 2012 por Simon & Schuster, Inc.

Traducción del inglés por Santiago Ochoa

Originalmente publicado en inglés bajo el título *The Rise of Marco Rubio*.

Todos los derechos están reservados, incluido el derecho de reproducción total o parcial en cualquier forma. Para obtener cualquier información diríjase a: Simon & Schuster Subsidiary Rights Department, 1230 Avenue of the Americas, New York, NY 10020.

Primera edición en rústica de Simon & Schuster agosto 2012

SIMON & SCHUSTER y su colofón son sellos editoriales registrados de Simon & Schuster, Inc.

Para obtener información respecto a descuentos especiales en ventas al por mayor, diríjase a Simon & Schuster Special Sales al 1-866-506-1949 o a la siguiente dirección electrónica: business@simonandschuster.com.

La Oficina de Oradores (Speakers Bureau) de Simon & Schuster puede presentar autores en cualquiera de sus eventos en vivo. Para más información o para hacer una reservación para un evento, llame al Speakers Bureau de Simon & Schuster, 1-866-248-3049 o visite nuestra página web en www.simonspeakers.com.

Impreso en los Estados Unidos de América
10 9 8 7 6 5 4 3 2 1

ISBN 978-1-4516-8712-5
ISBN 978-1-4516-7547-4 (ebook)

Para mi querido abuelo Manuel Roig Meca "Niño de la Isla"

Contenido

EL ASCENSO DE

MARCO RUBIO

Introducción

EL HEREDERO

En un instante, se precipitó hacia el piso. Un hombro derecho delicado y delgado enfiló hacia abajo, un bastón voló hacia un costado. Nancy Reagan, pequeña, frágil como una estatuilla china en un traje color marfil, se estaba cayendo. Muchos en el público al límite de la capacidad en la Biblioteca Ronald Reagan en Simi Valley, California, no podían ver lo que estaba sucediendo. Aplaudían cariñosamente, ajenos a lo que ocurría. Pero antes de que el aplauso del público se convirtiera en gritos ahogados, estallaron las sinapsis del joven senador que acompañaba a la antigua primera dama a su asiento. Marco Rubio, bien peinado y con una sonrisa de estudiante sobresaliente dibujada en su cara, jaló al icono envejecido hacia él. Se dobló a la derecha y colocó una mano debajo de su brazo, atrapando a la mujer de noventa años justo cuando se inclinaba hacia delante, casi paralela al piso, a punto de sufrir un golpe que podía fracturarle los huesos.

Rubio, un hombre de cuarenta años que parecía diez años menor, se movió con la agilidad segura que una vez exhibió en los campos de fútbol americano de la secundaria en Miami. No era veloz, pero era rápido, pensaba James Colzie, su director deportivo de la secundaria. En el campo de fútbol americano hay una diferencia. Ser veloz significa que corres a alta velocidad; ser rápido quiere decir que reaccionas a alta velocidad. Ser rápido significa que llegas al punto justo en el campo en el momento preciso.

A veces ser rápido es mejor que ser veloz.

Era el 23 de agosto de 2011. La estatuilla no se quebró.

Pronto quedó claro que este había sido *un momento clave*. Un blog del *Los Angeles Times* publicó una secuencia de fotografías, imagen tras imagen, debajo del titular "¡Marco Rubio al rescate!". Mostraron a Nancy y Marco sonriendo el uno al otro, luego a Nancy mirando felizmente al público, empezando a caer en cámara lenta mientras el senador se acerca para darle la mano y salvarla. La ansiedad de la antigua primera dama se le ve en la mueca de la cara y los ojos cerrados. Esa noche, el programa *ABC World News* dedicó un segmento que el presentador George Stephanopoulos presentó como "ese video que hoy a muchos de nosotros nos hizo dar un grito ahogado". Invitó al experto médico del canal, el doctor Richard Besser, para que explicara, con sobriedad, los peligros de las caídas para las personas de edad avanzada.

Los blogueros conservadores y sus lectores, quienes habían sido fiablemente laudatorios sobre todo lo que tuviera que ver con Rubio y su rápido ascenso dentro del Partido Republicano, lo declararon un héroe. "Marco Rubio salva a Nancy Reagan de una caída", dijo conservativebyte.com. Los titulares de igual manera podrían haber dicho "Marco Rubio salva al Partido Republicano". "Esto parece un presagio", escribió un comentarista en la página web de The Blaze. "Creo que salvar a Reagan es una señal de arriba", observó un lector de Human Events. Otro preguntó: "Ahora, será que Marco Rubio SALVARÁ A LOS ESTADOS UNIDOS de su CAÍDA? ¿Esto es una señal o qué? 'Ronnie' salvó al mundo de los comunistas. Rubio puede salvar a los Estados Unidos de los comunistas restantes".

De alguna manera, Rubio era considerado el hijo político de Reagan, el heredero de su legado de principios conservadores. Uno de los propios hijos de Reagan, un liberal descarado, reaccionó ante la noticia más como un hijo preocupado por su madre, que como un político entusiasta. Al ver el video de Rubio acompañando a su madre antes de tropezar, Ron Reagan echaba humo: "Está posando para las cámaras. ¡No le está prestando atención a ella!".

Reagan, quien llama a Rubio "el tipo que dejó caer a mi madre", planeaba arremeter contra el senador si lo llamaban de los medios. Pero me dijo a mí que nadie lo llamó. Nada iba a arruinar este momento.

Los reflejos de Rubio sólo habían agudizado la impresión de que un partido en busca de héroes había encontrado una figura muy prometedora, un ídolo que recibió un toque de fortuna. El equipo de Rubio no podía creer su suerte. "Bromeábamos en la oficina diciendo que él le había hecho una zancadilla", me dijo uno de los asesores políticos más importantes de Rubio poco después de la atajada más grande en la carrera de Rubio.

Las carreras políticas extraordinarias pueden ganar fuerza a partir de la suma de momentos perfectos, y este era solo uno más para Marco Rubio. La política estadounidense jamás había visto algo como él: un joven republicano hispano a la medida de You-Tube con un porvenir realista a nivel nacional, apoyo de la clase dirigente y un atractivo electoral que iba mucho más allá de su etnicidad. Ya habían existido estrellas hispanas. Pero en general eran demócratas y tendían a esfumarse como Henry Cisneros, el secretario de Viviendas mexicoamericano, o Bill Richardson, el mexicoamericano, maestro de la política exterior, con un nombre que decididamente no suena hispano.

Rubio había llegado a la escena nacional en un momento en que ambos partidos estaban —nuevamente— obligados a enfrentar el poder perdurable y creciente de los votantes hispanos. ¿Podían ser conquistados solo con la promesa de una reforma migratoria, o debían ser cortejados con una mezcla de temas sociales y religiosos y la promesa de trabajo? ¿Sería Marco Rubio la solución?

El momento oportuno importa, pero no es todo. El desempeño también cuenta. Y cada vez que Rubio había tenido un momento oportuno, su desempeño había sido aún mejor.

Fue una bendición para él entrar a la Cámara de Representantes de la Florida justo cuando el límite a los mandatos eliminaba buena parte de la competencia y abría campo para los cargos más importantes. Pero entonces, Rubio hizo algo con su buena fortuna, planeando estrategias entre los bastidores e impresionando a sus mayores para poder ascender. Fue fortuito para él encontrarse con un contrincante republicano de las primarias en una contienda del Senado de los Estados Unidos quien había alienado al Partido Republicano. Pero Rubio también le sacó provecho a esa oportunidad. Venció las encuestas que decían que no tenía oportunidad ninguna y pulverizó al una vez popular gobernador de la Florida Charlie Crist tan eficazmente que éste se vio obligado a renunciar a las primarias republicanas y a lanzarse como independiente. Entonces, Rubio se encontró en una contienda por el Senado con los votos divididos entre tres partes, y nuevamente tomó la decisión adecuada, abriéndose hacia la derecha conservadora y terminando por atrapar a Crist en la línea lateral izquierda.

En 2010, surgió una historia a nivel nacional en torno a la idea de que Rubio era un producto del Tea Party, un movimiento amorfo de estadounidenses inconformes que querían limpiar a Washington. Era como si Rubio hubiera surgido, ya hecho y derecho, de una reunión en la alcaldía. Por supuesto, nada podría haber estado más lejos de la verdad. Su ascenso había sido realmente tan convencional como era posible. Había subido la escalera de forma metódica, tocando cada peldaño en lugar de saltar desde el rellano a la parte superior de la escalera. En esa misma temporada de elecciones, el Tea Party había tenido una serie de éxitos que parecían haber salido de la nada. Christine O'Donnell, que nunca había ganado una elección importante, y Joe Miller obtuvieron victorias en las primarias del Partido Republicano para el Senado de los Estados Unidos en Delaware y Alaska antes de perder las elecciones generales. Rand Paul, hijo de Ron Paul, congresista de Texas y candidato presidencial republicano, fue elegido para el Senado de los Estados Unidos en su primer intento por obtener un cargo político.

Sin embargo, Rubio se había postulado para varias elecciones —y las había ganado— durante la mayor parte de su vida adulta: comisionado de la ciudad de West Miami, representante del estado de la Florida, presidente de la Cámara de la Florida, senador de los Estados Unidos. Todo esto paso a paso.

Una carta de Nancy Reagan, donde lo invitaba a hablar en la biblioteca presidencial de su marido, confirmó lo que todos sabían: Rubio había llegado. "Usted ha sido identificado como alguien a quién observar en la escena política nacional", decía la carta. "Tengo muchos deseos de verlo en su nuevo papel".

El discurso en la Biblioteca Ronald Reagan fue una actuación de prestigio, una forma en que los republicanos mostraron sus mejores ejemplares ante la opinión pública. Rubio también fue invitado a cenar y, como siempre, no dejó de impresionar. La cena se celebró en el sector personal de la biblioteca. Gerald Parsky, fiduciario de la Fundación Presidencial Ronald Reagan y de la Fundación de la Biblioteca presidencial George H. W. Bush, y que se desempeñó también en cinco administraciones republicanas, miraba con aprobación durante la cena mientras el joven senador cautivaba a la ex primera dama. "Muy relajado. De diálogo fácil. Nada nervioso", dijo Parsky acerca de Rubio. "Quedé impresionado".

Rubio, que tiene una especie de modestia que lo acerca a su audiencia al mismo tiempo que muestra su importancia, comentó más tarde sobre un momento íntimo de esa cena. "La señora Reagan", dijo —un poco formal y siempre tan educado— se volvió hacia la esposa de Rubio, Jeanette, y le dijo que "Ronnie" solía "enviarle flores a [su] mamá" cada año para el cumpleaños de Nancy. Las flores siempre estaban acompañadas por una nota de agradecimiento a la madre de Nancy, por haberla traído al mundo. "Y él le había escrito más de 700 cartas de amor o algo así", continuó diciendo Rubio. "Y yo pensaba en qué pozo estoy metido. Nunca voy a estar a la altura de Gipper * ". Rubio tuvo el cuidado de notar que no era *él* quien estaba llamando a Ronald Reagan con el diminutivo de "Ronnie", lo cual sería una falta de respeto.

---

* Gipper: el papel que tuvo Ronald Reagan en la película *Knute Rockne All American* (N. del T.).

En su discurso en la biblioteca, Rubio se posicionó como un Reagan del siglo XXI. Reagan había querido definir debidamente el papel del Gobierno; Rubio quería definir debidamente el papel del gobierno. Reagan comprendía que los estadounidenses querían un país que aspirara a la prosperidad y a la compasión; Rubio comprendía que los estadounidenses querían un país que aspirara a la prosperidad y a la compasión. Reagan tenía su "Mañana en América", la imagen de un país cada vez más fuerte y orgulloso; Rubio promovía el excepcionalismo estadounidense, la idea de que los Estados Unidos es más grande que cualquier otra nación en la Tierra y que tiene la solemne responsabilidad de mantener esta condición. Este fue uno de los mantras de Rubio durante su campaña para el Senado de los Estados Unidos, y le funcionó bien en una época en que el mercado de la vivienda era un desastre, el desempleo estaba en alza y los caciques de Wall Street se alejaban a bordo de aviones privados con millones de dólares en paracaídas de oro [contratos blindados], mientras que sus bancos colapsaban.

Aquí estaba este joven político cubanoamericano con ojos café oscuros y una gran sonrisa, diciéndole a todo el mundo que las cosas iban a estar bien de un modo que parecía improvisado, como si realmente lo creyera así.

En una llamada telefónica antes de su aparición en la Biblioteca Reagan, Rubio le explicó a Parsky que prefería dar sus discursos acompañado de notas y no de un texto completo. "Hizo hincapié en esto en la discusión previa", dijo Parsky. Pero el discurso de Rubio ese día reveló a una joven estrella que aún trataba de encontrar el equilibrio. No tenía la frescura que había mostrado en discursos anteriores, como si se hubiera vuelto un poco arrogante, tal vez demasiado confiado en su habilidad para improvisar. Varias veces tuvo problemas en frases clave o se esforzó en buscar las palabras, pero de todos modos se las arregló para sorprender a su audiencia.

Rubio se había asignado a sí mismo una tarea complicada a nivel retórico. Su mensaje de optimismo, y su fijación en el excepcionalismo americano, tenían que reconciliarse con su afirmación de que los Estados Unidos iba camino al desastre. Tendría que explicar por qué las mismas generaciones de las que muchos pensaban que habían contribuido a la grandeza de la nación, eran también las responsables de poner en peligro su solvencia a largo plazo. Hacer ese tipo de afirmaciones requería un poco de gimnasia retórica. Después de todo, a la sociedad a la que él acusaba de haber arruinado tanto las cosas le había ido relativamente bien en el siglo xx. Había derrotado a Hitler, consolidado la economía más grande jamás vista, derrotado a la Unión Soviética y aterrizado en la Luna.

"Es un lugar sorprendente en el cual estar, ya que el siglo xx no fue una época de decadencia para los Estados Unidos: fue el Siglo Americano", le dijo Rubio a la audiencia. "Y sin embargo, hoy hemos construido para nosotros mismos un Gobierno que ni siquiera el país más rico y próspero [sobre] la faz de la Tierra puede darse el lujo de financiar ni de pagar".

Rubio se concentró en los programas de ayuda, diciéndole a su audiencia que cuando la Seguridad Social fue promulgada, había dieciséis trabajadores por cada jubilado, una proporción que se desplomó a tres por uno en 2011, y que pronto sería de dos por uno. Otros habían advertido también sobre el desastre inminente. Varias comisiones especiales se habían formado y disuelto. David M. Walker, ex contralor general de los Estados Unidos, había proclamado a lo largo y ancho del país que el costo explosivo de la Seguridad Social, del Medicare y del Medicaid, podría consumir todo el presupuesto federal para el año 2025.

Rubio presentó una visión idealizada de tiempos pasados. En otra época, le dijo a la audiencia: "Si un familiar tuyo estaba enfermo, lo cuidabas. Si un vecino tenía dificultades, lo ayudabas. Ahorrabas para tu jubilación y tu futuro porque tenías que hacerlo... En nuestras comunidades, familias y hogares, y en nuestras iglesias y sinagogas nos encargábamos de estas cosas. Pero todo eso cambió cuando el Gobierno comenzó a asumir esas responsabilidades. De repente, para un número creciente de personas en nuestro país ya no era necesario preocuparse por ahorrar para tener una seguridad, porque esto era una función del Gobierno... Y el Gobierno desplazó a las instituciones de nuestra sociedad que tradicionalmente hacían estas cosas, y debilitó a nuestro pueblo de una forma que disminuyó nuestra capacidad para mantener nuestra prosperidad".

Esa última observación —que los programas de ayuda habían debilitado a los americanos— era el punto que él quería resaltar con claridad. Lo dijo tres veces en su discurso de veintitrés minutos. El senador por el Estado con el segundo mayor número de beneficiarios de Medicare estaba dando un discurso en el Estado con el mayor número de beneficiarios de Medicare y llamando débiles a los jubilados americanos, muchos de los cuales eran miembros de la llamada "Gran Generación". Parecía un discurso poco riguroso.

"No es tan malo como decir que la Seguridad Social es una estafa Ponzi, pero tampoco es la mejor manera de expresarlo", me dijo un republicano prominente con acceso a información privilegiada y admirador de Rubio.

¿O acaso lo era?

En los días posteriores al discurso, varios grupos liberales y comentaristas simpatizantes de la izquierda lo criticaron duramente. En MSNBC, que se había convertido en contrapunto a la conservadora Fox News Network, el comentarista Ed Schultz calificó a Rubio como "un político de poca monta". "Que Marco Rubio diga que programas como Medicare y la Seguridad Social debilitan a los estadounidenses es hablar como un psicópata", bramó Schultz. En la misma cadena, la presentadora Rachel Maddow les recordó a sus televidentes otro discurso en el que Rubio dijo que Medicare había pagado la atención médica de su padre durante la enfermedad que le causó la muerte en septiembre de 2010. El programa de gobierno le "permitió morir con dignidad al pagarle el hogar para ancianos", había dicho Rubio. Maddow afirmó que eso era una incoherencia flagrante. "¿Cómo se iba a lanzar como el tipo que dice que Medicare salvó a su padre y a su familia pero también te hace débil e indefenso?", le dijo Maddow a los espectadores. Sin embargo, el pasaje que ella citó fue la petición apasionada para salvar a Medicare mediante su reforma. Rubio señaló específicamente que no estaría a favor de cambiar el sistema para ninguna persona mayor de cincuenta y cinco años. Pero al utilizar una palabra inflamatoria como "debilitado" durante su discurso en la Biblioteca Reagan, les había abierto la puerta a sus oponentes. No importaba realmente que la mayor parte de las críticas ignoraran la esencia del punto que estaba tratando de hacer. Él no estaba defendiendo la eliminación de los programas de ayuda social para los beneficiarios actuales, y le dijo lo siguiente a la audiencia de la Biblioteca Reagan: "Mi madre —se enoja cuando digo esto— está en su octava década de vida y tiene estos dos programas. No puedo pedirle que consiga otro trabajo. Ella pagó para estar en el sistema". Pero él estaba proponiendo un cambio en el sistema de modo que tuviera la oportunidad de perdurar.

"La verdad es que la Seguridad Social y Medicare, tan importantes como son, no pueden cuidarme a mí como la cuidan a ella. Mi generación debe aceptar plenamente, y cuanto antes mejor, que si queremos que exista una Seguridad Social y un Medicare cuando nos jubilemos, y si queremos que los Estados Unidos siga siendo como ahora cuando nos jubilemos, tenemos que aceptar y comenzar a hacerles cambios a esos programas, para nosotros, ahora mismo".

Cuando la izquierda clamó con más fuerza, Rubio contraatacó con dureza. Consideró las críticas como otra andanada de quejas por parte de los izquierdistas. Era un vistazo a la otra faceta de Marco Rubio: no el político de la Florida que hablaba acerca de encontrar un terreno común con sus opositores políticos, sino el político combativo nacido en las campañas cáusticas del sur de la Florida. Durante su ascenso, Rubio se había rodeado de "raspadores", hombres que concebían la política como una pelea. A Rubio no le gustaba ser desafiado, y cuando lo era, su acto reflejo era devolver el golpe. Aprovechaba la oportunidad para abogar por la reforma de los programas de ayuda, y trataba de mantenerse como un sabio de la responsabilidad fiscal. Tan seguro estaba de correr con ventaja, que utilizaba incluso el bullicio como un pretexto para recaudar fondos. "Su discurso enloqueció a los liberales extremos, y ahora están al ataque", decía un correo electrónico enviado por Reclaim America, el comité de acción política de Rubio. "Necesitamos su ayuda para luchar y apoyar a los candidatos por un gobierno limitado que comparten la visión conservadora de Marco para los Estados Unidos".

Rubio estaba trabajando a partir de una estrategia política resistante al paso del tiempo: atacar a los medios de comunicación, especialmente a los percibidos como liberales. A su base le encantaba esto, y los hombres sabios del Partido Republicano como Parsky aplaudían. "Creo que él ha demostrado valor en términos de una voluntad para abordar la importancia de los derechos sociales, especialmente de la Seguridad Social", dijo Parsky. La controversia le confirió a Rubio más estatura como un conservador con sustancia y agallas. Ya se había convertido en uno de los cubanoamericanos más conocidos en los Estados Unidos. La historia de su familia, y su viaje de Cuba a los Estados Unidos, se había convertido en el elemento central de su identidad política. Y aunque esa historia, como él la contaba, no resistía completamente un escrutinio detallado, su esencia —que él era el producto de la experiencia cubanoamericana— demostró ser indestructible. Sin embargo, su popularidad trascendía y desafiaba en cierto modo a la etnicidad. Parecía obtener apoyo nacional tanto de sus credenciales conservadoras como de las vocales al final de su nombre y apellido.

Dos semanas después del discurso de Rubio en la Biblioteca Reagan, Rush Limbaugh predijo, sin temor a equivocarse, que Rubio sería elegido como presidente algún día, siendo el primer hispano en ocupar el cargo más importante de los Estados Unidos. Los comentaristas especularon ampliamente que Rubio sería candidato republicano a la vicepresidencia o a la presidencia en un futuro.

Un sucesor natural había sido coronado. Y tal como podrían decir los antiguos entrenadores de fútbol de Rubio, eso había sucedido "muy rápido".

Capítulo uno

LA ISLA

En un pueblo rodeado de cultivos de caña de azúcar en el centro-norte de Cuba, una mujer llamada Ramona García y de León tuvo un niño en la noche del 31 de enero de 1899. El bebé respiró su primera bocanada de aire en una humilde vivienda de paja y de hojas y fibras de palmeras, de *guano* y *yagua*, como las llamaban los lugareños.

Los residentes de la isla habían construido casas con hojas de palma mucho antes de que llegara Cristóbal Colón. En 1492, el descubridor admiró en su diario las casas "bellamente construidas" y cubiertas con hojas de palma que había en la isla. Después de cuatro siglos de dominación colonial, las chozas con hojas de palma abundaban todavía en las zonas pobres y rurales, como aquella en la que nació el hijo de Ramona.

La lengua española, lírica y bella, usa la más hermosa de las expresiones para decir que una mujer está teniendo un hijo: "dar a luz". Si había alguna luz en la casa de Ramona, en la Provincia de Santa Clara esa noche a las 9 cuando trajo a su niño al mundo, probablemente era el parpadeo de una vela o el chisporroteo de una lámpara de aceite.

Ciento doce años más tarde, el nieto del bebé, Marco Antonio Rubio, juró como senador de los Estados Unidos. El secretario del Senado dijo seis palabras, "el señor Rubio de la Florida", y Rubio cruzó la alfombra azul con un traje oscuro y corbata roja, por un pasillo flanqueado por escritorios de caoba. El vicepresidente les toma el juramento a grupos de cuatro senadores y llama sus nombres en orden alfabético. Rubio, que tiene el don de la ubicación perfecta de un político en ascenso, camina a la cabeza del grupo debido a su orden alfabético. En el estrado de la Cámara del Senado, el vicepresidente Joe Biden lo espera con la mano derecha extendida.

La ceremonia representaba una culminación inspiradora de sueños cumplidos de inmigración desde la casa con techo de paja al Capitolio de los Estados Unidos en tan solo tres generaciones. Pero aquel día lejano en Cuba, las perspectivas para el recién nacido de Ramona y las generaciones que lo seguirían seguramente no parecieron especialmente prometedoras.

Ramona García, la bisabuela de Marco Rubio, vivió en una pequeña aldea llamada Jicotea, que compartía su nombre con una especie de tortuga que abundaba en los lagos y pantanos de Cuba. Un poco más de mil doscientas personas vivían en Jicotea, y en el cercano pueblo de San Bartolomé, de acuerdo con un censo realizado en 1899 en las dos localidades. Eran poblaciones satélites de Santo Domingo, una ciudad a unas setenta millas tierra adentro, donde la columna vertebral de la isla comienza a arquearse hacia el sol poniente. El paisaje se hace plano, regado y fertilizado por el río Sagua La Grande, que serpentea hacia el norte antes de desembocar en el océano Atlántico, entre cientos de cayos y una constelación de arrecifes de coral.

Ramona esperó cinco meses para hacer oficial el nacimiento de su hijo. El 25 de mayo lo llevó a Nuestra Señora de la Esperanza, una iglesia católica seis millas al sureste en el municipio de Esperanza. Allí, declaró que su primer nombre era Pedro y su segundo nombre era Víctor. Lo que faltaba en el certificado de bautismo expedido ese día era el apellido. El documento, firmado por un sacerdote interino, revela la procedencia incierta del niño con la descripción de Ramona: es una mujer *soltera*.

Diez años después, Ramona se presentó a las 7:45 de la mañana ante el juez municipal y su secretario en Santo Domingo, a siete millas y media al norte de su casa. No aparece ningún padre en la lista de documentos de registro que fue a inscribir. En el registro, Ramona declaró que Pedro Víctor recibiría el apellido de ella, García. Cuando llegó el momento de firmar el registro, Ramona le dijo al juez que no sabía escribir su nombre. Un hombre llamado Ramón Ramírez firmó por ella. No se especifica su relación con ella.

Antes de dar a luz, Ramona vivía en una región asolada por conflictos. Los rebeldes cubanos, encabezados por el poeta-soldado José Martí, que pronto sería un mártir, se habían rebelado contra los españoles colonialistas en 1895. Durante el levantamiento, la provincia de Santa Clara se convirtió en una región estratégicamente importante y arduamente disputada, ya que podía servir como base de operaciones para preparar los ataques contra la capital, La Habana, que estaba a 160 millas al oeste. Los rebeldes se congregaron allí con la esperanza de no quedar atrapados en las márgenes orientales de la isla, como había sucedido en otras dos guerras por la independencia, durante las tres décadas anteriores.

Cuando Ramona, que estaba embarazada, levantaba la vista hacia el cielo, muchas veces veía humo. En Santa Clara (que más tarde sería llamada Las Villas, y luego dividida en las provincias de Villa Clara, Cienfuegos y Sancti Spíritus) se cultivaba el 40% de la caña de azúcar, el rentable cultivo de la isla. Los rebeldes quemaban las tierras que pertenecían a los españoles. Los cultivos de caña y los ingenios azucareros dependían de las clases inferiores para la mano de obra en esa época, conformada principalmente por negros, así como por campesinos blancos cuyos ancestros se remontaban a España. Los rebeldes se llamaban a sí mismos mambises, un nombre derivado de un soldado negro español, Juan Ethninius Mamby, que había desertado y combatido contra los españoles en la Guerra de la Independencia Dominicana. *Mambí* era un insulto en español. Los cubanos desafiantes lo adoptaron como una insignia de honor.

Los líderes revolucionarios como el general Máximo Gómez esperaban que la quema de los cultivos de caña de azúcar distrajera a los trabajadores de la cosecha y centrara su atención en la Revolución. Los rebeldes estaban empeñados en "destruir el sistema social y económico construido sobre el racismo y la desigualdad", escribió Gillian McGillivray, un experto en América Latina.

Las fuerzas españolas respondieron agresivamente; un gran número de tropas fue a la provincia, y reubicó por la fuerza a los aldeanos luego de asolar las zonas rurales. España no iba a rendirse fácilmente. Había sofocado dos rebeliones en la segunda

mitad del siglo xix y estaba decidida a conservar este bastión caribeño, una de las últimas posesiones del imperio otrora poderoso.

España había gobernado a Cuba durante la mayor parte de
los cuatro siglos anteriores (interrumpida por un breve período
de control británico en la década de 1760), desde el momento
en que el conquistador Diego Velázquez de Cuéllar estableció el
primer asentamiento español a principios de 1500. Sin embargo,
pronto se encontraría ante una fuerza mucho más poderosa que
los rebeldes que combatían en los cultivos de caña.

El Gobierno de los Estados Unidos envió un buque de guerra
a Cuba en el invierno de 1898, después de los disturbios en La
Habana, que causaron alarma entre los ciudadanos estadounidenses que vivían en la isla, pues sus intereses comerciales podrían estar en peligro. El barco, que ancló en el puerto de La
Habana, pesaba 6.600 toneladas y estaba pintado de un blanco
brillante. Era el USS *Maine*.

A las 9:40 de la noche del 15 de febrero de 1898, dos explosiones desgarraron el buque. Varios tripulantes de los barcos cercanos vieron cuerpos catapultados hacia el cielo nocturno. Un
sobreviviente, el teniente John Blandin, describió posteriormente
lo que él vio como "una lluvia perfecta de misiles de todo tipo,
desde piezas enormes de cemento hasta bloques de madera, ba-
randillas de acero y fragmentos de rejas". Las víctimas fatales
ascendieron a 266. Para poner esto en perspectiva, hay que considerar que el número de muertos del *Maine* fue quince veces
superior al número de quienes morirían en el atentado contra el
USS *Cole* en Yemen, en octubre de 2000, un ataque que causó
indignación en todo el mundo.

La causa de las explosiones en el *Maine* todavía se debate, con teorías que van desde minas españolas hasta chispas accidentales de los fuegos para cocinar a bordo, e incluso conspiraciones que sostienen que los Estados Unidos destruyeron deliberadamente la nave para justificar el hecho de entablar una guerra. Sin embargo, el sentimiento público de la época estaba representado por los influyentes periódicos estadounidenses de William R. Hearst. La frase, "¡Recuerden el *Maine*, al infierno con España!" se convirtió en un grito de guerra. En abril de ese año, los barcos de los Estados Unidos bloquearon los puertos cubanos controlados por España, y los Estados Unidos declararon la guerra contra España. Este conflicto contribuyó a la leyenda de un futuro presidente de los Estados Unidos, Theodore Roosevelt, cuyos *Rough Riders* se hicieron famosos al tomar la Loma de San Juan. La guerra también aumentó el dominio de los Estados Unidos.

En apenas cuatro meses, las fuerzas estadounidenses humillaron tanto a los españoles que la maltrecha potencia europea buscó un tratado de paz. El pacto, que cedió el control de Cuba, Guam, Puerto Rico y las Filipinas a los Estados Unidos, se firmó en diciembre, después de las negociaciones en París. El 1 de enero de 1899, John P. Wade, un subteniente del 5to Ejército de caballería de los Estados Unidos, izó la primera bandera norteamericana sobre el Castillo del Morro, la imponente fortaleza del siglo XVI que custodia la entrada al puerto de La Habana.

Los cubanos habían sido excluidos de las negociaciones del tratado de paz, y el general rebelde Máximo Gómez ardía de rabia y se negó a asistir a la izada de la bandera. "La nuestra," escribió, "es la bandera cubana, por la cual se han derramado tantas lágrimas y sangre… Debemos permanecer unidos para poner fin a esta ocupación militar injustificada".

Ramona estaba en su último mes de embarazo cuando la bandera de los Estados Unidos se elevó por primera vez sobre el Castillo del Morro, señalando el comienzo de tres de años de control de los Estados Unidos sobre la isla en manos de un gobernador militar. En la provincia donde ella vivía, más de la mitad de la población, incluyendo a Ramona, no habría sido capaz de leer los informes noticiosos, de acuerdo a un censo ordenado por el presidente de los Estados Unidos, William McKinley, y supervisado por el Departamento de Guerra de los Estados Unidos en 1899. La generación más joven habría sido de poca ayuda para los adultos analfabetos. En Santo Domingo y sus pueblos satélites, solo 243 de los 2.071 niños menores de diez años asistían a la escuela.

Cuando las fuerzas estadounidenses inspeccionaron la provincia de Santa Clara después de la guerra, encontraron una escena de ruina y caos. Una sequía y los efectos corrosivos de la guerra condujeron a una escasez de alimentos, escribió el mayor general John R. Brooke, gobernador militar de la isla, en un informe dirigido al director general del Ejército de los Estados Unidos en Washington, en 1899. "Los caminos rurales, el servicio de correo postal, la enseñanza pública y los gobiernos locales estaban casi en un estado de completo abandono", escribió. "La agricultura y el comercio prácticamente habían desaparecido".

Una cuarta parte de los hombres de Santo Domingo y pueblos aledaños estaba desempleada, y la mayor parte de los que tenían empleo hacían trabajo extenuante en los cultivos de caña de azúcar y de tabaco. Pero trabajar en el campo sería imposible para Pedro Víctor. Durante su juventud fue atacado por la polio, una enfermedad que lo dejó con una pierna más corta que la otra. "No podía trabajar en los cultivos, así que lo enviaron a la escuela", dijo su nieto, por entonces senador de los Estados Unidos, a una audiencia de California en 2011.

A diferencia de muchos de los niños en la región donde nació, Pedro Víctor se inclinó hacia la palabra escrita. "Se convirtió en el único miembro de su familia [que sabía] leer", dijo su nieto. "Y él leía cualquier cosa y todo lo que podía". Pedro Víctor comenzó a trabajar en una fábrica de cigarros, donde todas las mañanas empezó a utilizar su amor por las palabras. "Ellos no tenían radio ni televisión, por lo que contrataban a alguien para que se sentara en la parte delantera de la fábrica de puros y les leyera a los trabajadores. Lo primero que leía todos los días, por supuesto, era el periódico. Luego les leía una novela para entretenerlos, y cuando terminaba de leer, enrollaba cigarros porque necesitaba ese dinero adicional".

Pedro Víctor tenía mucha necesidad de complementar sus ingresos mientras vivió en Cuba. En 1920, a la edad de veintiún años, se casó con una joven llamada Dominga de la Caridad Rodríguez y Chirolde, a quien le faltaban cinco semanas para cumplir diecisiete años. La pareja tuvo siete hijas.

En 1921, se establecieron en la provincia de Camagüey, en el centro-sur de la isla. Uno de los lugares donde vivieron fue en Jatibonico, una ciudad que representaba la relativa prosperidad de Cuba en esa época. Jatibonico creció durante la Primera Guerra Mundial, tras aumentar la demanda por el azúcar cubana. Un ingenio de azúcar del mismo nombre y varias plantaciones extensas de tabaco dominaban la ciudad. Su población se duplicó a más de diez mil habitantes entre los censos de 1907 y 1919. "Este municipio tendrá un gran futuro, pues su territorio es muy fértil", escribió el inspector provincial en el censo de 1919. La familia vivió en Camagüey por lo menos una década, lo que sugiere que Pedro Víctor logró encontrar allí un medio sólido para su manutención. Al menos cinco de sus hijas nacieron allí, según documentos de inmigración de los Estados Unidos: Olga, Elda, Irma, Dolores y Oriales, quien nació el 2 de noviembre de 1930 en Jatibonico. Fue Oriales quien, cuatro décadas más tarde, daría a luz a un futuro senador de los Estados Unidos.

En sus últimos años, Pedro Víctor hablaba de su amor por la historia, y compartió con su nieto lo que había aprendido en todos los libros que había leído. Su vida abarcó un período de dolorosa agitación política, que vivieron todos los cubanos y cubanoamericanos. Él nació cuando aún se intentaban dilucidar las repercusiones de la Guerra de Independencia de Cuba, y vivió los primeros tres años de su vida en una nación controlada por el gobernador militar de los Estados Unidos. El Gobierno estadounidense entregó la isla a los cubanos en 1902. Cuando Pedro Víctor tenía seis años, ocurrió otra revuelta, y el gobernador militar de los Estados Unidos ocupó de nuevo su cargo por otros tres años. Pedro Víctor fue testigo del derrocamiento y exilio del presidente cubano Gerardo Machado a Miami en la década de 1930. Luego, Carlos Prío, uno de los hombres que habían derrocado a Machado, fue derrocado también y enviado al exilio en la década de 1950. Prío bromeó posteriormente: "Dicen que fui un presidente terrible de Cuba. Eso puede ser cierto. Pero fui el mejor presidente que ha tenido Cuba". Cuando Pedro Víctor tenía poco más de cincuenta años, un golpe de Estado le dio el poder a Fulgencio Batista, el dictador corrupto cuyo poder se debía parcialmente a sus relaciones amistosas con los Estados Unidos. No es de extrañar que en 1956, Pedro Víctor, que vivía en La Habana y hacía zapatos para ganarse la vida, pensara que podía encontrar un lugar mejor para su familia. Un lugar mejor noventa millas al norte, en los Estados Unidos.

La historia del viaje de Pedro Víctor a los Estados Unidos comprendía riesgos que no eran diferentes a los que aún afectan a millones de inmigrantes que asocian a los Estados Unidos con una vida mejor. Su historia tiene el potencial de no distar mucho de las del siglo XXI, mucho después de su muerte.

Sin embargo, su nieto tenía otra historia que también estaba ansioso por contar.

Capítulo dos

EL CAMINO A LA CIUDADANÍA

El vuelo 352 de National Airlines aterrizó en el Aeropuerto Internacional de Miami el 27 de mayo de 1956, completando el corto viaje desde La Habana. Durante un tiempo, a mediados de 1950, la aerolínea llegó a operar diez vuelos diarios entre las dos ciudades, circulando de un lado al otro del Estrecho de la Florida de un modo tan rutinario como Delta y U.S. Airways lo hacen entre Washington y Nueva York.

En la actual era de restricciones de viajes a Cuba, es extraño pensar en la isla como si se tratara de cualquier otro destino caribeño, y no en el epicentro de un enfrentamiento político altamente emotivo que abarca once presidencias de los Estados Unidos y una sola dictadura cubana. En un antiguo cartel de promoción de vuelos desde y hacia la isla, National Airlines invita a los viajeros a, "Viajar en la National a La Habana alegre, ruta de los Bucaneros". Un avión se desliza plácidamente por encima del faro en el Castillo del Morro a la entrada del puerto de La

Habana, mientras una pareja elegantemente vestida mira desde abajo. La joven familia del vuelo 352 viajaba en la dirección opuesta, dejando La Habana alegre. Nueve días antes, Mario Rubio y Reina —que en ese momento tenía veintinueve años— había ido al Consulado de los Estados Unidos en La Habana y solicitado un visado de inmigrantes y un registro de extranjeros. La pregunta clave en el formulario era la número 25: ¿Motivo del viaje a los Estados Unidos?

"Residir", respondió él.

En la foto de su pasaporte Mario mira hacia delante. No sonríe, pero mira orgulloso, su ojo izquierdo siempre ligeramente arqueado. Se había aplicado gel y peinado hacia atrás su grueso pelo castaño, rizado en un pico perfecto. Sobre su labio superior tiene un bigote bien cuidado, delgado como un lápiz, a la moda de la época. Está vestido con chaqueta y corbata. Oriales, su esposa de veinticinco años de edad, viajó con él ese día, al lado de Mario Víctor Rubio, su único hijo, que tenía seis años. Más de medio siglo después, estallaría una controversia sobre las circunstancias de su llegada y la versión que dio su hijo menor durante su espectacular ascenso político. Pero ese día de 1956, la pequeña familia llegó del mismo modo en que lo hicieron muchos otros inmigrantes cubanos: sin llamar la atención.

———

Los Rubio eran ávidos fans del béisbol, y todos los cubanos sabían que los jugadores que llegaban a los Estados Unidos eran un ejemplo de cómo la gran nación al norte de su isla podía transformar sus vidas. Los titulares en los periódicos del día siguiente detallaban las hazañas de su compatriota Minnie Miñoso, el jardinero izquierdo de los Medias Blancas de Chicago y cuatro veces All-Star, conocido como el Cometa Cubano. En el Fenway Park de Boston, a dos jóvenes lanzadores cubanoamericanos, Pedro Ramos y Camilo Pascual, el maestro de la curva chispeante, no les había ido bien. Sin embargo, se las arreglaron para darle una victoria a los Senadores de Washington.

Los peloteros cubanos eran comunes en los Estados Unidos, y llegaban sin la angustia ni los dramas de los desertores políticos que actualmente acompañan a los peloteros estelares que escapan de la isla. Para la época en que llegaron los Rubio, había no menos de sesenta y seis beisbolistas de origen cubano que hicieron su debut en las Grandes Ligas. Ya sólo en el equipo de los Senadores debutaron siete peloteros de origen cubano en las temporadas de 1955 y 1956.

Como todos los torpederos, jardineros centrales y lanzadores abridores que enviaban bolas de fuego, los Rubio vinieron a los Estados Unidos en busca de una oportunidad. Pero no fueron recibidos por multitudes entusiastas ni contratos profesionales. En el lenguaje reductivo de las solicitudes de inmigración, Mario Rubio y Reina describió su ocupación como "obrero".

En 1956 la atención de los agentes de inmigración en los Estados Unidos estaba más centrada en el Oriente que en el Sur. Cuotas precisas limitaban la emigración de los países europeos, así como de la China, la India y todo el continente africano. No se permitían más de 225 inmigrantes turcos, por ejemplo, y solo 438 portugueses y 17.756 irlandeses. Sin embargo, las restricciones más sorprendentes desde la distancia que supone medio siglo después, son los límites impuestos a la emigración de dos naciones que actualmente son las más pobladas de la Tierra. Solo se permitieron cien inmigrantes procedentes de la China (y cien chinos que vivían en otras naciones), así como cien de la India. Este tipo de cuotas no se aplicaba para las naciones del hemisferio occidental. Pero eso no quiere decir que no hubiera barreras. A los cubanos se les pedía por lo general que mostraran una prueba de soporte financiero, ya fuera en la forma de un empleo o el apoyo de un familiar. Su historia personal también era estudiada. Un mes antes de emigrar, Mario Rubio recogió algunos testimonios. El Departamento de la Policía Nacional de Cuba certificó que en sus archivos no había nada que pusiera en duda ni su moralidad o ni conducta. Un archivista de la prisión confirmó que Mario nunca había estado encarcelado. El jefe de la oficina de reclutamiento local afirmó que se había inscrito para el servicio militar.

También ayudaba que alguien lo esperara en los Estados Unidos. En la solicitud de visado, Mario dijo que su familia iba a vivir en la casa de Dolores Denis, hermana de su esposa. Dolores, que era dos años mayor que Oriales, vivía en la Calle Sexta en el suroeste de Miami, zona que todavía estaba muy lejos de ser ampliamente conocida como la Pequeña Habana. Al igual que los Rubio, Dolores y su marido también tendrían un hijo en la política, aunque sus tendencias no coincidirían con las del hijo de Mario.

Los Rubio habían dejado atrás una existencia en Cuba definida por la adversidad. La madre de Mario, Eloisa Reina y Sánchez, murió cuando él era joven. Según las versiones contradictorias del senador Rubio, Mario tenía seis años, o estaba a pocos días de cumplir nueve cuando su madre falleció. El mismo día de su deceso, Mario comenzó a trabajar vendiendo café en las calles de La Habana. Sufriría otra tragedia familiar a los doce años, tras la muerte de su padre, Antonio Rubio. Mario ya era huérfano.

Durante su adolescencia, Mario se ganó la vida humildemente, trabajando como guardia de seguridad en una tienda llamada Casa de los Tres Kilos, similar a la tienda de todo por un dólar. Dormía en un cuarto de almacenaje. El senador Rubio ha dicho que sus padres "no eran personas políticas". Pero tal parece que el joven Mario Rubio era capaz de un compromiso político. En 2012, Marco Rubio afirmó que cuando su padre tenía dieciocho años, había participado en un fallido complot militar para derrocar a Rafael Leonidas Trujillo, el dictador que gobernó la República Dominicana.

Mario Rubio conoció y se enamoró en La Habana de Oriales, una cajera de diecisiete años. Se casaron al año siguiente y un año después tuvieron un hijo. Lo llamaron Mario, por su padre, y Víctor por su abuelo materno.

Cuba era una paradoja en esa época. Según ciertos estándares, era una de las naciones más prósperas y estables de América Latina. Tenía la segunda tasa más baja de mortalidad infantil y el segundo porcentaje más alto de propietarios de automóviles de la región. Sus finanzas nacionales estaban en orden, y se jactaba de tener el tercer nivel más alto de reservas en efectivo de Latinoamérica. Pero los buenos empleos escaseaban; el 30% de los cubanos estaba desempleado o subempleado. La movilidad ascendente era difícil, y la situación política era cada vez más endeble. El dictador Fulgencio Batista no era popular, pero tenía poder. En 1955 se realizaron grandes manifestaciones. Luego, en abril de 1956, un mes antes de que los Rubio abandonaran la isla, Ramón Barquín, un oficial del Ejército popular, encabezó un golpe de Estado que fue conocido como la "conspiración de los pares". Batista sofocó rápidamente el levantamiento. Barquín fue sometido a un consejo de guerra y Batista comenzó a purgar el cuerpo de oficiales.

Debido a los disturbios y a las malas perspectivas para el mejoramiento económico de la isla, los Rubio y otras familias cubanas acudieron a los Estados Unidos y a su aura de prosperidad y esperanza. A mediados de la década de 1950, la emigración cubana no era más que una gota comparada con lo que sería en los años después de que Fidel Castro tomara el poder. Los anteriores patrones de migración estaban vinculados generalmente con la agitación política de la isla y con las condiciones económicas en los Estados Unidos. La migración se disparó hacia 1886 tras la aparición de fábricas de tabaco en Tampa y llegó a nuevos máximos en los años antes y después de la Guerra de Independencia de Cuba, un período que coincidió con el auge de la industria tabacalera en Tampa. Durante la Gran Depresión, la emigración cubana se detuvo casi por completo. Un promedio anual de solo 396 cubanos emigraron a los Estados Unidos entre 1931 y 1935, en comparación con el promedio anual de más de 4.200 entre 1906 y 1910, un período que incluyó un levantamiento contra el presidente cubano Tomás Estrada Palma y que hizo que los Estados Unidos enviaran tropas a la isla e instalaran el segundo gobernador militar en una década.

Estos patrones se repitieron en la década de 1950, cuando los Rubio estaban decidiendo si acaso debían abandonar la isla. Cuba estaba gobernada por Batista, un hombre fuerte, encantador y venal. Batista, que estaba rezagado en las encuestas de la campaña presidencial de 1952, condujo un exitoso golpe de Estado tres meses antes de las elecciones. Expulsó al presidente

Carlos Prío y ocupó su cargo. (Siguiendo la norma, Prío huyó al exilio en el sur de la Florida).

En 1953, el cubano promedio ganaba apenas seis dólares a la semana, y en 1956 —año en que los Rubio dejaron la isla— así como el año siguiente, casi la tercera parte de la población estaba desempleada o subempleada. Batista, por su parte, disfrutaba de una cascada de regalos de empresas extranjeras, entre ellos un infame teléfono de oro que le dio la compañía telefónica cubana propiedad de los Estados Unidos. Ese mismo año, mientras los Rubio criaban a Mario Víctor, su hijo de tres años, el revolucionario Fidel Castro encabezó un fallido ataque al Cuartel Moncada, cerca de la ciudad de Santiago de Cuba, y fue detenido. Dos años después, en mayo de 1955, fue liberado de la prisión y se exilió en México, donde fundó el Movimiento 26 de Julio, llamado así por la fecha de la incursión al cuartel. Castro estaba dando algunos indicios de que sería tomado en serio. "Los cubanos habían conocido a Castro durante varios años como un conspirador ruidoso e ineficaz, como un perdedor", escribió Tad Szulc en *Fidel: un retrato crítico*.

Durante esos últimos meses en La Habana, los Rubio vivieron en el apartamento C9 en una calle llamada Maloja. A pocos pasos de distancia, a través de un trazado de calles en ángulo, se encuentra uno de los lugares más curiosos de La Habana, una edificación neoclásica que ahora parece muy fuera de lugar en tan desacuerdo con los Estados Unidos. Una cúpula se eleva desde su centro, y las columnas se extienden a la derecha y a la izquierda desde su base. Se llama El Capitolio, y aunque ahora es un museo, era la sede de la legislatura de Cuba cuando los Rubio vivían en Maloja. Ha habido cierta controversia en los últimos años acerca de la inspiración para su diseño, pero lo cierto es que tiene un gran parecido al Capitolio de los Estados Unidos en Washington, el futuro y poco probable destino de Marco, el hijo de los Rubio.

Los Rubio fueron un poco itinerantes en sus primeros años en los Estados Unidos. Al igual que muchas familias inmigrantes, siguieron a miembros de su familia. Después de marcharse de Miami, Nueva York era un destino lógico. Irma y Luis Enrique Lastres, la hermana y el cuñado de Oriales, habían llegado a los Estados Unidos en septiembre de 1955 y vivían en el West Village de Nueva York, a una cuadra y media del río Hudson. Irma ganaba 42 dólares semanales operando una máquina de coser Merrow en el Tama Sportswear de la Sexta Avenida; ganaba casi el doble del salario promedio de las mujeres en los Estados Unidos. Luis Enrique ganaba el mismo sueldo que su esposa en Jolle International Jewelers de la Calle 36 Oeste. Su sueldo era muy inferior al ingreso medio anual de los hombres en los Estados Unidos, que había alcanzado un máximo histórico de 3.600 dólares en 1956, según la Oficina del Censo de los Estados Unidos. Pero eso no impidió que la extensa familia se agrupara en torno a los Lastres, que tenían buenos empleos. Un día antes de que Mario y Oriales llegaran a los Estados Unidos, los Lastres hicieron una declaración jurada patrocinando a la madre de Oriales y a dos de sus hermanas, Magdalena y Adria García. Los Lastres no solo estaban dando fe de sus familiares; los estaban acogiendo. Les habían "preparado un alojamiento separado" para los tres y se comprometieron a "ayudarlos totalmente en su mantenimiento y apoyo hasta [el tiempo], en que alcancen la autosuficiencia".

Seis meses después, trataron de ayudar de nuevo a un familiar para que viniera a los Estados Unidos. Era Pedro Víctor García, el padre de Oriales. Tenía siete hijas y estaba viviendo en La Habana, a poca distancia del último apartamento que habían ocupado Mario y Oriales.

Pedro Víctor siguió a su familia a los Estados Unidos el 18 de diciembre de 1956, a bordo del vuelo T-605, de Cubana Airlines. Cuando llegó, las autoridades de inmigración le exigieron someterse a un examen médico. El informe, que reflejaba la falta de sensibilidad de los idiomas en esos días, señaló que Pedro Víctor tenía una "deformidad" en la pierna derecha. Sufría de anquilosis en la rodilla, una rigidez de la articulación, y los músculos se le habían atrofiado, haciendo que su pierna derecha fuera más corta que la izquierda. Esas condiciones, que limitaban mucho el funcionamiento de su pierna derecha, probablemente eran consecuencia de la poliomielitis contraída en la infancia, señaló el médico que lo examinó. Adicionalmente, Pedro Víctor tenía la columna vertebral curvada por una rara enfermedad llamada escoliosis cervicodorsal, y también tenía enfisema pulmonar.

Los problemas médicos de Pedro Víctor no impidieron su entrada a los Estados Unidos. Tal como lo habían hecho con su esposa y dos de sus hijas, los Lastres hicieron una declaración jurada de apoyo para este hombre, de cincuenta y seis años, y padre de siete hijas. Incluso en el lenguaje rígido de los documentos jurídicos aflora la conmovedora historia de la separación y la aspiración de los inmigrantes. "Estamos dispuestos y podemos recibir, mantener y apoyar a nuestro padre", dice la declaración juramentada. "La llegada de nuestro padre a los Estados Unidos le permitirá tener un campo mucho más amplio para el desarrollo de su experiencia y capacidades, y un mayor beneficio debido a la ayuda más directa que todos sus hijos podrán brindarle, y le proporcionará también a su esposa una relación conyugal tan necesaria, y el necesario acompañamiento paternal a sus hijos".

Sin embargo, depender de los hijos puede herir el orgullo de un hombre. Esto afectó mucho a Pedro Víctor, tanto así que posteriormente tomaría una decisión que, una vez más, dividió a su familia. Sin embargo, comenzó a trabajar reparando calzado, ocupación que había tenido en La Habana.

Mario Rubio, su yerno, y padre del senador, tuvo sueños empresariales. Muchos años después, el senador Rubio entretuvo al público diciendo que Mario había tratado de ganarse la vida en Nueva York, pero le había parecido "demasiado fría", que Miami era "demasiado dura" y que Los Ángeles era "demasiado californiana". En los años después de que su familia llegara a los Estados Unidos, dijo el senador Rubio, su padre abrió varios negocios, incluyendo una tienda de sándwiches, un salón de belleza y una tintorería. Por un tiempo, los dos Rubio encontraron trabajo cosiendo sillas de playa de nailon. Pero Mario se ganó la mayor parte de su vida como barman. Parece ser que, para 1958, la familia vivía en Miami, pues ese mismo año aparece un Mario Rubio como empleado del Roney Plaza Hotel en Miami Beach, en el directorio telefónico de esa ciudad.

El Roney era un hotel ostentoso, con jardines, una fachada de 1.500 pies que daba al mar, cabañas y restaurantes; a finales de los años cincuenta, todavía estaba muy lejos de sumirse en la decadencia y perder su importancia. Walter Winchell pasaba los inviernos en el hotel en la década de 1940 y transmitía su programa de radio desde allí, abriendo cada noche con su famosa frase, "Buenas noches, Sr. y Sra. Estados Unidos y todos los barcos en el mar". Las celebridades acudían al Roney atraídas por el *glamour* de los invitados y por su amistad con Mickey Hayes, un personaje local que tenía una tienda de ropa en el primer piso del hotel. Larry Shupnick, que administró el Roney en la década de 1960, convenció a Jackie Gleason de que el Roney sería el lugar perfecto para grabar su popular programa televisivo de variedades. No era raro que los visitantes vieran a Bob Hope, a Frank Sinatra o a Buddy Hackett atravesar el vestíbulo o reunirse con amigos para tomarse unas copas. Las fiestas nocturnas donde abundaba el licor a menudo terminaban en el "Refugio de Napoleón" del hotel, donde Sammy Spear, el director musical de Gleason, improvisaba hasta la madrugada.

Los barman de los mejores hoteles de Miami Beach vestían por lo general chaquetas negras Eton, que tenían un distintivo estilo de corte hasta la cintura y de terminación cuadrada. Sus trabajos eran apreciados no por los $0,95 a $1,25 por hora de salario, sino por los $20 a $30 que podían ganar en propinas en una sola noche. Los vuelos frecuentes hacia y desde el Aeropuerto Internacional de Miami hacían posible que los prósperos empresarios cubanos llegaran de día a la ciudad, disfrutaran de un copioso almuerzo en el Hotel Fontainebleau, que era incluso más elegante que el Roney, y regresaran a la isla al final de la tarde. Muchos de ellos traían a sus esposas para que hicieran compras.

Mientras los Rubio se instalaban en su nuevo país, su isla ancestral se venía abajo. En noviembre —seis meses después de que Mario y su familia llegaran a Miami, y unos meses antes de que Pedro Víctor llegara a los Estados Unidos— Fidel Castro partió con ochenta y un rebeldes desde Tuxpan, México, a bordo del *Granma*, un yate destartalado. Pocos podrían haber imaginado que escasamente dos años más tarde, el dictador Batista huiría al exilio el 1 de enero de 1959, supuestamente con varios millones de dólares saqueados del erario público, y dejándole el control de la isla a Castro y a sus fuerzas.

El acontecimiento que marcó la vida de millones de cubanos apenas si fue registrado por los medios de comunicación del sur de la Florida, que eran controlados por los anglosajones. El cambio de poder en Cuba ni siquiera apareció en la primera página del *Miami Herald* aquel histórico día de Año Nuevo. Pero a medida que las noticias sobre la abdicación de Batista se propagaban, los cubanos salieron a las calles, y muchos gritaron "¡Viva Castro!".

Miami no se había transformado aún en la capital norteamericana del exilio. En 1958, solo vivían allí 10.000 cubanos. Muchos habitantes locales aún pronunciaban el nombre de la ciudad con acento sureño. No había una sola persona de origen cubano ni en el Congreso de los Estados Unidos ni en la Comisión del Condado de Dade. Reflejando la actitud predominante de la época, Helen Muir, una conocida columnista del diario de Miami, escribió: "Los miamenses se fueron a la cama la noche de Año Nuevo solo con un interés pasajero en el hecho de que el dictador, Fulgencio Batista, había sido depuesto y que Fidel Castro, un revolucionario de treinta y dos años, había llegado al poder".

Es interesante leer medio siglo después la historia de Muir en su libro, *Miami, U.S.A.* Lo increíble no es tanto el hecho de que la victoria de Castro apenas hubiera sido notada por algunos, sino que la palabra "miamenses" pudiera disociarse de los cubanoamericanos. Hoy en día, los olores, sabores, ritmos y las pasiones de la ciudad son claramente cubanoamericanos. Sin embargo, no era así el 1 de enero de 1959, cuando Muir señaló que a los miamenses les parecía "mucho más interesante que Alaska estuviera a punto de ser declarada el estado número 49 de la Unión y que la Comunidad Económica Europea, o el Mercado Común, hubiera entrado en efecto ese mismo día". Poco después del ascenso de Castro al poder, las autoridades de los Estados Unidos no pudieron dejar de prestar atención a lo que estaba ocurriendo en Cuba. Los supervisores de la policía se vieron obligados a enviar patrullas adicionales al Aeropuerto Internacional de Miami debido a los enfrentamientos que empezaron a surgir entre los *fidelistas* exaltados que viajaban a La Habana y los *batistianos* desmoralizados que estaban aterrizando en Miami después de huir de Cuba. Los batistianos fueron sabios al huir, pues Castro y su junta estaban ejecutando a cientos de sus oponentes.

En abril de 1959, Castro realizó una gira por los Estados Unidos tras su victoria. El presidente Dwight D. Eisenhower lo desairó, encargándole al vicepresidente Richard M. Nixon la tarea de recibir al revolucionario. Castro se presentó en uniforme verde. Nixon, que vestía un traje abotonado, le estrechó con torpeza la mano al revolucionario barbudo, mientras un fotógrafo los retrataba. Un borrador de Nixon acerca de la reunión, que fue desclasificado en 2001, revela sus sospechas sobre el nuevo líder cubano: "Su preocupación principal parecía ser convencerme de que era sincero, que no era un comunista". El vicepresidente concluyó, "[Castro es], o increíblemente ingenuo sobre el comunismo, o bien está bajo la disciplina comunista. Creo que se trata de lo primero y, como ya he manifestado de manera implícita, sus ideas sobre la manera de dirigir un gobierno o una economía son menos sólidas que las de casi cualquier líder mundial que he conocido en cincuenta países". No pasó mucho tiempo para que las garantías de Castro de que no era comunista se mostraran tal como eran: una tontería completa. Sin embargo, en los primeros días de su revolución, muchos cubanos en los Estados Unidos pensaron que Castro podía ser una especie de salvador. Después de todo, había derrocado a un dictador corrupto y había prometido transformar la sociedad.

Uno de los que vieron posibilidades en la nueva Cuba de Fidel Castro fue Pedro Víctor García, el abuelo del senador Rubio. Era un hombre orgulloso; en los dos años desde que había emigrado a los Estados Unidos, había tratado de ganarse la vida, pero nunca tuvo mucho éxito. Después de tener trabajos de poca monta en Nueva York, regresó a Miami, ciudad donde los Rubio se estaban ganando la vida, y que tenía un clima más cercano a su Cuba natal.

Pedro Víctor vivió en la Southwest Third Street, cinco minutos a pie de la casa en que su hija Dolores había recibido a Mario y a Oriales Rubio. Pero Pedro Víctor nunca pudo conseguir un trabajo estable en Miami tampoco. Reparaba zapatos en su casa y, a veces ganaba unos pocos de dólares adicionales como cobrador en un estacionamiento. Nunca ganaba lo suficiente y, finalmente, se cansó de depender de sus hijas y sus maridos. Tenía sesenta años. Él había mantenido una vez a las hijas que ahora lo cuidaban. Pero ellas tenían sus propias familias de las cuales ocuparse. En Cuba, él podría recuperar su independencia. Así que dos años y dos meses después de ser admitido en los Estados Unidos como inmigrante legal, Pedro Víctor llegó a una conclusión difícil. "Tuve que regresar a Cuba para trabajar, porque no quería que mis hijas y mis yernos me mantuvieran", explicó más tarde. "Ellas tienen familias y yo no quería estar bajo su cuidado".

El 15 de enero de 1959, dos semanas después de que Batista abandonara el poder, Pedro Víctor regresó a la isla que lo vio nacer. Había dejado una tienda de zapatos en La Habana, la cual fue alquilada a otro hombre. Pedro Víctor planeaba cobrar la renta que le debían. Dirigió su tienda de zapatos por espacio de tres meses, pero comenzó a vender todas sus acciones y materiales en marzo. Uno de sus yernos —no se sabe quién— le ofreció una mejor opción: podía conseguirle a Pedro Víctor un trabajo de verdad, con un salario, vacaciones; algo estable. Pedro Víctor decidió tomarlo.

Su nuevo empleador era el Gobierno de Castro.

El trabajo era con el Ministerio de Hacienda de Cuba. No parece haber sido un puesto de alto nivel, ni que el cargo tuviera nada que ver con dirigir la nación. Pedro Víctor describió posteriormente lo que parecía ser un cargo burocrático de bajo nivel o trabajo de obrero. Decía que su labor consistía en registrar los pagos que los conductores de autobuses y camiones debían a la Tesorería. Su cargo fue trasladado posteriormente al Ministerio de Transporte.

Años más tarde, Pedro Víctor dijo a través de un intérprete que le pagaban $175 al mes, aunque esto pudo haber sido un error de traducción. Esta suma habría sido una compensación sorprendentemente alta para la Cuba de aquella época, y sería más de lo que ganaba su yerno Luis Enrique Lastres en Nueva York. La única otra explicación posible para un salario tan alto es que su cargo realmente no era de tan bajo nivel, pero no hay pruebas que demuestren esta posibilidad.

Alquiló un apartamento a cuatro cuadras de la Bahía de La Habana y a la vuelta de la esquina del edificio que exhibe actualmente una decadencia elegante donde se filmó *Fresa y chocolate*, la aclamada película de 1994. El edificio, con su elegante y sinuosa escalera de hierro forjado y sus delicados herrajes, alberga en la actualidad a La Guarida, uno de los mejores *paladares* de

EL ASCENSO DE MARCO RUBIO

La Habana, un restaurante donde ha cenado la Reina Sofía de España.

La descripción de Pedro Víctor de la financiación de su apartamento revela las transacciones "fantasmas" que caracterizaban los bienes raíces en Cuba después de que Castro tomara el poder. En 1960, el Gobierno castrista dio a conocer la Ley de Reforma Urbana, bajo la cual el Gobierno confiscó propiedades de alquiler en todo el país. La ley era parte de una serie de medidas radicales, incluyendo decretos similares que le permitían al Gobierno confiscar tierras agrícolas, y cuyo objetivo era imponer una estructura económica socialista en la isla. El decreto incluía también un incentivo atractivo y una actitud aparente amigable: los alquileres de los apartamentos fueron reducidos a la mitad, y a los inquilinos se les prometió que serían dueños de esos apartamentos en un período de cinco a veinte años.

Pedro Víctor se mostró escéptico y no creyó en esta promesa del Gobierno. Pero no fue solo su escepticismo con respecto a los procedimientos del Gobierno lo que lo motivó a regresar a los Estados Unidos. Dos incidentes alteraron de manera esencial su vida en La Habana. El primero ocurrió el 9 de julio de 1960, al sufrir un grave accidente. Su nieto ha dicho que Pedro Víctor fue atropellado por un autobús. Seis días después, su esposa Dominga viajó a Cuba para cuidarlo. En aquellos días todavía era relativamente fácil viajar entre los Estados Unidos y Cuba, y ella permaneció tres meses en la isla. Pedro Víctor intentó regresar con ella a los Estados Unidos. Solicitó vacaciones al Ministerio de Transporte, pero sus jefes se las negaron, diciendo que había mucho trabajo en esa época del año.

En abril del año siguiente, casi un año después de que Pedro Víctor empezara a trabajar con el Gobierno castrista, un grupo de exiliados cubanos entrenados por la CIA lanzó una fallida invasión a la isla en la Bahía de Cochinos, a unas 130 millas al sureste de La Habana. La rápida derrota de los combatientes exiliados, que contaron con muy poco apoyo, así como el encarcelamiento de muchos de ellos, animó a Castro y humilló a la administración de Kennedy. "¿Cómo pude haber sido tan estúpido para dejarlos proceder?", declaró Kennedy no mucho tiempo después. Los Estados Unidos finalmente tuvieron que cumplir con las demandas del dictador y entregar alimentos para bebés y productos farmacéuticos por un valor 53 millones de dólares para que los combatientes capturados pudieran regresar a los Estados Unidos.

Unas dos semanas después del fiasco de la Bahía de Cochinos, el creciente malestar de Pedro Víctor con el régimen de Castro se vio confirmado. En una ceremonia para conmemorar el 1 de mayo de 1961, Castro tuvo al lado a Aleksandr Alekseev, el embajador soviético; eran amigos. Alekseev le trajo vodka y caviar soviético a Castro. Mientras la banda se preparaba para tocar, Castro le dijo a Alekseev: "Vas a escuchar una música interesante". A continuación, la banda interpretó una versión de la "Internationale", el himno internacional socialista. En su discurso, Castro declaró que era marxista-leninista y que "lo sería hasta el último día de [su] vida". Luego declaró, "El marxismo, o socialismo científico, se ha convertido en el movimiento revolucionario de la clase obrera". El comunismo, señaló Castro, sería la fuerza dominante en la política cubana: "No puede haber tres o cuatro movimientos".

La vida cubana de esa época giraba en torno a siempre mirar por encima de tu hombro. Los partidarios de Castro miraban con recelo a los ciudadanos, en busca de una señal de falta de lealtad al régimen. "Ellos te están observando todos los días", dijo Pedro

Víctor posteriormente. Se refería a los Comités para la Defensa de la Revolución. Los comités de bloque, que todavía existen hoy en día y se conocen comúnmente como CDRs, sirven básicamente como los ojos y oídos del Gobierno en cada calle del país. Fueron conformados en 1960, antes de la invasión de Bahía de Cochinos, durante una época en la que Castro esperaba que exiliados cubanos apoyados por los Estados Unidos intentaran derrocar su Gobierno y desmantelar a sus simpatizantes. Castro adoptó el lema "En una fortaleza asediada, toda disidencia es traición".

Después de la invasión de Bahía de Cochinos, los CDRs hicieron una muestra alarmante de poder. Pocas horas después del ataque fallido, miles de disidentes sospechosos fueron arrestados, y muchos de ellos fueron identificados en las listas de los CDRs.

"Los CDRs paralizaron la contrarrevolución, y lo hicieron rápidamente", me dijo Norberto Fuentes, un autor cubano exiliado y antiguo amigo de los Castro, en una entrevista en su casa de Miami.

Se esperaba que todos los cubanos se unieran al CDR local y participaran en las actividades del comité, independientemente de que fueran o no miembros del partido comunista. Cada CDR tiene un presidente elegido por votos, y secretariados de seguridad, de voluntariado y de educación. Algunos cubanos no se afilian o no participan en ellos, corriendo un gran riesgo de ser calificados como "enemigos de la Revolución". Los presidentes de los CDRs pueden organizar "actos de repudio" en que los vecinos se paran frente a las casas de los sospechosos de actividades ilegales o de ser desleales, y les gritan insultos, a veces durante varios días seguidos. Los comités pueden manifestarse en casi todos los aspectos de la vida cotidiana, incluso en el nacimiento de un niño, al que muchas veces asiste el presidente del

CDR. A partir de ese momento, los CDRs imponen una labor de adoctrinamiento, asegurándose de que los niños asistan a clases, especialmente a los cursos sobre historia cubana, que muestran la victoria de las fuerzas castristas como un momento de gran triunfo para la nación.

El sistema CDR se ha atrofiado en los últimos años, víctima del menor entusiasmo de una población que durante mucho tiempo ha estado privada de bienes básicos. Pero cuando Pedro Víctor comenzaba a irritarse por lo que estaba sucediendo en su país, los CDRs estaban en la cima de su poder. Y él quería irse de la isla. Vio una oportunidad en el verano de 1962. Le pidió vacaciones a sus jefes, y esta vez se las concedieron. Y entonces, el 31 de agosto de 1962, dio un paso muy arriesgado: abordó el vuelo 2422 de Pan American Airlines con destino a Miami.

Los problemas de Pedro Víctor comenzaron poco después de que el avión aterrizara. Tenía un pasaporte cubano y una tarjeta de residencia en los Estados Unidos como extranjero, pero no tenía visa. Un oficial de inmigración de los Estados Unidos de nombre E. E. Spink detuvo al abuelo de sesenta y tres años. Spink firmó un formulario que decía: "Considero que usted no tiene claramente y más allá de cualquier duda, derecho a entrar a los Estados Unidos". Un fotógrafo hizo un retrato para la ficha policial de Pedro Víctor, donde este aparecía con su número de registro de extranjero en una placa delante de él. Había envejecido considerablemente después de pasar más de tres años y medio en La Habana. Tenía las mejillas hundidas, ojeras y su boca estaba apretada. Se veía muy cansado.

Tenía que haber sido una experiencia humillante y desconcertante, un regreso indignante a los Estados Unidos para un hombre que alguna vez había sido bienvenido aquí. En cierto modo, el tratamiento que recibió Pedro Víctor no fue muy diferente a las experiencias actuales de muchos mexicanos y centroamericanos que vienen legalmente a los Estados Unidos, pero más tarde se enfrentan con leyes de visado y sus vidas se ven afectadas de un modo irreversible. Las autoridades de inmigración que detuvieron a Pedro Víctor en el aeropuerto habrían estado en todo su derecho de enviarlo a Cuba de inmediato, explicó Bill Yates, un ex oficial de inmigración que trabajó con republicanos y demócratas durante sus más de treinta años de carrera. No obstante, estaban dispuestos a darle la oportunidad de argumentar que debían permitir su permanencia en el país. No existe un registro concluyente acerca de si él fue obligado a pasar un tiempo en un centro de detención. Si lo hizo, debió ser puesto en libertad, ya que seis semanas después recibió una citación para comparecer en una audiencia de inmigración. La citación fue enviada a la casa de una de sus hijas, una dirección a dos cuadras del lugar donde él había vivido a mediados de los años cincuenta, cuando los cubanos iban llegando poco a poco, y no en grandes cantidades. La gente estaba empezando a llamar al área la Pequeña Habana. La citación dio alguna indicación de lo que iba a suceder, y no se trataba de nada bueno.

Durante esa primavera, el Gobierno federal había arrendado un espacio en la antigua torre del *Miami News*, un sorprendente edificio de estilo renacentista español en Biscayne Boulevard, con vistas alucinantes de la Bahía de Biscayne. Su diseño se había inspirado en la Giralda, la impresionante torre del campanario de la catedral de Sevilla, que había sido un minarete durante el período de dominación musulmana en Andalucía. La torre, coronada por una cúpula, fue construida entre 1924 y 1925, y diseñada por la prestigiosa firma de arquitectos Schultze y Weaver, que cuenta entre sus obras el Hotel Pierre en Nueva York y el Hotel Biltmore en Coral Gables. También diseñaron un hotel en Miami Beach: el Roney Plaza.

—

El viejo edificio del periódico recibió el nuevo nombre de Torre de la Libertad porque el Gobierno federal abrió allí un centro de refugiados cubanos. En los años siguientes, cientos de miles de cubanos acudieron al edificio, donde recibieron chequeos médicos, apoyo financiero y una variedad de servicios orientados a facilitar su transición a los Estados Unidos. Ha sido llamado la Ellis Island del Sur, la Estatua de la Libertad del Sur, un símbolo, un faro.

Sin embargo, Pedro Víctor García, no fue enviado a este faro, sino a la calle, a las oficinas del Servicio de Naturalización e Inmigración del Departamento de Justicia, a unas tres millas al norte de la nueva Ellis Island del Sur, pero simbólicamente a un millón de millas de distancia. El edificio del sur representaba ayuda y bienvenida, mientras que el del norte se asociaba más con el castigo.

El 4 de octubre de 1962, Pedro Víctor compareció ante un oficial responsable de la investigación, una especie de juez de inmigración llamado Milton V. Milich. La audiencia de Pedro Víctor fue grabada en un Voicewriter marca Edison, una máquina fabricada originalmente por la compañía del inventor Thomas Alva Edison. Esta máquina prometió una claridad "tan depurada como una joya" en sus anuncios. Dos discos de vinilo, aproximadamente del tamaño de los discos "sencillos", contienen la grabación de la audiencia. Ahora, llenos de rayones y de otros defectos, los registros son un artefacto notable de otra época. En treinta y tres minutos de testimonio, cuentan la historia de un hombre atrapado en tierra de nadie de la inmigración; es una lección acerca de las leyes que deciden quién permanece en los Estados Unidos y quién debe irse.

El caso de Pedro Víctor fue el último del día. Y antes de comenzar, Milich, quien tenía un fuerte acento neoyorquino, quiso saber si Pedro Víctor hablaba inglés. Cuando Milich se enteró de que Pedro Víctor sólo hablaba español, una intérprete —con una voz suave, amable y casi infantil— comenzó a repetir las instrucciones del juez. Pedro Víctor no tenía abogado y dijo que no podía pagar uno. Milich ofreció aplazar la audiencia, pero Pedro Víctor optó por seguir adelante sin representación jurídica.

"Señor, levante la mano derecha", señaló la intérprete.

"Juro", dijo García en español, su voz como un ruido sordo.

El fiscal era Joseph W. Monsanto, un abogado que más tarde sería un presidente de la corte de inmigración. Monsanto afirmó que Pedro Víctor había abandonado su condición de residente legal cuando salió del país en 1959 y se ausentó más de un año. En esa época, muchos cubanos estaban admitidos en los Estados Unidos como refugiados. Las siete hijas de Pedro Víctor vivían en los Estados Unidos, y dos de ellas —una en Miami y otra en Nueva York— habían sido designadas como refugiadas. (Pedro Víctor no dice quiénes). La designación no fue automática. Sucedió cuatro años antes de que el Congreso promulgara la Ley de Ajuste Cubano, que hizo mucho más fácil que los cubanos reclamaran la condición de refugiados.

Pedro Víctor suena tranquilo y respetuoso en los registros del Voicewriter. Habla español con una voz ronca y curtida por el humo, producto del hábito de fumar tres cigarros al día, hábito que mantendrá hasta tener más de ochenta años. Responde de forma lastimera cuando le preguntan si pertenecía a un partido político en Cuba, diciendo: "No tenemos partidos políticos". Afirma que es apolítico.

"Realmente no me oponía a Batista", dice Pedro Víctor. "No me opongo a nada".

Pero parece que su yerno, que le había conseguido un empleo en el Ministerio de Hacienda, tenía una relación más antagonística con el Gobierno cubano. Pedro Víctor dice que su yerno, que no fue identificado en las grabaciones, se vio obligado a salir de Cuba debido al régimen de Batista. Él no entra en detalles acerca de las circunstancias. El yerno regresó cuando Castro tomó el poder, solo para chocar otra vez con el Gobierno. "Él ha sido declarado traidor en Cuba", dice Pedro Víctor.

Milich y Monsanto parecen tener la intención de averiguar si Pedro Víctor apoyaba a Castro, y mencionan el tema durante la audiencia. Una secuencia clave de los acontecimientos llama su atención: Pedro Víctor había regresado a Cuba en enero de 1959, el mismo mes en que Castro subió al poder. Sin embargo, diez meses después, Pedro Víctor había regresado a los Estados Unidos para una visita, alegando ser un residente que regresaba. Habría sido una oportunidad perfecta para escapar si hubiera estado desilusionado con el Gobierno de Castro en ese momento. Sin embargo, Pedro Víctor regresó a Cuba tres semanas después, lo que le llevó a Monsanto a preguntarse si no tendría simpatías pro-castristas.

"No es verdad que yo estuviera a favor del Gobierno de Castro", explica Pedro Víctor a través de la intérprete. "Pero yo tenía un buen trabajo y tenía que seguir trabajando con el Gobierno que me lo había dado. Yo sabía que lo que estaban haciendo no era bueno, y sabía también que iba a ser una dictadura".

No fue hasta 1960, explica Pedro Víctor, que pensó en regresar para siempre a los Estados Unidos. Pero para entonces, dice él, los Comités de Defensa estaban por todas partes y les dificultaban a los cubanos que abandonaran la isla.

Pedro Víctor trata de explicar las consecuencias nefastas que le esperan en Cuba. "Ahora estoy en un mayor peligro", le dice a Milich. Sin embargo, el fiscal y el juez de instrucción especial no parecen convencidos.

Monsanto insiste en que Pedro Víctor abandonó su residencia legal en los Estados Unidos. Pero el fiscal no tiene la última palabra. Pedro Víctor tiene otra oportunidad cuando responde las preguntas formuladas por Milich. Y Pedro Víctor hace su última súplica al hombre que lo está juzgando.

"Siempre pensé estar aquí en los Estados Unidos como residente, y vivir aquí de forma permanente", dice Pedro Víctor. "Pero tuve que regresar a Cuba y trabajar porque no quería que mis hijas me mantuvieran".

Estaba expresando una dura verdad sobre la inmigración: aunque los Estados Unidos sostenían la promesa de empleos que pagaban un salario decente, no todos los inmigrantes los encontraban.

Sin embargo, Pedro Víctor aún tiene esperanzas en ese momento de 1962 de que esta vez todo será mejor. Está seguro de ello. "Quiero decir que deseo ser un residente de este estado, porque gracias a mi condición podré trabajar, conseguir un empleo y ganar algo de dinero aquí y allá, y no depender de mis hijas".

Pedro Víctor debe esperar para conocer su suerte. Un oficial de la corte interrumpe la audiencia para colocar un nuevo disco en la Voicewriter. Milich está listo para anunciar su decisión. No hay ningún indicio de emoción mientras comienza la recitación monótona de los hechos en el caso.

Menos de un minuto luego de haber comenzado, Milich le da a Pedro Víctor motivos para ser optimista. "Tomo nota oficial de que los consulados de los Estados Unidos en Cuba estuvieron cerrados en enero de 1961, y que desde esa época ningún cubano podía obtener un visado para venir a este país".

Pero Milich cambia de posición. Resulta estar de acuerdo con el fiscal en que Pedro Víctor renunció a su estatus de residente legal al permanecer fuera del país durante más de un año antes de su detención en el aeropuerto.

Pero eso no es todo. Milich dice que cuando Pedro Víctor entró al país como un "residente que regresa" a finales de 1959, en realidad no era lo que había dicho que era. Pedro Víctor había regresado a La Habana meses antes y ya no podía ser considerado como residente de los Estados Unidos. "En realidad, en ese momento se encontraba en un permiso de ausencia/vacaciones pagadas por su empleo", dice Milich.

Milich establece también una distinción importante sobre la identidad de Pedro Víctor. A pesar de que muchos cubanos —incluyendo dos hijas de Pedro Víctor— habían entrado al país como refugiados, al abuelo que está frente a él no se le puede dar esta denominación, dice Milich. Dado que Pedro Víctor está tratando de entrar al país como un ciudadano que retorna, "debe ser considerado como un inmigrante", señala Milich. Ante los ojos del Gobierno de los Estados Unidos, él no es un exiliado político, sino un hombre que ha infringido las leyes de inmigración.

Sin un estatuto de refugiado, Pedro Víctor no tiene ninguna

posibilidad. Está en una encrucijada en materia de inmigración: no puede obtener un visado de inmigrante porque el consulado de los Estados Unidos en La Habana está cerrado, y no puede entrar legalmente a los Estados Unidos porque no tiene un visado. "El solicitante está sujeto a la exclusión... como un inmigrante que no está en posesión de un visado válida y vigente de inmigrante". En ese momento, Pedro Víctor es oficialmente un inmigrante indocumentado, un hombre en territorio estadounidense sin permiso para estar allí. Luego viene el golpe demoledor. Milich ordena que "el solicitante sea excluido y deportado de los Estados Unidos".

¿Cómo puede ser deportado un cubano en las condiciones de esa época, poco más de año y medio después de la invasión de Bahía de Cochinos, y después de que Castro había declarado ser un marxista-leninista? Resulta que en aquellos días, un pequeño número de cubanos seguía siendo enviado de regreso a la isla por violaciones a los requisitos del visado. Según un informe anual del Servicio de Inmigración y Naturalización, 75 cubanos fueron deportados entre junio de 1962 y junio de 1963, 52 de ellos por violaciones del visado. Solo 23 habían sido deportados durante el mismo periodo del año anterior, y 126 en el año anterior.

¿Pero por qué Pedro Víctor García, zapatero de oficio y padre de siete hijas, todas viviendo en Estados Unidos?

Yates, el funcionario de inmigración jubilado, me dijo que el hecho de que Pedro Víctor hubiera trabajado con el Gobierno de Castro —aunque parece haber sido una posición de bajo rango— sirvió como una importante "bandera roja". Los Estados Unidos todavía estaban sumergidos en las profundidades de la guerra fría, y las sospechas sobre una infiltración comunista eran pronunciadas. Incluso dos décadas más tarde, Yates dice que él puede recordar a funcionarios de la CIA advirtiéndole que fuera especialmente cuidadoso cuando interrogara a empleados del Gobierno de Castro y de otros países comunistas que trataran de entrar a los Estados Unidos. La presunción, dijo Yates, era que los empleados de esos gobiernos debían afiliarse al Partido Comunista para obtener un empleo y poder seguir siendo leales a la causa.

Milich también se estaba adhiriendo a una aplicación estricta de las leyes de inmigración: no se puede entrar de nuevo sin visado. Actualmente, muchos inmigrantes se ven envueltos en dilemas similares: cuando se van del país y se ausentan durante más de un año, han desatendido su residencia. "Francamente, mucha gente no entiende las consecuencias cuando sale de los Estados Unidos", dijo Yates. "Es común. Todavía es común". En el caso de Pedro Víctor, "el juez realmente no habría tenido una opción", señaló Yates.

Independientemente de si Pedro Víctor obtuvo un fallo justo o injusto, de todos modos no salió del país según lo prescrito. En esa época, los deportados no eran subidos necesariamente a un avión en el momento en que les ordenaban salir del país. Más bien, les decían que abandonaran el país y se esperaba que lo hicieran, dijo Yates.

Además, cualquier drama personal que viviera un cubano de sesenta y tres años y su familia, estaba a punto de ser eclipsado por algo que asustó a toda la nación. El 14 de octubre, un avión espía U2 tomó imágenes de un emplazamiento de misiles en el oeste de Cuba. El descubrimiento se hizo público ocho días después, cuando el presidente Kennedy apareció en televisión para dirigirse a la nación. "Durante la semana pasada, pruebas incontrovertibles han establecido el hecho de que una serie de emplazamientos de misiles ofensivos está ahora en preparación en esa isla cautiva", dijo.

Tras semejante noticia, ¿cómo podría alguien haber criticado a Pedro Víctor por quedarse en los Estados Unidos? El dia de su llegada al aeropuerto tenía suerte de que los agentes de inmigración no lo enviaran de inmediato a Cuba. Ahora le llegaba un respiro debido a que el curso de los acontecimientos mundiales hacía casi inconcebible que fuera obligado a regresar a la isla. Los vuelos comerciales a Cuba fueron suspendidos. El mundo estuvo al borde de una guerra nuclear durante seis días más, hasta que el primer ministro soviético Nikita Jruschov anunció por Radio Moscú que los misiles serían retirados.

La situación jurídica de Pedro Víctor quedaría sin resolver durante varios años. Permaneció en Miami, en una casa en la Calle Segunda del Northwest. Técnicamente, estaba viviendo en los Estados Unidos sin permiso. Sin embargo, en 1966, el clima legal cambió oficialmente a su favor. En noviembre de ese año, la Ley de Ajuste Cubano fue puesta en marcha, permitiéndoles a los cubanos que habían sido admitidos o recibido libertad condicional en los Estados Unidos desde el 1 de enero de 1959, recibir la residencia permanente después de permanecer un año en los Estados Unidos. (En el contexto de la inmigración, la libertad condicional significa admitir —por razones humanitarias— a un inmigrante que de otro modo no hubiera sido admisible).

El verano siguiente, Pedro Víctor regresó a la burocracia inmigratoria para pedir una vez más convertirse en residente permanente. La fotografía que acompaña su solicitud es señal de que era más optimista acerca de sus posibilidades. Su boca, que se veía tan sombría cuando fue detenido en el aeropuerto cinco años antes, se extiende ahora en una sonrisa pícara. Parece que está a punto de reír. Sus mejillas se han llenado incluso un poco. Había más solicitudes para llenar, páginas y páginas de textos gubernamentales con preguntas traducidas al español. Pedro Víctor parece haber dado una respuesta algo engañosa a por lo menos una pregunta. Alega que no ha sido demandado por violar la ley, aunque se había ordenado su deportación cinco años antes, por violar la ley de inmigración. Después de todo lo que había pasado, tal vez él sólo quería decirles a las autoridades de inmigración lo que él pensaba que querían oír.

El formulario que llenó declara que había sido un refugiado cubano desde febrero de 1965. El estatus de refugiado pudo concederse con carácter retroactivo, sugirió Yates. Medicare, un nuevo programa federal promulgado el año anterior, le pagó un examen físico a Pedro Víctor.

El 13 de septiembre de 1967, la firma de Robert L. Woytych, director de distrito del Servicio de Inmigración y Naturalización, fue estampada en un ángulo de un sencillo formulario gubernamental. La fecha del sello que acompaña su firma se extiende a la línea del formulario que antes estaba en blanco, casi ocultando los números. Pero el significado es claro: solicitud aprobada.

Capítulo tres

EL HIJO DE MIAMI

El 27 de mayo de 1971 marcó un hito para Mario y Oriales Rubio. Habían salido de Cuba y llegado a los Estados Unidos exactamente quince años atrás. También era la víspera de una nueva etapa en sus vidas. Su familia estaba a punto de crecer por primera vez en doce años. Al día siguiente, Oriales dio a luz a su tercer hijo en el Hospital Cedars of Lebanon de Miami. Lo llamaron Marco Antonio Rubio; el segundo nombre era el mismo de Antonio Rubio, su abuelo paterno. Mario Rubio tenía cuarenta y cuatro años cuando se convirtió en padre por tercera vez, y su esposa cuarenta.

En los dos primeros años en la vida de Marco Antonio, la familia vivió a dos cuadras del estadio Orange Bowl, el estadio en forma de herradura de los Miami Dolphins, el conocido equipo de fútbol americano. El estadio está ubicado en el extremo este de la Pequeña Habana, que ya era un destino bien establecido para los cubanoamericanos y otros latinos, y donde el español era el idioma habitual. El fútbol americano unía a la comunidad inmigrante con los no inmigrantes. Cuando se celebraron partidos, los colores más importantes eran el aguamarina y el coral, los colores emblemáticos de uno de los equipos con más historia de la Liga Nacional de Fútbol Americano.

El día de un partido significaba vendedores ambulantes. *¡Parqueo! Parking! Diez dólares. ¡Vengan!* El césped en frente de las viviendas en el lado este de la Pequeña Habana, unas casas compactas en calles concurridas y casi sin árboles, estaba lleno de Fords y de Chevys que encajaban como piezas de un rompecabezas de acero y cromo. Los aficionados salían de los autos, llenando las calles mientras se abrían camino hacia el estadio rodeado de palmeras. Adentro, los héroes tenían nombres como Csonka, Buoniconti y Yepremian, cuyas raíces se remontaban a Europa y no al Caribe.

Cuando Larry Csonka irrumpía veloz en la zona final, o el mariscal de campo Bob Griese lanzaba espirales dirigidos con precisión, todos los que estaban fuera del estadio lo sabían. El estruendo inundaba a un barrio transformado. Las ovaciones seguramente habrán reverberado ruidosamente en la casa en la 1271 de la calle Segunda del Northwest, donde comenzó la vida de una estrella republicana. Marco Rubio llegaría a amar el fútbol americano, especialmente a los Dolphins. Y en esos primeros dos años de vida, antes de que él fuera consciente de lo que estaba ocurriendo, se celebraron juegos históricos. En 1972, los Dolphins completaron la única temporada perfecta en la historia del fútbol, ganando todos los catorce juegos de la temporada regular, y los tres de la postemporada, coronada por una disputada victoria sobre los Redskins de Washington en el Super Bowl.

La familia Rubio se mudó al año siguiente a unas cuatro millas al suroeste. Su casa estaba a una cuadra y media del cementerio Woodlawn Park, el lugar de descanso final, donde, como escribió Joan Didion: "Las vanidades de La Habana vuelven al polvo". Allí, en medio de plumerias florecidas, estaban las tumbas de Machado y de Prío, los presidentes cubanos depuestos que habían huido al exilio en Miami.

Los Rubio regresarían con frecuencia a su antiguo barrio, al estadio donde el legendario entrenador Don Shula dirigía a los hombres de aguamarina y coral. Años después, Marco Rubio recordaría con cariño el asistir a los juegos de los Dolphins con su padre después de dejar en el cine a su madre y a su hermana Verónica, que era un año menor que él.

"Cuando yo era pequeño, tenía aparatos ortopédicos en las piernas para corregir un problema en la rodilla", escribió Rubio en una carta abierta después de la muerte de su padre en 2010. "Detestaba usarlos, y entonces mi papá me llamaba desde el trabajo y fingía ser Don Shula, diciéndome que tenía que usarlos si quería jugar con los Dolphins. (¡Siempre me pregunté por qué Shula tenía acento cubano en el teléfono, pero no en la televisión!). Pero el estadio donde ellos veían fútbol americano había tenido un papel más conflictivo en la historia de los cubanos en Miami. Ocurrió en el interior del Orange Bowl, ante un público apasionado de 40.000 personas, cuando el presidente Kennedy se dirigió directamente a los cubanoamericanos sobre la desastrosa invasión de la Bahía de Cochinos, que tuvo lugar veinte meses antes. Se habían abarrotado en el estadio en diciembre de 1962, para celebrar el regreso de los combatientes exiliados que habían sido encarcelados en Cuba. La suma pedida por Fidel Castro, de 53 millones de dólares en productos farmacéuticos y comida para bebés, fue acordada después de las negociaciones con la administración Kennedy. Las humillaciones se iban acumulando una tras otra.

Kennedy subió al podio en medio de ovaciones y agitación de banderas de los Estados Unidos y de Cuba. Pero el recuerdo de ese día quedaría envuelto en un sentimiento de traición en los próximos años, pues los cubanos sentían que varios líderes de los Estados Unidos no cumplían con sus promesas de ayudarlos a derrocar a Castro. Durante la ceremonia, los miembros supervivientes de la Brigada 2506, la unidad que llevó a cabo la invasión, le entregaron a Kennedy la bandera de la brigada. Kennedy la aceptó y ofreció una promesa a cambio. "Puedo asegurarles que esta bandera será devuelta a esta brigada en una Habana libre", dijo en medio de aplausos y gritos. "Su conducta y valor son la prueba de que, si bien Castro y sus compañeros dictadores pueden gobernar naciones, no gobiernan a los pueblos; que pueden encarcelar los cuerpos pero no los espíritus, que pueden destruir el ejercicio de la libertad, pero no pueden eliminar la determinación de ser libres". Casi cincuenta años después, la brigada sigue esperando que le devuelvan su bandera.

En las dos décadas después del discurso de Kennedy, mientras la familia Rubio crecía, ocurrió lo que llegó a ser llamado el milagro cubano. En 1980, los inmigrantes y exiliados cubanos eran dueños de 18.000 empresas en Miami; tenían 919 en 1967, el año en que Pedro Víctor García, el abuelo de Marco Rubio, finalmente aclaró su situación migratoria y obtuvo la residencia permanente. En promedio, los cubanos ganaban más dinero que otras comunidades de inmigrantes; casi el doble que los puertorriqueños, por ejemplo. El sociólogo Juan M. Clark atribuye los éxitos de esta comunidad a los obstáculos que habían superado: "Habría sido difícil para ellos abandonar la isla... sin esa motivación. [Esa motivación es lo que] les permitió superar las duras medidas disuasorias impuestas por el régimen". Solo dos décadas después de la caída de Batista y del ascenso de Castro, hubo estimados doscientos millonarios dentro de la comunidad cubana en Miami. Los Rubio no estaban entre ellos. Pertenecían a un segmento de inmigrantes que trabajaba duramente y recibía una remuneración modesta. Años más tarde, Marco Rubio recordaría algunos placeres simples: su padre hablándoles a los bomberos para que dejaran a Marco subir a su camión, y los desayunos dominicales en el International House of Pancakes, que su padre llamaba siempre "Pancake House".

Casi diecinueve años después de llegar a los Estados Unidos, Mario Rubio decidió convertirse en ciudadano del país donde había vivido desde 1956. El 4 de marzo de 1975 llenó un cuestionario detallado como parte de una solicitud de naturalización. Mario había emigrado a los Estados Unidos después de jurar su intención de residir aquí de manera permanente, y su naturalización demostró que era un hombre de palabra: durante los 227 meses desde que había emigrado, solo había salido dos veces del país, pasando cinco días fuera de los Estados Unidos en 1957, y trece en 1960.

El Gobierno de los Estados Unidos lo hizo esperar siete meses antes de enviarle una notificación para presentarse al mes siguiente ante un juez de naturalización en el auditorio del Barry College. Una nota escrita a mano en la citación dijo: "LOS HOMBRES DEBEN USAR CHAQUETAS Y CORBATAS".

Se le asignó un asiento al lado derecho del auditorio, en la fila N. Cuando salió de allí, ya no era un "extranjero". Era un ciudadano americano.

EL ASCENSO DE MARCO RUBIO

Mario había trabajado en el Hotel Sans Souci de Miami Beach por lo menos cinco años y medio antes de convertirse en ciudadano, según documentos de inmigración. Empezó como ayudante de bar y se abrió camino hasta ser barman en menos de cinco años, señaló su hijo. El hotel, de estilo *art deco*, ocupaba una cuadra frente al mar en la avenida Collins y las calles Treinta y uno y Treinta y dos. La piscina del hotel estaba a unos pasos de la playa, y había cabañas donde los turistas pedían bebidas tropicales mientras miraban el océano. El famoso arquitecto Morris Lapidus diseñó el impactante vestíbulo del hotel, que impresionó tanto a un constructor de Nueva York llamado Fred Trump (quien más tarde sería más conocido como "El padre del Donald") que este empresario le insistió a Lapidus que diseñara los vestíbulos de Trump Village en Brooklyn. A mediados de los años cincuenta, en una época de mayor abundancia, la artista de *striptease* Gypsy Rose Lee se había presentado en el Sans Souci, y en una ocasión, este hotel pintó cuatro habitaciones contiguas de color azul petirrojo para que coincidieran con el color del Rolls-Royce convertible del sha de Irán, cuando se hospedó allí con la reina Soraya.

Mario Rubio tuvo la desgracia de trabajar en el Sans Souci, cuando el hotel, y el resto de Miami Beach, cayeron en decadencia. En 1977, la situación era tan grave que la autoridad local de desarrollo turístico exigió que el Sans Souci diera un depósito sólo para asegurarse de que pagaría sus impuestos. Transcurrieron otros dos años antes de que Mario llegara a la conclusión de que ya no podía mantener a su familia en Miami. Había llegado a los Estados Unidos veintitrés años atrás buscando una vida mejor. Ahora tenía dos hijos mayores; Mario Víctor, de veintinueve años, y Bárbara, de veinte, y dos hijos pequeños, Marco, que iba a cumplir ocho años, y su hermana Verónica, de siete.

Cuando los Rubio llegaron a los Estados Unidos, habían seguido a Dolores Denis, la hermana mayor de Oriales, a la ciudad de Miami. Dolores había llegado en 1955 o en 1956, según los primeros cinco dígitos de su número de Seguridad Social, que son codificados para indicar dónde y cuándo se expidió el número. Había trabajado como niñera en Nueva Inglaterra después de emigrar, y conoció a su esposo en Nueva York. Ahora, los Rubio iban a seguir a Dolores, esta vez a Las Vegas. Antes de despedirse de Miami, Mario quiso darle a su familia un último gusto al más puro estilo de la Florida. Los llevó al Centro Espacial Kennedy, el vasto complejo donde las grandes ambiciones de los Estados Unidos enviaban a un hombre a la Luna. Era un regalo de cumpleaños para Marco, que cumpliría ocho años en mayo. Ese mismo mes se mudaron al oeste.

Los seis años que pasó la familia en Las Vegas "están entre los mejores de nuestras vidas", diría más tarde Marco Rubio. En la década de 1970, Las Vegas se embelleció con la construcción de una serie de lujosos hoteles, incluidos el Marina, el Maxim, el Harrah's y el Imperial. En 1980, un año después de que los Rubio llegaran, Steve Wynn construyó el Fitzgerald, de treinta y cuatro pisos y el edificio más alto del estado. Y a pesar de las dificultades —un incendio en el MGM Grand donde murieron ochenta y siete personas en 1980 y el aumento de la competencia en Atlantic City— había oportunidades en abundancia para un hombre que estuviera dispuesto a trabajar.

Mario consiguió trabajo en Sam's Town, un complejo turístico al estilo *western* que atendía a los lugareños en Boulder

Highway. Había sido construido por Sam Boyd, una leyenda de Las Vegas que había llegado a Nevada con ochenta dólares en el bolsillo y creado un imperio de juegos de azar que se extendió a seis estados. Mario tuvo que dar un paso hacia abajo para mantener a su familia. A pesar de sus veinte años de experiencia como barman, se encontró trabajando de nuevo como camarero, asistiendo a hombres más jóvenes que acababan de graduarse de la escuela de coctelería. "Él se tomó todo con calma", diría más tarde su hijo, y, finalmente, Mario logró volver de nuevo a su antiguo oficio de la coctelería en el más codiciado de los turnos.

Oriales comenzó a trabajar como camarera en un hotel. Instalaron una piscina desarmable en el patio trasero y un aro de baloncesto en el patio delantero. Mario estaba a cargo de los materiales de juego del Pop Warner, el equipo de fútbol americano donde jugó el joven Marco, quien siempre estudiaba este deporte en su casa. Mantenía un cuaderno en su regazo cuando jugaban los Dolphins. "Anotaba todas las jugadas", recordó su hermana Verónica. "Era como si dirigiera desde casa".

Marco fue un parlanchín consumado a lo largo de su infancia, un chico que no solo tenía opiniones, sino que las divulgaba también. "Me acuerdo cuando estaba en tercer grado y un maestro lo envió a casa con una nota diciendo que debería estudiar para abogado", recordó su hermana. Cuando jugaba al corre que te pillo en el barrio, Marco era el que hacía las reglas y escogía los equipos.

Al igual que los Rubio, la familia de Dolores encontró trabajo en el sector hotelero. Su marido, Armando Denis, trabajó en el Hotel Sands y se afilió al Sindicato Culinario. Los Denis eran mormones profundamente comprometidos. Dolores y Armando fueron misioneros mormones en la Misión de Las Palmas, en las

Islas Canarias. Dolores trabajó en el templo y desempeñó otros cargos en la Iglesia de Jesucristo de los Santos de los Últimos Días. Le gustaba trabajar en la guardería de la iglesia. Los Denis tuvieron un hijo, a quien llamaron Moisés. Pero todo el mundo le decía Mo. Es diez años mayor que su primo Marco, y se diferencia de su primo más joven, tanto en su temperamento como en su filosofía política. Marco puede ser combativo, mientras que Mo tiene un trato más suave. Marco es un republicano conservador, Mo es demócrata y sirvió en la Asamblea de Nevada desde 2004 hasta 2010, cuando fue elegido como senador estatal. Marco tiene ambiciones nacionales; las de Mo parecen ser más modestas, aunque en 2011 obtuvo un liderazgo importante, pues consiguió el apoyo para convertirse en el primer líder hispano demócrata del Senado de Nevada.

"[Marco] tiene aspiraciones políticas mucho más grandes que yo, como por ejemplo, ser gobernador", dijo Mo en una entrevista en 2005. "Los únicos cargos para los que he pensado postularme han sido la Asamblea y el Concejo [de Las Vegas]". Posteriormente quedaría claro que había subestimado su trayectoria y la de su primo.

Al igual que sus padres, Mo pasó dos años en Uruguay como misionero mormón. En los años posteriores ha sido un líder en la Iglesia SUD, donde se ha desempeñado como obispo de su barrio y vice consejero de la presidencia de su estaca, una agrupación de congregaciones mormonas locales.

Los Denis llevaron a los Rubio a la Iglesia Mormona en los años en que las dos familias vivieron en Las Vegas. Bueno, al menos durante algunos de ellos. Mario, que había trabajado varios años como barman, no podía abrazar una fe que no le permitía beber y fumar. En noviembre de 2011, Mo Denis contó la historia religiosa de la familia de su primo en una entrevista grabada con Univisión. "Cuando ellos vivían, cuando Marco vivía aquí, eran miembros de la Iglesia Mormona", dijo en la entrevista, que no se trasmitió en varios meses y permaneció en los archivos de las oficinas de la cadena en Miami.

Poco después de llegar a Las Vegas, Marco —junto con su madre y su hermana Verónica— comenzó a leer el *Libro de Mormón*. Con el tiempo, Marco, su hermana Verónica y su madre fueron bautizados como mormones. Marco se convirtió con entusiasmo a la Iglesia de Jesucristo de los Santos de los Últimos Días. "Él estaba muy comprometido con la religión", le dijo su prima Michelle Denis a McKay Coppins, de BuzzFeed.com. Marco asistió a los grupos juveniles del SUD y, muchas veces iba caminando a la Iglesia con su familia porque su madre no podía manejar.

Los primos idolatraban a los Osmond, la familia de cantantes cuyos éxitos en las listas musicales los convirtió en los mormones más famosos de su época. El programa *Donny & Marie*, dos de los hermanos, había sido un éxito en la televisión tres años antes de que los Rubio se mudaran a Las Vegas.

A Marco, a Verónica y a su prima Michelle les gustaba cantar canciones de los Osmond en las reuniones familiares. "Tony" —como le decían a Marco sus primos, en referencia a Antonio, su segundo nombre— estaba tan fascinado con los Osmond que fue con los Denis a Utah durante su viaje anual, para visitar el estudio de grabación del grupo pop. "Era lo que había que hacer", dijo Michelle Denis. "Luego nos íbamos a pasar el rato a la Universidad Brigham Young".

Aquellos años en Las Vegas causaron una gran impresión en el joven Marco Rubio, y contribuyeron posteriormente a darle forma a su filosofía política. La economía de Las Vegas dependía en gran medida del juego, aprovechando la riqueza de los hombres y mujeres que acudían allí para jugar en las máquinas tragamonedas o apostar dinero a los dados. Durante su ascenso político, Marco se constituyó como un personaje público en contra del juego, algo que se derivaba, al menos en parte, de lo que había presenciado en su infancia. "Durante su infancia en Las Vegas, veía a todas esas mujerzuelas jugando en las tragamonedas", me dijo un ex colaborador cercano de Rubio. Al obtener una posición de liderazgo en la legislatura de la Florida, "él sería muy enfático" sobre su disgusto por el juego y haría referencia a sus días en Las Vegas. "He visto la otra cara de los juegos de azar", decía.

A mediados de los años ochenta ocurrieron dos eventos que alteraron la vida de Marco Rubio. El primero sucedió en agosto de 1984, cuando murió su abuelo Pedro Víctor García. Era el primero de su familia que había aprendido a leer, y había pasado muchas horas hablando con su nieto, en especial sobre historia. Pedro Víctor vivió con los Rubio durante gran parte de la infancia de Marco. Le gustaba sentarse en una silla plegable de aluminio en su porche, fumando puros Padrón y vestido con traje y corbata. "Él hablaba y hablaba", diría su nieto más tarde. La locuacidad del abuelo estaba acompañada por la curiosidad del nieto. "Marco hacía un montón de preguntas que no esperarías de un niño de esa edad", dice su hermano Mario. "Pasaba mucho tiempo hablando con mi abuelo".

El segundo momento clave sucedió un año después de la muerte de Pedro Víctor, cuando los Rubio decidieron regresar a Miami. Los padres habían encontrado un empleo estable en Las Vegas, pero les preocupaba el futuro de sus hijos. "Mis padres temían que si nos quedáramos en Las Vegas, trabajaríamos en lo mismo que ellos", escribió Marco. "Ellos querían que tuviéramos sueños y estuviéramos en un lugar con más posibilidades de alcanzarlas".

En esa misma época, la familia hizo un cambio en su vida espiritual. Marco, su hermana y su madre regresaron a la Iglesia Católica, la cual habían abandonado para convertirse al mormonismo. La fecha exacta de su regreso está en disputa. Michelle Denis y su hermano Mo dicen que los Rubio no se convirtieron de nuevo al catolicismo hasta mucho más tarde. "Volvieron a la Iglesia Católica cuando regresaron a Miami", dijo Mo Denis. Marco dice que la familia volvió a la Iglesia Católica cuando todavía se encontraba en Las Vegas, y presentó un certificado de una iglesia de Nevada, con fecha del día de la Navidad de 1984.

Independientemente de la cronología, Michelle Denis dice que los Rubio regresaron a la Iglesia Católica ante la insistencia de Marco, lo que significaría que era él quien guiaba la fe de la familia cuando tenía apenas trece años. "Él convenció realmente a toda la familia para que cambiara de religión", dijo ella.

Después de marcharse de Las Vegas, los Rubio regresaron a una ciudad en evolución. Durante los seis años que se habían ausentado, la violencia derivada de las drogas ensangrentaba las calles de Miami, afectando seriamente su reputación. Los narcotraficantes millonarios bailaban en las discotecas, y sus sicarios disparaban a plena luz del día. Los traficantes comenzaron a lanzar grandes paquetes de cocaína desde avionetas en las aguas del sur de la Florida. Había tantos paquetes que los llamaban "meros cuadrados" porque estaban en las mismas aguas que este pez, abundante en la Florida.

Apenas dos meses después de que los Rubio se mudaran a

Nevada, unos asesinos atacaron una tienda de licores en el centro comercial Dadeland, disparando ochenta y seis rondas y matando a dos hombres, mientras los compradores corrían aterrorizados en busca de refugio. La verdadera magnitud de la crisis comenzó a develarse cuando los investigadores encontraron una camioneta Ford Econoline abandonada en un estacionamiento cercano y con el motor en marcha. El letrero a un lado de la camioneta decía pertenecer a la compañía Happy Time Complete Party Supply, pero tenía acero reforzado y ventanas que se convertían en troneras para disparar desde allí. Si existieran dudas de que una guerra de drogas hiciera estragos en Miami, la llamada "Vagoneta de Guerra" las eliminó.

Miami había entrado en la era de los vaqueros de la cocaína. Su tasa de homicidios se disparó, y fue declarada la capital del asesinato de América. Había tantos cadáveres que el juez de instrucción tuvo que pedirle prestado a Burger King un camión refrigerado para guardarlos allí. "Lo que veo que sucede aquí haría que Chicago en los días de la Prohibición parezca un picnic de la Escuela Dominical Bautista", dijo en ese momento Joseph Davis, examinador médico del condado.

Al mismo tiempo, la ciudad recibió el mayor y más repentino éxodo de migrantes cubanos en su historia. Más de 120.000 cubanos llegaron a la región entre abril y septiembre de 1980. Fueron llevados a unos campamentos creados por el Ejército de los Estados Unidos, una ciudad de carpas debajo de la autopista Interestatal 95, y otros fueron alojados en el Orange Bowl. Eran los refugiados de un estado represor, pero algunos lugareños reaccionaron indignados. "Para Fidel Castro, esto equivalía a un acto de genocidio", dijo Ralph Renick, el destacado presentador de noticias de televisión, en uno de sus comentarios nocturnos.

"Libró a Cuba de miles de indeseables de un solo golpe. Desocupó sus cárceles y sacó a los vagabundos de las calles de La Habana. Asesinos, ladrones, prostitutas, pervertidos, retardados, lisiados y alcohólicos, todos ellos fueron detenidos, enviados al puerto de Mariel, y puestos a bordo de los barcos con destino a Miami. Fidel Castro declaró públicamente: 'He vaciado los sanitarios de Cuba en los Estados Unidos'. Él se vanaglorió de esto". Los Marielitos, como les dicen a los refugiados, fueron tildados de locos y criminales. Era una acusación injusta. "Mariel fue muy malo al principio, pero al final fue muy bueno", le dijo Maurice Ferré, ex alcalde de Miami, al periódico *Miami Herald*, en el excelente trabajo retrospectivo que hizo este periódico en el trigésimo aniversario del éxodo. "La gran mayoría de estas personas eran honestas, decentes, trabajadoras, industriosas… y ahora son médicos, banqueros, empresarios y realmente han mejorado la comunidad".

Cuando los Rubio decidieron regresar a Miami, se establecieron más al oeste que antes. Compraron una casa en la tranquila ciudad de West Miami, un poco más allá de Coral Gables. Mario encontró trabajo como barman en Mayfair House, un nuevo hotel en Coconut Grove, con suites donde la noche costaba hasta ochocientos dólares, con bañeras japoneses y botones las veinticuatro horas. El *Herald* lo llamó "insoportablemente igual al Ritz".

Después de la barbarie causada por las drogas en los años anteriores, los analistas estaban empezando a evaluar de nuevo a Miami, y detectaron un repunte. Una reseña de ese año señalaba que Miami estaba "surgiendo como una ciudad internacional más fuerte y vibrante, a pesar de sus problemas". El Mayfair era una pequeña parte de ese giro hacia el optimismo.

Por supuesto, Miami mantuvo su tolerancia hacia quienes tenían un pasado dudoso, ya fueran dictadores depuestos de épocas anteriores o los nuevo ricos capos de la droga y sus séquitos. Incluso un hotel como el Mayfair hacía alarde de sus pecadores ancestrales, si bien había que remontarse bastante en el tiempo para encontrarlos. Al gerente del hotel, Jaime Torquemada, le gustaba jactarse de ser descendiente directo de Juan de Torquemada, hermano del tristemente célebre Tomás de Torquemada, que había torturado y matado a cientos de personas durante la Inquisición española. Todo eso era parte del encanto.

West Miami, donde se establecieron los Rubio, era demasiado pequeño como para tener una escuela secundaria, por lo que Marco se inscribió en South Miami High, a poca distancia en auto. Construida en la década anterior debido a que las escuelas cercanas estaban abarrotadas tras el gran aumento de la población, la escuela se encuentra en un tranquilo barrio residencial. Una estatua gigantesca de una cobra, la mascota de la escuela, se levanta del voluminoso edificio de concreto.

Después de vivir en Las Vegas, muy lejos del epicentro de la experiencia inmigrante cubana en los Estados Unidos, Marco se encontró en una escuela saturada de ellos. El éxodo del Mariel había causado un gran aumento en la población cubana de Miami, y South Miami recibió una parte de ella. El 75% de los 2.410 estudiantes de South Miami era hispano, el 10% era negro y el 13% fue identificado como "anglo", según un artículo publicado por *Serpent's Tale*, el periódico de la escuela, durante el último año escolar de Rubio. "Era una cultura hispana", dijo Fran Cosgrove, que enseñó en la escuela cuando Marco estudió allí. "Muchos de ellos eran inmigrantes de primera generación". Cualquier noticia de Castro era ampliamente comentada en toda la escuela. "A ellos definitivamente les importaba el tema", señaló Cosgrove.

El futuro senador no siguió el patrón de algunas estrellas políticas en ciernes, uniéndose a todos los clubes y ocupando siempre el liderato. En el anuario de la escuela, Marco aparece menos como un signo de exclamación que como una frase entre paréntesis: con una serie de conchas Pooka alrededor del cuello y riéndose de la broma de otro estudiante, donando sangre o en la fila de atrás en la foto de la clase de la señora Nott en el quinto período. Rubio ha dicho que "se esforzaba para encajar", y que "algunos compañeros de clase se burlaban de él por ser 'demasiado americano'". Era un buen estudiante, pero no era el "gran hombre" de la escuela. No iba a ser elegido Rey Cobra. Ese fue un papel que sería interpretado por su futuro cuñado, el actor y cantante latino Carlos Ponce, que cursaba un año atrás de él.

La oportunidad de Marco para estar en el centro de atención de la escuela ocurrió en el campo de fútbol americano. Le encantaba este deporte. South Miami contaba con un equipo muy bueno, y era un eterno contendiente a títulos de conferencia y a un lugar en los *playoffs*. Tan solo unos pocos años antes de que Marco se uniera a la escuadra de South Miami, Derrick Thomas, un defensa que más tarde llegó al Salón de la Fama de la NFL, había neutralizado a muchos atacantes rivales. A James Colzie, que era el director deportivo cuando Marco jugaba fútbol americano, le gustaba llamar a South Miami "Linebacker High", inspirada en "Linebacker U", el apodo del equipo universitario de Penn State.

Los colores del equipo eran naranja, negro y café. "Uno de los uniformes más atractivos del país", recordó Sam Miller, que fue entrenador del equipo y ahora está jubilado en Greenwood,

Louisiana. Miller, quien es afroamericano, dijo que hubo un poco de tensión racial en la escuela antes de su llegada, y fue contratado para calmarla.

En las fotos del equipo de la época, Rubio es uno de los futbolistas pequeños. Él no iba a jugar como *linebacker*. "No era el más corpulento del campo", recordó Otis Collier, su entrenador *backfield* defensivo. "Él no iba a golpearte a alguien y a enviarlo al hospital". Pero era lo suficientemente fuerte e inteligente como para ganar la alineación inicial en una de las defensas más fuertes de la región, una unidad de alta energía comandada por Joey Veargis, un tacleador feroz a quien sus entrenadores consideran uno de los más grandes futbolistas en la historia de las escuelas secundarias de la Florida.

Marco jugó como *backfield* defensivo, rotando como *safety* y esquinero, según Collier. (Colzie sólo recuerda que jugó como esquinero). "No era veloz, pero era rápido", recordó Colzie. "Un esquinero tiene que hacer muchas coberturas, en lugar de dar un montón de golpes".

Las prácticas del equipo podían ser demoledoras, pues pasaban varias horas en medio del agobiante calor y humedad de Miami. La falta de esfuerzo se notaba inmediatamente en un jugador. Algunos no lo lograban. Pero Marco no desfallecía. "Él se esfuerza hasta el límite", su hermano mayor, quien fue un mariscal de campo estelar en la escuela secundaria, dijo más tarde. "Simplemente no se detiene".

Los *back* defensivos rara vez obtienen titulares, a diferencia de los mariscales de campo que lanzan pases ganadores de touchdown, o de los corredores que avanzan por la banda en la zona de anotación. Marco no aparece en la escasa cobertura del equipo en ese período. Sin embargo, sus entrenadores y compañeros lo recuerdan como un jugador puro y duro por el que no tenían necesidad de preocuparse. "Se puede decir que él entendía el juego desde un punto de vista intelectual, aunque no fuera el jugador más veloz ni el más grande", dijo Octavio Matamoros, un liniero defensivo del equipo.

Los entrenadores de fútbol americano siempre están preocupándose por el posicionamiento de sus *backs* defensivos. Un *nose tackle* mira a su enemigo a través de la línea de *scrimmage*, al centro del equipo contrario, su objetivo destinado a una colisión de un casco contra otro. Un *back* defensivo tiene que explorar el campo, escogiendo entre los receptores que cruzan de un lado a otro, cuáles rutas están destinadas a confundirlos, a desmarcarse, quedando solos e inmóviles. El objetivo puede consistir tanto en ser más astuto que el *back* defensivo como en correr más rápido que él. Es por eso que a los entrenadores les gustaba el pequeño jugador con el número 46. "Marco no se dejaba engañar fácilmente. Jugábamos profundo", dijo Collier. "Él siempre estaba en el lugar indicado. Era cuestión de inteligencia. Él jugaba con inteligencia. Nunca estaba fuera de posición".

Los chicos de South Miami se sentían orgullosos de pertenecer a la clase trabajadora. Su rival por excelencia era el equipo de la escuela secundaria de Coral Gables; eran hijos de una generación anterior de inmigrantes, más establecidos y ricos. Los futbolistas de South Miami tendían a ser recién llegados o hijos de padres de clase trabajadora que no estaban entre los doscientos millonarios cubanos. Kenneth Dodd, que también fue entrenador de South Miami cuando Marco jugó en el equipo, recuerda haber visto "Marielitos" en el equipo con un sentido de orgullo. Los refugiados juveniles que habían venido en las embarcaciones hablaban de las privaciones en Cuba, de una sociedad cada vez más pobre y controlada por un gobierno omnipresente y represivo. Le contaban a Dodd que el Gobierno de Castro lanzaba juguetes en algunas ocasiones; si los chicos corrían durante todo el día de un barrio a otro, podían adelantarse al camión y recoger juguetes en dos o tres puntos. Llegaban a casa agotados, pero por lo menos tendrían algo con qué jugar. Cuando llegaron a los campos de fútbol de South Miami, Dodd dijo: "Definitivamente tenían hambre. Estoy seguro de que la influencia de esos jóvenes cubanos que trataban de establecerse a sí mismos, tuvo un efecto sobre Marco. Venían aquí en busca de una oportunidad".

Marco admiraba a un jugador rudo llamado Humberto Miret, recordó Dodd. Un día en la escuela, un estudiante de un curso superior se coló en la fila donde esperaban otros. Dodd vio que Miret, entonces apenas un estudiante de primer año, se acercó al chico y le dio un golpe. Esto hizo que Miret, quien actualmente es el director de una escuela secundaria, fuera llamado a la oficina del director. Dodd lo buscó después y lo animó a formar parte del equipo de fútbol americano. Le gustaba ese espíritu feroz. "El tipo de atmósfera que transmitía un chico como Miret contagió sin duda a Marco. [Los dos] fueron muy unidos".

Marco cursaba tercer año de secundaria cuando el equipo llegó a los *playoffs*, pero fueron eliminados en un juego reñido cuando el pateador desperdició tres puntos adicionales. Los jugadores lloraron en un vestuario por lo demás silencioso después del juego. "Caballeros", les dijo Miller: "levantemos las cabezas y salgamos orgullosos de aquí".

Dos semanas después de esta decepción, la familia Rubio sufrió un golpe mucho más doloroso. El 16 de diciembre, la policía y los agentes federales hicieron arrestos en todo Miami. La primera página del *Miami Herald* y los servicios de cable del día siguiente transmitieron la noticia de la captura de una importante banda de narcotraficantes. Sus integrantes fueron acusados de matar a un informante federal, de desmembrar su cuerpo con una sierra circular, arrojar los miembros a un abrevadero y quemarlos con carbón y combustible líquido. También fueron acusados de pasar de contrabando quinientas mil libras de marihuana y doscientos kilos de cocaína que tenían un valor de setenta y cinco millones de dólares.

Los supuestos cabecillas de esta banda eran Mario y Guillermo Tabraue, padre e hijo. Otros cuatro hombres fueron detenidos casi a última hora. Uno de ellos era Orlando Cicilia, quien estaba casado con Bárbara, la hermana mayor de Marco. Las historias no mencionaban el hecho de que Cicilia no era miembro de la banda cuando ésta asesinó al informante, por lo que los lectores seguramente creyeron que él estaba involucrado con los macabros asesinatos. La acusación muestra a Cicilia como una especie de intermediario, que hizo un gran número de viajes en 1985 y 1986 para entregar cocaína: seis viajes a Cleveland, ocho a Boston, cinco a Honolulu y diez a Indianápolis. Organizó reuniones en su casa para discutir el reparto de droga y recibió al menos un cargamento de cocaína en su hogar, según la acusación. Pero la banda giraba en torno a los Tabraue. Cuando la policía llegó a la propiedad amurallada de Mario Tabraue en Coconut Grove el día de las detenciones, alguien lanzó un paquete con $50.000 por una ventana. "Por poco golpea a uno de los agentes en la cabeza", dijo Paul Miller, portavoz del FBI. "Podría haberlo lastimado".

Mario Tabraue vivía en una mansión de 6.949 pies cuadrados. Tenían una subametralladora Uzi y una MAC-10. Los vecinos estaban acostumbrados a los ruidos fuertes que provenían de detrás de las paredes, pues Tabraue también se dedicaba al negocio de animales exóticos y le gustaba mantener algunas de sus posesiones más preciadas en su casa. Los agentes enviados para arrestarlo encontraron dos leopardos en los jardines. Las autoridades la nombraron Operación Cobra a la fuerza de tarea asignada para arrestar a Tabraue y a su pandilla; casualmente, era el mismo nombre de la mascota de la escuela de Marco.

Mientras tanto, Guillermo Tabraue, con poco más de sesenta años, tenía negocios en la Pequeña Habana, donde era propietario de una joyería. Había sido miembro de la legendaria Brigada 2506 que realizó la invasión a Bahía de Cochinos, y era amigo de policías de alto rango. Los fiscales sospechaban que él lavaba el dinero del narcotráfico con su joyería, y que les vendía anillos y cadenas a los policías a precios bajos a cambio de que ignoraran sus otras actividades, que eran más inicuas.

El arresto de la pandilla fue un episodio olvidado en la historia de los Rubio hasta 2011, cuando Univisión trasmitió un informe sobre el caso. El senador, que habla con tanta frecuencia acerca de su familia, no había mencionado el incidente en público, y sus rivales políticos tampoco lo habían utilizado abiertamente en su contra. Marco sólo tenía dieciséis años cuando su cuñado fue arrestado, y nunca se lo ha acusado de que estuviera implicado en sus actividades criminales.

El caso llegó a los tribunales once meses después, mientras Marco terminaba el tercer año de secundaria y comenzaba el último año en la escuela de South Miami. La escuela se conocía como un lugar muy tranquilo, escasamente afectada por los problemas de drogas que tenían algunas escuelas de la época, según dicen profesores actuales y pasados . Pero ocasionalmente había señales inquietantes. En septiembre de ese año, el equipo de fútbol americano tuvo que abandonar la escuela antes de lo habitual cuando se disponía a jugar un partido contra Coral Gables, su rival. En lugar de jugarse el viernes por la noche como era habitual, el encuentro se programó para las tres de la tarde en el Tamiami Park, un sitio neutral. Varios días atrás, pandillas relacionadas con las dos escuelas se habían enfrentado en un concierto. Dos jóvenes recibieron disparos y veinte personas resultaron heridas. A los administradores escolares les preocupaba que se presentaran casos de violencia si el partido se jugara de noche, y decidieron programarlo en un lugar inconveniente y en un momento inoportuno. Muchos agentes de policía custodiaban el campo de juego. El ambiente era tenso, y los jugadores estaban nerviosos.

La decisión de la administración surtió efecto. Había solo cuarenta y seis aficionados cuando sonó el himno nacional al comienzo de un juego al que se esperaba que acudieran cinco mil personas si se jugara por la noche. Los fans que no asistieron se perdieron de una actuación virtuosa por parte de la defensa de South Miami. Marco entró y asumió el liderazgo. "Marco Rubio era como Tom Brady, en cuanto a carácter", dijo Matamoros, su compañero de equipo. Los Cobras mantuvieron a Coral Gables a menos-34 yardas en una derrota de 35-7.

Una vez más, el equipo de South Miami llegó a los *playoffs*, y una vez más sus pateadores defraudaron al equipo. El 27 de octubre, un intento por anotar desde 39 yardas y que les hubiera dado la victoria en los últimos segundos salió desviado, y fueron eliminados. Años más tarde, Rubio diría que esto todavía le causaba pesadillas. "Deberíamos haber ganado, pero los árbitros anularon una jugada, fallamos un gol de campo y nuestro equipo perdió", dijo más tarde.

El hijo de miami

Una semana después de esta derrota, Orlando Cicilia fue llevado al juicio. Era un acusado menor en un caso importante. Las alegaciones del juicio fueron tan explosivas que condujeron a la degradación de un funcionario policial de alto rango de Miami después de que un testimonio señalara que él había colaborado con contrabandistas que lo sobornaron con dinero.

El caso estuvo a cargo del Fiscal Leon Kellner, quien había llamado la atención nacional tras su exitosa acusación de Manuel Noriega, el dictador panameño, y tras perseguir varios casos de drogas de alto perfil. Pero Kellner dejó el cargo en junio de 1988 y fue reemplazado en forma interina por un nombre conocido en la política de la Florida: Dexter Lehtinen. Este nuevo fiscal general era senador estatal y ex miembro de la Cámara de Representantes de la Florida; estaba casado con Ileana Ros-Lehtinen, una política republicana nacida en La Habana. Dexter era demócrata cuando se conocieron, pero pasó al Partido Republicano poco antes de casarse con ella. Ros-Lehtinen habría de ganar las elecciones del año siguiente, convirtiéndose en la primera mujer hispana elegida para el Congreso. Posteriormente fue la mujer republicana de más antigüedad en la Cámara de Representantes de los Estados Unidos.

En el primer mes de lo que se conoció como el juicio de drogas Tabraue, algunos de los mayores narcotraficantes locales declararon en contra de la pandilla como testigos colaboradores. Su testimonio rastreaba la historia de las drogas en el sur de la Florida, desde la marihuana en los años setenta hasta los vaqueros de la cocaína a comienzos de los años ochenta. Si hubiera sido una miniserie, se habría llamado "Drogas y recuerdos", escribió Frank Cerabino, del *Miami Herald*. Richard Sharpstein, el abogado de Mario Tabraue, lo veía más como un "caso tejido a través de una red de villanos, traidores y soplones: un verdadero desfile de personas despreciables".

El caso fue llevado a los miembros del jurado en enero, y después de siete días de deliberaciones se emitieron ocho sentencias condenatorias. El cabecilla, Mario Tabraue, fue condenado a cien años de prisión. Cicilia recibió la segunda pena más alta: treinta y cinco años, según informes de prensa de la época. Al parecer, su condena fue reducida posteriormente a veinte o veinticinco años. El Gobierno confiscó su casa, pues no pudo encontrar los quince millones de dólares que Cicilia había ganado traficando drogas. Guillermo Tabraue, el otro supuesto líder de la banda, ganó un juicio por desacuerdo entre el jurado, después de que un ex agente de la CIA declarara que Guillermo estaba ayudando a las autoridades federales a investigar denuncias de que ex miembros de la Brigada 2506 traficaban drogas. Sin embargo, Guillermo fue condenado posteriormente por evasión de impuestos.

Marco terminó la secundaria y pensaba en la universidad mientras su cuñado se fue a la cárcel. Era el final de los años ochenta, la década insípida de los bonos basura y carteles de cocaína. Todo el mundo quería hacer dinero fácil. La cubierta del anuario escolar muestra a una cobra enrollada agarrando billetes de cien dólares con la cola. "South Miami Lotto", dice un titular. "¿Cómo se juega? Simplemente estudia en South Miami Senior High. El objetivo del cuerpo de estudiantes: ganar el premio mayor".

Los redactores del anuario hicieron un resumen del año anterior. Un artículo señala que el vicepresidente George H. W. Bush había escogido al senador Dan Quayle de Indiana como su compañero de candidatura en 1988. "Las encuestas de opinión pública mostraron que el inexperto senador de cuarenta y un años no era una selección popular", escribieron los redactores. Por supuesto, no podían haber sabido que casi un cuarto de siglo más tarde, otro senador de cuarenta y un años de edad sería considerado para las elecciones presidenciales, y que esta vez sería uno de sus antiguos compañeros de clase.

Uno de los rituales que hacen los estudiantes de último año en muchas escuelas secundarias de todo el país es escribir una especie de testamento. Los alumnos que pronto se graduarán escriben unas pocas líneas para concederles algo a los estudiantes más jóvenes. Marco escribió en su testamento: "Yo, Marco Rubio, por la presente lego mis secretos de peluquería a Freddy". Marco se peinaba con esmero y de manera conservadora desde que estaba en secundaria. Tim Elfrink, periodista del *Miami New Times*, describió acertadamente su estilo como una reminiscencia de Alex P. Keaton, el insufrible personaje joven y conservador, pero de algún modo entrañable, interpretado por Michael J. Fox en *Family Ties*, el popular programa de televisión de los años ochenta. Marco también añadió otra broma secreta sobre su legado: "Le dejo a Ángel mi capacidad de evitar la muerte".

Muchos jugadores del equipo de fútbol americano Cobra se dedicaban a buscar becas durante el último año escolar. Hablar con universidades para que recibieran a sus jugadores era una obsesión particular de Miller, el entrenador. "Enviamos postales a todo el país". El entrenador llevaba proyectores de cine de 8 mm a las conferencias nacionales de entrenadores, y mantenía una bombilla extra en su equipaje de mano en caso de que la otra se rompiera.

En aquellos días, las opciones eran limitadas para un futbolista de secundaria del sur de la Florida. Varias universidades que ahora tienen programas de fútbol americano, como Florida International University y Florida Atlantic University, no tenían equipos en ese entonces. Esto no era un problema si fueras alguien como Derrick Thomas, dotado de un cuerpo hecho para el fútbol americano. Pero los menudos defensas de West Miami no iban a estar compitiendo para entrar en potencias nacionales como Florida State University o Florida University. Aun así, la oportunidad de jugar unos cuantos partidos más puede significar todo para un chico de secundaria que adora calzarse almohadillas en los hombros y ponerse un casco. No es fácil renunciar al placer que se siente cuando corres en un campo bajo las luces y la multitud te aclama. Ciertamente, esto no fue fácil para los chicos de Sam Miller.

Miller los ayudó a conseguir decenas de entrevistas. Una tarde, un joven llamado Mike Muxo fue a la escuela South Miami High para charlar con algunos jugadores. Muxo se había criado en Miami, y era un as para contratar jugadores locales. Se había trasladado a Missouri, donde era entrenador en Tarkio College, una pequeña universidad presbiteriana.

Tarkio estaba enclavada entre cultivos de maíz, en el noroeste de Missouri, a una hora y media al sureste de Omaha, Nebraska, y a más de dos horas al noroeste de Kansas City. Muxo persuadió a Marco para que fuera a Tarkio, pero no sin antes aclararle en lo que se metía. "Le expliqué que era muy diferente del sur de la Florida", recordó Muxo, que actualmente es director de la academia de policía en St. Louis. Tarkio estaba en un pequeño pueblo, lejos de la cultura del sur de Miami. Muxo les hablaba de dos cosas a sus reclutas: vengan a Tarkio y podrán seguir jugando al fútbol americano y recibir educación, básicamente de forma gratuita. Tarkio no otorgaba becas completas, pero muchas veces los futbolistas lograban combinar una beca parcial de fútbol americano con subvenciones de dinero federal y asistían a la universidad de forma gratuita, o pagaban muy poco dinero. Muxo les contó a Marco y a los otros reclutas de los futbolistas de Tarkio que ya eran cirujanos y abogados. Marco quedó convencido; estaba rompiendo todos los pronósticos. De acuerdo con un artículo publicado en el periódico de su escuela en 1989, solo 14% de la clase del año anterior estudiaba en universidades de cuatro años.

———

Marco se presentó en Tarkio, que tenía 550 estudiantes de tiempo completo, para el inicio de las clases en agosto de 1989. Todo fue un choque cultural para él, incluso en el campo de fútbol americano. Cuando los pateadores lanzaban el balón a través de los postes de la portería, caía literalmente en un cultivo de maíz. La pequeña ciudad donde estaba la escuela tenía 2.243 habitantes. "Si parpadeas, no sabrás que acabas de atravesarla", dijo Doyle Slayton, el entrenador, ahora jubilado en Texas. El McDonald's más cercano estaba a veintisiete millas. Para ver una película de estreno, los estudiantes tenían que recorrer ochenta y cinco millas hasta Omaha. Los inviernos eran feroces, con temperaturas muy por debajo de cero. Los futbolistas terminaban pasando la mayor parte del tiempo en la sala de pesas.

Tarkio jugaba en la Conferencia del Corazón de América, un conglomerado de pequeñas universidades religiosas afiliadas que incluían a Evangel College en Springfield, Missouri; William Jewell College en Liberty, Missouri; Baker University, en Baldwin

City, Kansas; Missouri Valley College en Marshall; MidAmerica Nazarene College, en Olathe, Kansas; Culver-Stockton College en Canton, Missouri; y Graceland College en Lamoni, Iowa.

En Tarkio, que se inspiraba en las enseñanzas presbiterianas, a los estudiantes se les enseñaba "el Antiguo Testamento un semestre, y el Nuevo Testamento al siguiente", dijo Slayton, el entrenador. Además de los futbolistas, la universidad era particularmente adepta a reclutar aspirantes a actores. Era conocida por su teatro Mule Barn, un edificio octagonal que anteriormente había sido un establo para mulas y que se incendió por completo el año que Marco llegó. Los temas del teatro tendían a ser extravagantes. Muxo, el entrenador de fútbol americano, recuerda estar sentado en la cafetería con Marco, riéndose de sus payasadas. Obviamente, la comida de la cafetería era mediocre, y Marco extrañaba la comida de su casa en Miami. Una tarde le dijo en broma a Muxo, "Sé que debo ser parte del grupo de control en un experimento donde te ponen en medio de la nada y te dan esta comida para ver cómo reaccionas. Sé que esto tiene que ser algún tipo de experimento del Gobierno". El experimento del Gobierno se convirtió en su broma habitual. Sin embargo, el estado de las finanzas de la escuela no era ninguna broma. Un mes antes de que Marco comenzara a estudiar, *U.S. News & World Report* publicó una lista de las universidades con las tasas más altas de incumplimiento en el pago de préstamos estudiantiles otorgados por el Gobierno federal. La encabezaba Tarkio College, con una alta tasa de morosidad del 78,7%. En noviembre, tres meses después de que Marco comenzara a estudiar, los administradores les hicieron un anuncio a los alumnos: se había puesta la escuela en período de prueba debido a sus dificultades financieras y problemas con sus campus de extensión. El año anterior se había quitado la certificacióin del programa de formación docente, que antes tenía cierto prestigio.

Tarkio llevaba varios años reclutando estudiantes de una forma desenfrenada. El entrenador Slayton era uno de sus mejores reclutadores, y atraía a los estudiantes no solo para el programa deportivo, sino también para el teatral. Su esposa Catherine ayudó a crear un escuadrón de porristas becadas. La pareja adoraba la universidad, la atmósfera y la vida apacible de su pequeño pueblo, y su entusiasmo era contagioso. Los Slayton y otros reclutadores eran tan eficaces que el campus superó el cupo de viviendas disponibles, y Doyle Slayton empezó a comprar casas para la universidad. Él se acuerda del dueño de una casa, quien le dijo que la escuela tendría que pagarle $16.000 por ella. "¿Es la cuota inicial?", preguntó Doyle. No, era lo que valía la casa. Slayton, que era tejano, no podía creerlo.

Sin embargo, otro tipo de reclutamiento estaba a punto de hundir a la universidad. El problema principal de la escuela parecía ser el reclutamiento agresivo de estudiantes para sus programas de extensión. La mayoría eran jóvenes pobres de zonas urbanas que eran inducidos a inscribirse en cursos de formación profesional y a solicitar préstamos federales que no tenían ninguna esperanza de pagar. Los reclutadores los ayudaban a llenar los formularios, aunque muchos de los futuros estudiantes no tenían intención ninguna de asistir a clases. "Básicamente era una pequeña universidad que funcionaba como una fachada", diría más tarde Kent Kraus, el decano de avance institucional en Tarkio.

Los problemas financieros de la universidad afectaron profundamente al cuerpo estudiantil. Los futbolistas temían perder sus becas. Algunos comenzaron a decir que dejarían el equipo. En

1990, al final de su primer año en Tarkio, Marco decidió regresar a Miami. Muxo cree que los problemas de la escuela contribuyeron a su decisión, pero también hubo otros factores, como el fuerte choque cultural. Tarkio desapareció al año siguiente. La universidad, que tenía más de 109 años, cerró en medio de un escándalo creciente sobre sus poco claras prácticas de préstamos. Cuando se contabilizó el desfalco, los auditores determinaron que la institución había entregado veintidós millones de dólares en préstamos a estudiantes que no calificaban.

Para entonces, Marco había abandonado Missouri y estaba inscrito en Santa Fe College, un instituto de estudios terciarios en Gainesville, Florida, conocido como un lugar donde los estudiantes que querían matricularse en la Universidad de Florida afinan sus credenciales académicas. La página web del instituto promociona el campus como "La puerta hacia los Cocodrilos", la mascota de la Universidad de Florida. Marco conoció a una chica en esa época. En 1990, una linda colombiana llamada Jeanette Dousdebes llamó su atención en una fiesta en su barrio de Miami. Él tenía diecinueve años, y ella diecisiete. Ambos habían estudiado en la escuela secundaria South Miami, pero no se habían conocido. Él le hizo bromas en la fiesta y a ella le pareció divertido. Se casaron ocho años más tarde.

Después de un año en Santa Fe, Marco se trasladó a la Universidad de Florida. Vivió de préstamos y becas estudiantiles y tomó un trabajo de medio tiempo. También logró una pasantía de primera, trabajando para Ileana Ros-Lehtinen, la primera mujer republicana elegida a la Cámara de Representantes de los Estados Unidos. Ros-Lehtinen se convertiría en un personaje habitual en la escena política del sur de la Florida, pero en ese momento era relativamente desconocida en Washington. No está claro si ella sabía que el joven que estaba contratando como interno era el cuñado del hombre que su marido había enviado a la cárcel.

Marco regresó a Miami después de graduarse en la Universidad de Florida, y se matriculó en la Facultad de Derecho de la Universidad de Miami. Él ha dicho que se graduó *cum laude*. "Él hablaba siempre de lo mucho que admiraba y respetaba a sus padres, y de los sacrificios y dificultades que habían pasado para darle oportunidades", comentó Marlene Quintana, una compañera de clase. "Los padres cubanos tienen grandes expectativas. Es innato en nosotros desde pequeños".

Marco estaba siendo adoctrinado en la política republicana incluso antes de graduarse. Consiguió un puesto como administrador de planta en la convención del Partido Republicano en San Diego, y cuando llegó el momento de asignar empleos para la campaña presidencial de Bob Dole en 1996, fue nombrado como presidente de la campaña en los condados de Miami-Dade y Monroe. Incluso en esa etapa formativa de su carrera, Marco ya mostraba una habilidad especial para enviar un mensaje inteligente. "Si esta elección fuera una audición para anfitrión de un programa de entrevistas, Dole no tendría ninguna posibilidad", dijo Marco, entonces de veinticinco años, a la revista *Maclean*. "Esta es una campaña que realmente pondrá a prueba si somos una nación de estilo o de sustancia".

Sus habilidades oratorias ya eran evidentes también. Eclipsó a los demás oradores en un evento llamado "Voluntarios de Dole" en la Pequeña Habana, entre ellos a varios funcionarios electos bien conocidos, con un discurso conmovedor. "De alguna manera le quitó protagonismo a los funcionarios electos", dijo David Rivera, futuro legislador y diputado estatal, y uno de los confidentes más cercanos de Rubio. "Pero así era Marco. Era un indicio de su carisma potencial en la vida pública".

Dole fue derrotado por el titular del cargo, y obtuvo sólo 159 votos electorales, comparados con los 379 del presidente Bill Clinton. Dole perdió en la Florida por seis puntos porcentuales, 42% contra 48%, cifras que reflejaban las del condado de Monroe. En el otro condado donde a Marco se le encargó la supervisión de Dole, fue vapuleado con aún más contundencia, perdiendo 37 a 57 frente a Clinton, que era popular allí. Clinton ganó en la Florida, en parte porque le fue inusualmente bien con los votantes cubanoamericanos que habían apoyado tradicionalmente a los candidatos republicanos, pero que esta vez habían favorecido a Dole por un margen más estrecho de lo usual.

Marco Rubio había probado el sabor de la derrota. Pero su turno en las elecciones se avecinaba, y ya se había cansado de perder.

Capítulo cuatro

EL APRENDIZ

Al recorrer la Calle Ocho, con sus mostradores de acero inoxidable donde venden lechón, el delicioso cerdo cubano asado lentamente y las porciones circulares de pargo frito llamadas ruedas de cherna, la ciudad de West Miami te acecha de alguna manera. Está más allá de Coral Gables; podrían decirte que en el centro. En algún lugar al sur del aeropuerto, o al oeste. En algún lugar. No es solo fácil pasarla por alto, sino que es casi imposible detectarla, escasamente demarcada pues una cuadra densamente poblada se mezcla con la siguiente tan pronto la has pasado. Toda la comunidad abarca tres cuartas partes de una milla cuadrada, y tiene aproximadamente la forma de un triángulo con un ángulo abultado. Cabría fácilmente en el interior del Aeropuerto Internacional de Miami. De hecho, cabrían cinco ciudades de su tamaño, y sobraría espacio.

La carrera electoral de Marco Rubio comienza aquí, en ese triángulo abultado de tierra, trece millas al interior de las playas de Miami Beach. Desde el principio, las personas poderosas y experimentadas vieron el potencial de Marco, sus dones naturales, su energía y su gran dinamismo, y lo impulsaron hacia delante; muchas veces a lugares que estaban más allá de su propio alcance. A medida que ascendía, Rubio perfeccionaba el arte del aprendizaje político.

Este patrón se repetiría en los grandes escenarios, pero en 1998, cuando el aprendiz tenía veintiséis años, el objetivo era modesto: obtener un escaño en la Comisión de West Miami. Este cargo le dio una plataforma a Rubio, un lugar para que él y sus mentores pensaran en el siguiente movimiento, pues todos ellos presentían un gran futuro.

Un poco más de 5.800 personas viven en West Miami. Exceptuando la isla de Cuba, es uno de los lugares más cubanos del planeta. En 2000, dos años después de la primera candidatura de Rubio para cargos de elección popular, más del 61% de los residentes era cubano y el 84% hispano, de acuerdo con el Censo. Solo otras tres ciudades de los Estados Unidos, todas en la Florida —Westchester, Hialeah y Coral Terrace— tenían un mayor porcentaje de cubanos.

Hubo un momento en que el español no era el idioma nativo de tantos habitantes de West Miami. La ciudad floreció debido a ciertas prácticas indebidas. Ya en la década de 1940, un pequeño grupo de empresarios se sintió ofendido cuando el condado redujo el número de horas que una persona podía beber y jugar en establecimientos legales, y crearon una ciudad que tolerara un poco más de alcohol y de apuestas. Pero West Miami, que más tarde se incorporó como una ciudad completamente desarrollada, creció como un lugar con más virtudes de ciudades pequeñas que noches de libertinaje. Los soldados que regresaban de la Segunda Guerra Mundial acudieron allí para construir en parcelas gratuitas y se quedaron para formar familias; el personal de la base de la Fuerza Aérea que estaba en el sur también se instaló allí. Los solares eran más pequeños y las casas mucho menos elegantes que las de Coral Gables; George Merrick se había inspirado en Andalucía para construirlas. Pero el lugar era acogedor, y con el tiempo se llenó de casas coronadas por techos con tejas de berilo y calles llenas de olivos negros, robles y caobas. Sus propiedades eran más deseables que las situadas en calles más problemáticas en las inmediaciones no incorporadas del condado de Miami-Dade.

La atmósfera militar disminuyó en los años siguientes, sustituida en gran medida por la cultura latina y cubana. Se convirtió en un refugio para los "profesionales que querían vivir como si estuvieran en Coral Gables, pero que no podían darse ese lujo", señaló Tania Rozio, una activista y ex comisionada de la ciudad, que compró una casa allí en 1966. Los antiguos residentes hablan sobre West Miami como si se tratara de una isla con valores antiguos que flota en un mar que es el Gran Miami. "Una pequeña ciudad dentro de una ciudad gigante" es la forma en que lo expresa Rozio. Actualmente, cuando las familias de West Miami se van de vacaciones, están invitadas a llamar a la estación de policía y proporcionar las fechas de su viaje; los oficiales pasan un par de veces al día para asegurarse de que todo esté bien hasta su regreso.

Unos meses antes de las elecciones de 1998, Rubio buscó a una mujer que podía ayudarlo a que todo le saliera bien en su campaña. Rebeca Sosa estaba cuidando las flores de su jardín cuando Rubio se le presentó. Sosa, quien tenía cuarenta y dos años en esa época, había sido alcaldesa durante dos períodos, y fue tan popular que nadie se molestó en rivalizar con ella en las elecciones de abril.

Rubio tenía apenas veintiséis años. Recién había obtenido su título universitario y vivía con sus padres. Más tarde a una audiencia en Washington, Rubio, que ya tenía hijos, le diría: "¿Cuántas noches escuché a mi padre abrir la puerta? Tenía setenta años y llegaba después de trabajar dieciséis horas". "¿Cuántas mañanas me despertaba y me encontraba con mi madre, que acababa de entrar a casa después de trabajar en el turno de noche como empleada en K-Mart? Cuando eres joven y tienes prisa, el significado de esos momentos se te escapa, pero ahora, a medida que pasan los años y mis hijos se hacen mayores, lo entiendo perfectamente".

Rubio estaba comprometido en matrimonio mientras se postulaba para su primer cargo político. Su futura esposa, Jeanette Dousdebes, era una rubia despampanante de familia colombiana que había sido porrista de los Miami Dolphins, en compañía de su hermana Adriana. Su carácter contrarrestaba la energía frenética de Rubio. "Ella tiene una especie de personalidad serena, muy calma", dijo Dorie Grogan, director de entretenimiento del equipo de porristas. "Y él parecía ser un novio que la apoyaba; era realmente agradable".

A primera vista, Sosa no estaba segura de que postularse para un cargo público fuera una gran idea para Rubio. "Yo no podía creer lo joven que se veía", recordó. "Le dije: 'Eres demasiado joven. ¿Por qué te vas a postular?'".

Sin embargo, Rubio era ingenioso. Y, como lo haría a través de su carrera política, se conectó con el público contando historias sobre su familia. "Empezó a hablar de todo lo que aprendió de su abuelo", dijo Sosa, "y me dejó sorprendida". En cuestión de minutos, Sosa concluyó que "tenía una estrella" frente a ella. Una estrella que llegaría lejos. "Él era más grande que nosotros", dijo después.

Sosa comenzó a llamarle a Rubio "Marquito", un diminutivo cariñoso de su nombre, y sus amigos dicen que ella siguió así a medida que crecía la estatura política de Rubio. Ambos compartían las mismas herencias. Sosa nació en Camagüey, en la misma provincia donde había nacido la madre de Marquito. Sosa era comisionada de West Miami desde 1990 y había sido su alcaldesa desde 1994. Ella tenía credibilidad, ya que había salvado las finanzas de la ciudad de una posible quiebra a mediados de la década de 1990, cuando los auditores recomendaron un cierre del Gobierno. Y podía ser encantadora.

A Sosa le gusta cantar, y es propensa a canturrear en español en centros de ancianos. Actualmente es miembro de la Comisión del condado de Miami-Dade, y era el tipo de política sencilla y accesible que no solo se sabía el nombre de todos, sino también los nombres de sus perros. Obtener el respaldo de Sosa fue un triunfo para Rubio. De no haber conseguido su apoyo, Rubio prácticamente habría asegurado su derrota frente a César Carasa, su oponente. Cuando Sosa y Rubio se conocieron, el joven promisorio ya tenía un grupo de influyentes admiradores, entre ellos Al Cárdenas, un "fabricante de reyes" republicano en la Florida y exitoso abogado. Cárdenas había contratado a Rubio para su bufete de abogados.

El 13 de enero de 1998, Rubio hizo un cheque por veinticinco dólares, la primera contribución a las arcas de su campaña; fue un comienzo modesto para un político que llegaría a recaudar millones de dólares en las contiendas electorales. En los próximos cuatro meses recaudó más de $11.200, según su informe de finanzas de la campaña, una suma notable para un cargo político en una ciudad tan pequeña. Cárdenas donó $250, y David M. Rivera, un futuro congresista que sería uno de los amigos más cercanos de Rubio, y objeto de investigadores estatales y federales, donó $100. Rubio también recibió $200 de Sergio Pino, presidente del U.S. Century Bank, una empresa a la que ProPublica, una organización de periodismo investigativo, acusó más tarde de hacerles préstamos a personas con información privilegiada.

En marzo, Rubio recibió un verdadero trofeo. Era una pequeña contribución de solo cincuenta dólares, pero que provenía de un nombre muy importante: John Ellis Bush, mejor conocido como Jeb Bush, hijo del presidente George H. W. Bush y hermano del futuro presidente George W. Bush. Jeb Bush tendría un impacto significativo en el desarrollo de Rubio. Fue el comienzo de una alianza importante y duradera.

"[Rubio] tenía un montón de gente detrás de él; personas con cargos políticos en la ciudad que veían un futuro para él", dijo Rozio, la veterana de West Miami que también fue candidata para la Comisión de esa ciudad en las elecciones de 1998. Pero a pesar de contar con un respaldo tan fuerte, Rubio no tomó nada por sentado. Los amigos que lo ayudaban no podían seguirle el ritmo. Él siempre quería tocar otra puerta más, repartir otro folleto más. "Era tan carismático y entrañable", recordó Danny Ruiz, un joven agente político y asesor de Rudy García, quien era entonces miembro de la Cámara de Florida, y que ayudó a Rubio en su campaña.

El discurso de Rubio era sencillo: predicaba la salud fiscal y mostró un cuadro idealizado de esa pequeña ciudad que anhelaba ser West Miami. "Quisiera que nuestros oficiales estuvieran más cerca de las personas como solían hacerlo años atrás. Quiero que nuestra policía conozca a todo el mundo, desde el hombre en la esquina cuyos perros ladran mucho a la mujer cuyo auto chirrió", dijo. "Quiero que todos conozcan personalmente a cada una de las personas que viven en West Miami".

Cuando Rozio conoció a Rubio, tuvo la misma impresión que Sosa: "¡Demasiado joven!". Pero Rozio, que con cincuenta y dos años tenía el doble de la edad de Rubio el día de las elecciones, comprendió rápidamente que estaba equivocada. "Él fue una sensación instantánea", recordó en una entrevista más de diez años después. Ella y Carasa, que tenía treinta y nueve años, recuerdan la elección como una competencia amistosa. "Él siempre tiene una sonrisa en su rostro", dijo Carasa de Rubio. "Les gusta a las mujeres". El joven que estaba a punto de derrotar a Carasa y a Rozio en las urnas sonreía y saludaba siempre que se encontraban. "Buena suerte", les decía.

Él era un Maserati, y todos los demás eran Pintos. Rozio, al igual que muchos otros, quedó muy deslumbrada con la imagen de Rubio: era un cubanoamericano elocuente, guapo y trabajador. Danny Ruiz recuerda que Rubio destilaba energía la noche anterior a las elecciones. Estaba confiado, pero trabajó intensamente. Repartieron cuelgapomos juntos hasta después de la medianoche. "No había nadie afuera", dijo Ruiz, quien dejó la política y está dedicado al negocio de pisos y baldosas.

En la noche electoral, Rubio esperó los resultados en la alcaldía de West Miami. Apenas estaban entrando cuando sonó el teléfono. "Era el mismo Jeb Bush, que llamaba para felicitarle a Marco por haber ganado nuestras pequeñas elecciones", dijo Enrique González, un aliado de Rubio, quien ganó un asiento en la Comisión en esas elecciones. "Incluso en esa época, él ya era el niño de oro ungido".

Los resultados finales mostraron una masacre electoral. Rubio obtuvo 744 votos y ganó uno de los dos asientos que estaban en juego para la Comisión, mientras ni Carasa ni Rozio llegaron a sacar 300.

Rubio estaba en camino.

West Miami sería una escala breve. La siguiente etapa de su carrera estaba empezando casi al mismo tiempo que la primera etapa, pues..., también empezaba. Al igual que muchas buenas historias políticas de aquellos días en la Florida, la siguiente se remonta de nuevo a una acusación, aunque no involucra a Rubio. Cuando se hizo la cuenta de las consecuencias, Rubio fue el político que quedó en pie.

El 12 de junio de 1998, un gran jurado federal acusó al senador estatal Alberto Gutman, un gigante político de treinta y nueve años de La Pequeña Habana que había aparecido una vez en un anuncio de la Asociación Nacional del Rifle con una Beretta .380. Gutman se llamaba orgullosamente a sí mismo "Jewban", el apodo que reciben los cubanos judíos, fusionando así a dos poderosos grupos del sur de la Florida. Gutman podía atraer a multitudes en yiddish y en español. Tenía un gran poder. Los cargos en su contra eran graves. Gutman fue acusado de múltiples cargos de fraude al Medicare, convirtiéndose en el quinto oficial público en Miami-Dade en ser procesado o expulsado de su cargo ese año. El fiscal general Thomas Scott dijo que la acusación era parte de "un ritual semanal". Un día antes de ser acusado, Gutman había sido nombrado "Legislador del Año" por la Asociación de Beneficencia de la Policía de la Florida. Después de la acusación, el presidente de la asociación se encogió de hombros y dijo: "¿Qué se puede hacer?".

Esa semana, el *Miami Herald* informó que un fiscal superior de una importante división de crímenes en el Condado de Miami-Dade iba a renunciar, tras ser acusado de haber manoseado a una secretaria en su oficina. Otros tres secretarios perdieron sus empleos tras ser acusados de tener conversaciones sexuales por teléfono con un asesino a sueldo que colaboraba como testigo del Gobierno.

Y en marzo de ese año, un tribunal federal había destituido al alcalde Xavier Suárez del cargo que había desempeñado durante casi cuatro meses. El alcalde en funciones, Joe Carollo, fue restituido en su cargo después de que miles de votos ausentes fueran anulados. El *Miami Herald* ganó un premio Pulitzer por su excelente investigación sobre la votación, incluyendo el descubrimiento de un hombre llamado Manuel Yip, cuyo voto en las elecciones para alcalde era el cuarto desde su muerte cuatro años atrás. "Esto nunca hubiera sucedido en una república bananera del Tercer Mundo", dijo Carollo. Robert Andrew Powell, un periodista de la Florida que escribía en *Newsday*, señaló que era una "época dorada, una Pax Romana de Governmentus Corruptus".

Sin embargo, y antes de jubilarse, Gutman decidió arriesgarse en las elecciones de noviembre de 1998. Él no iba a permitir que nada tan insignificante como una acusación, aunque estuviera promocionada como la mayor investigación de fraude al Medicare en el país, se interpusiera en su camino. Y los votantes tampoco se opusieron: lo reeligieron por octava vez, aunque por un margen mucho más estrecho de lo habitual. Sin embargo, ni siquiera un personaje tan arrogante como Alberto Gutman podía resistir para siempre. Casi un año después de ser reelegido, se declaró culpable de conspiración y renunció a su cargo.

Jeb Bush, quien era el gobernador de la Florida, programó unas elecciones especiales para sustituir a Gutman. Era un cargo codiciado, y había sido detentado con firmeza por una de las figuras políticas más hábiles de la región. Los republicanos más despabilados habían previsto esta situación y se estaban preparando para mover sus fichas.

Al mismo tiempo, estaba a punto de producirse un cambio fundamental en las prácticas políticas de la Florida. Siete años antes, los votantes del estado habían aprobado de manera abrumadora un límite de ocho años para las legislaturas estatales. Varios senadores del estado se habían opuesto a esta decisión en la corte, pero en septiembre de 1999, un mes antes de que Gutman renunciara, la Corte Suprema de la Florida confirmó el límite de ocho años. Esta decisión significaba que más de un tercio de los 160 miembros de la legislatura estatal no podrían postularse a la reelección en el año 2000.

Uno de esos legisladores era un miamense llamado Carlos Valdés, otro cubanoamericano con una interesante historia familiar que se remontaba a la isla. Valdés había nacido en La Habana y reivindicaba ser descendiente de Perucho Figueredo, un combatiente por la libertad durante la Guerra de Independencia de Cuba a finales de 1800 y autor del himno nacional cubano, "El Himno de Bayamo". Tenía que dejar su cargo junto con otros legisladores en noviembre de 2000 debido al límite en los mandatos, pero decidió renunciar antes y postularse para el cargo vacante de Gutman. Esta decisión elevó el cociente de riesgorecompensa para los políticos que aspiraban al escaño de Valdés. Uno de ellos era Marco Rubio.

La renuncia de Valdés significaba que quien lo reemplazara a él asumiría el cargo mucho antes de que llegara el gran número de nuevos legisladores gracias a los límites del mandato. Tendría una ventaja inicial de nueve meses en la pesca de puestos de liderazgo. Un político ambicioso y honesto podría beneficiarse mucho, especialmente en la Cámara de Representantes de la Florida, que elige a sus presidentes varios años antes de asumir sus cargos. Los legisladores que aspiran a convertirse en presidentes de esta institución empiezan a hacer campaña para este cargo casi desde el momento en que son elegidos. "La legislatura de la Florida escoge a su presidente casi por ultrasonido", comentó Dan Gelber, un demócrata de Miami Beach que sirvió ocho años en la legislatura.

Pero el cambio en la fecha de las elecciones también suponía una increíble cantidad de presión a los candidatos que esperaban reemplazar a Valdés. En lugar de tener más de un año para hacer campaña, tenían que estar listos para las primarias en seis semanas.

Rubio comenzó con una gran desventaja. Una encuesta realizada en noviembre por el sindicato unido de profesores de Dade, mostró que estaba detrás de Jorge Rodríguez-Chomat, un ex representante del estado, por un margen de 31% a 7%. Sin embargo, más del 60% de los votantes estaba indeciso. Rodríguez-Chomat había causado noticia por darse empujones en la Cámara de la Florida con Valdés, el hombre al que ahora trataba de reemplazar. Después de la refriega, que ocurrió durante un debate sobre los vales escolares, Valdés señaló que Rodríguez-Chomat le había dicho "burro" en repetidas ocasiones. "A la tercera o cuarta vez le dije, 'deberías mirarte en el espejo'". Al parecer, los votantes no le prestaron mucha atención al incidente y se inclinaron por Rodríguez-Chomat en las próximas elecciones. Pero él quería otra oportunidad, y trató de recuperar su protagonismo cuando el escaño que perseguía Rubio quedó vacante.

Rubio se había casado diecinueve meses atrás con Dousdebes, durante sus primeras elecciones. Entre los padrinos de la boda, celebrada en octubre de 1998 en la iglesia católica de Little Flower en Coral Gables, estaba su cuñado, Carlos Ponce, un galán, cantante y actor latino que se había casado con Verónica, la hermana de Rubio. (En *Couples Retreat*, la intrascendente película de 2009, Ponce interpretó una de las pocas escenas divertidas, representando a un instructor de yoga que despierta celos en los maridos tras realizar movimientos sexualmente sugestivos con sus esposas). Ponce, que se estaba recuperando de una caída, tuvo una férula azul en el brazo izquierdo y en la pierna derecha durante la boda, de acuerdo con una pequeña nota de la crónica rosa local.

La contienda por el escaño de la Cámara comenzó, como lo hacen tantas campañas de la Florida, con los cambios habituales en el registro de votantes. Solo unos días antes de las elecciones para la Comisión de West Miami, Rubio cambió su registro de votante a una dirección que estaba a dos cuadras de la casa de sus padres. Esto creó un pequeño inconveniente cuando se postuló para el escaño de Valdés, quien representaba al Distrito 111 de la Cámara de la Florida: la casa de Rubio no estaba en el Distrito 111. Pero esto no era un problema, pues era una práctica muy extendida. Tres de los cinco candidatos que querían representar al Distrito 111 no vivían allí. Y no había nada ilegal en ello. Por ley, el candidato sólo necesitaba vivir en el distrito al presentarse el día del juramento para ser elegible. Uno de los candidatos, José Luis Rodríguez, le restó importancia a la cuestión de la residencia diciendo: "Yo vivo a unas dos cuadras del 111. Voy a esperar hasta después de la elección para mudarme". Rubio, quien dijo que vivía a tres o cuatro cuadras del distrito, prometió que se mudaría a éste antes de las elecciones. "Todo el mundo es un forastero antes de las elecciones", señaló años más tarde en una entrevista José K. Fuentes, un miembro de un *lobby* de Miami.

Rubio no tenía muchas credenciales, pues llevaba menos de dos años en el cargo de West Miami. Había llamado un poco la atención por haber creado la primera patrulla de policías en bicicleta de la ciudad, y la consideró como la "piedra angular" de su campaña. Había mostrado también un atisbo de un rasgo que lo caracterizó durante su ascenso político: en lugar de declararles la guerra a sus opositores políticos, trataba de razonar con ellos o de incorporarlos a su círculo. No era un imperativo inviolable, pero en muchas ocasiones procuró buscar una solución diplomática con sus opositores en lugar de atacarlos en público. Una noche, durante una acalorada reunión de la Comisión de West Miami, Rubio parecía ser la voz de la razón, lo que fue aún más notable teniendo en cuenta que sus opositores tenían la edad suficiente para ser sus padres. La discusión giraba en torno a que la ciudad pagara el alquiler de la oficina de Pedro Reboredo, el comisionado del condado que había apoyado a sus oponentes Rozio y Carasa, contra la lista favorecida por la alcaldesa Sosa, en la cual estaba Rubio. La ciudad, que trataba de reducir gastos, quería gastar menos dinero en la oficina de Reboredo. Él se sintió ofendido y creyó que se trataba de una venganza. "Ahora sé por qué estoy aquí; porque no te apoyé en la última elección", le dijo Reboredo a Sosa. "Lo siento, pero esto es una democracia y puedo hacer lo que quiera", respondió ella.

Rubio intervino, tratando de calmar el orgullo herido del político veterano. Llevaba apenas dos meses en el cargo, y acababa de cumplir veintisiete años, pero sonaba casi como un estadista. "No creo que el problema tenga nada que ver con lo bien que desempeña su cargo, señor Reboredo", le aseguró Rubio. "Simplemente se trata de si queremos continuar con el acceso gratuito a nuestras instalaciones".

Otro rasgo que Rubio fomentaría con el paso de los años fue la capacidad de llevar a su bando a las personas que derrotaba y sus aliados. Contribuyó a ello que sus elecciones parecían predestinadas por la estructura del poder republicano. Debido a que él parecía ser un elegido, lo más inteligente era que sus rivales hicieran fila detrás de él. Cuando Rubio decidió postularse para la legislatura, Carasa, que perdió contra él la contienda para la Comisión de West Miami, se unió al equipo de Rubio. Carasa recuerda haber hecho llamadas telefónicas para el joven candidato en una oficina en la Calle Ocho. El mensaje que quiso transmitir Rubio, dijo Carasa, era que "los impuestos estaban totalmente fuera de control".

Es probable que Rodríguez-Chomat pueda haber tenido todo el reconocimiento a su favor en las primarias republicanas para el escaño de la Cámara de la Florida, pero Rubio tenía el dinero. Su maquinaria era más grande. Días antes de las primarias, Rubio se las arregló para recaudar más de $70.000 para su campaña, mientras que Rodríguez-Chomat sólo recaudó $29.000. Rubio recibió también un impulso de la junta editorial del *Miami Herald*, luego de quedar impresionada con su elocuencia. "Puede convertir una anécdota sobre la siembra de árboles en una zona completamente seca en un ensueño sobre el poder del servicio público", señaló el periódico al respaldar a Rubio el 10 de diciembre de 1999.

Rubio parecía un republicano moderado. Estaba presionando para que los niños en riesgo recibieran educación temprana, y cuando le preguntaron sobre su punto de vista acerca del polémico tema del aborto, señaló el periódico, se declaró "a favor de la vida, pero dijo que entendía plenamente que el derecho de las mujeres al aborto es la ley".

La educación era un elemento central de su campaña, y Rubio abogó por el cambio en términos claros que tocaron las fibras emocionales de los votantes. "El treinta por ciento de los niños que entra en las escuelas del condado de Miami-Dade no está preparado para aprender", dijo en una entrevista poco antes de las primarias. "El aprendizaje más importante ocurre en los primeros cinco años de vida, pero la escuela solo comienza cuando los niños tienen seis años. No podemos esperar hasta los años escolares para desafiar intelectualmente a los niños. Tenemos que hacer esto desde un principio. Creo que el uso más eficiente de nuestro dinero es invertir desde temprano".

Rodríguez-Chomat, que era un político más experimentado, resultó ser un factor sin importancia en la contienda. Sin embargo, fue la novedad de alguien aún más novato que Rubio en la política, lo que hizo que las cosas fueran interesantes. Rubio fue forzado a una segunda vuelta por un novato en la política, un popular periodista de radio y televisión llamado Ángel Zayon.

A pesar de que Zayon nunca había votado en una elección, pronto se convirtió en un favorito prohibitivo. El atractivo de Zayon se arraigó en las mentes de los votantes cubanos en el exilio a causa de su vívido informe televisivo en 1991, cuando los detenidos del Mariel retuvieron a unos rehenes en un centro de detención federal. Al año siguiente, Zayon lanzó una campaña de ayuda para las víctimas del Andrew, el huracán de categoría 5 que destruyó barrios enteros en el sur de la Florida y dejó más de veinte mil millones de dólares en daños.

Parecía que Rubio no tenía posibilidades de ganar las elecciones. "Se creía que Ángel sería elegido para el cargo debido a su popularidad", declaró Danny Ruiz.

La contienda le iba a ofrecer a Rubio un primer plano de las artes oscuras de la política, y de las luchas sin límites en que se estaba sumergiendo. Durante la contienda, intentaron desacreditarlo al difundir rumores de que era gay. El rumor no era cierto, pero preocupó al joven candidato. Durante un tiempo se obsesionó con él, y lo utilizó con frecuencia de manera estratégica, señalaron fuentes familiares a la campaña. Por último, tomó la decisión de acallar los rumores distribuyendo una foto en la que aparecía con su atractiva esposa. Los rumores desaparecieron.

El distrito que Rubio intentaba representar se extendía a través de Hialeah, Miami Springs, Virginia Gardens, La Pequeña Habana, Allapattah y algunos sectores de Miami y Coral Gables. Hialeah se convirtió en una especie de incubadora en el desarrollo de Marco Rubio, en una prueba de su capacidad para superar a un oponente formidable. La población de Hialeah es predominantemente de clase trabajadora. Varios políticos veteranos de Miami la han descrito como "el Bronx" de Miami. Durante un cuarto de siglo estuvo gobernada por Raúl L. Martínez, un alcalde populista nacido en Cuba cuya máquina política atendía incluso las preocupaciones más pequeñas de los residentes que entraban todo el día a su oficina. En el deporte de *full-contact* que es la política del exilio cubano, Martínez era un personaje atípico porque se atrevió a ser demócrata. Esto lo puso en el bando opuesto al de Rubio. Pero a pesar de ser demócrata, a veces se aliaba con los republicanos en las elecciones. Y en la contienda electoral de Rubio, Martínez respaldó a Zayon.

Martínez tenía un resentimiento histórico contra Ros-Lehtinen, quien había contratado a Rubio como pasante en la década anterior. Dexter Lehtinen, el marido de la congresista, había condenado a Martínez en un caso de fraude electoral en 1991. Lehtinen era fiscal federal interino en ese entonces. La investigación se inició cuando se esperaba que Martínez se enfrentara a la esposa de Lehtinen, que era senadora estatal, por un escaño en el Congreso de los Estados Unidos. Lehtinen tuvo que luchar por desmentir las sospechas de que estaba utilizando sus poderes como fiscal para perjudicar al rival político de su esposa, algo que él negó.

Rebeca Sosa, alcaldesa de West Miami y mentora de Rubio, sabía dónde enviarlo a Hialeah: al Restaurante Tropical. Allí, Rubio conoció a un círculo de acaudalados empresarios cubano-americanos interesados en las maniobras políticas. El Tropical está ubicado en un centro comercial al lado de una lavandería. Los comensales se sientan en mesas con bancos color naranja brillante o en taburetes redondos empotrados en el suelo a lo largo de un mostrador de acero inoxidable en forma de herradura. Los mecánicos comen al lado de policías, y estos junto a vendedores de autos usados, quienes están junto a tipos con pantalones de JCPenney, pero que a fin de cuentas son multimillonarios. El menú, acompañado de fotos, cuelga en la pared detrás del mostrador.

Yo llevaba allí unos cinco minutos, sentado con un veterano de la escena política de Miami, cuando un cubanoamericano entrado en años llegó con tarjetas que promovían a un candidato para un cargo local. La política es una propuesta de 365 días al año en el Tropical. La conversación se llevó a cabo en español, al igual que los pedidos. Regino Rodríguez, un hombre alto y con pelo plateado de setenta y cuatro años, preside el lugar. Rodríguez sirvió en el ejército de Cuba antes de que Castro subiera al poder. Huyó a España y llegó a los Estados Unidos en 1981. Es un hombre simpático, de aspecto confiado, sonrisa socarrona, y un aire de misterio. Con una ceja levantada aquí y una sonrisa allá, da la impresión de saber muchos secretos. Él entiende su papel en el mundo sociodinámico de la política cubanoamericana. La gente en el mostrador le pide consejos en las épocas de elecciones. "Yo les digo, voten por fulano, porque fulano es mi amigo", explica Rodríguez.

Rubio necesitaba amigos en la disputada contienda para obtener un asiento en la Cámara estatal, y Rodríguez le ofreció su respaldo casi de inmediato. "Vi en él a un gran político. Detrás de su aspecto físico hay un gran ser humano, muy humilde, un hombre con mucha ética profesional", dijo Rodríguez. Luego esbozó una sonrisa maliciosa y se encogió de hombros, levantando las manos con las palmas hacia arriba. "Es un producto fácil de vender porque todo el que lo vea lo compra".

En el Tropical, Sosa le presentó a Rubio a Modesto Pérez, un pequeño empresario con una actitud enérgica y comprometida. Pérez dice que Sosa es la madrina principal de Rubio. Cuando fui a verle a Pérez en su tienda de materiales de construcción a poca distancia del Tropical, estaba hablando con tres señores mayores en sillas y taburetes tambaleantes frente a un mostrador. Detrás de él había grandes estanterías abiertas, cajas de cartón llenas de piezas metálicas y una hilera de dispensadores de agua etiquetados para ser exportados al Caribe.

Nuestra conversación tendría que esperar un momento. Pérez asintió con la cabeza y uno de los hombres desapareció, solo para regresar unos minutos más tarde con una taza de poliestireno lleno de un cafecito espeso y una pila de vasitos plásticos semejantes a dedales grandes. Cuando terminamos los cafecitos, fuimos a su oficina que estaba atrás, dejando vacío el mostrador.

Las personas que van a la oficina de Modesto Pérez pasan a través de un pasillo con fotografías de personajes y eventos políticos. En una de ellas, Pérez le entrega a Marco Rubio una réplica de una espada de samurai. Le gusta mucho regalar espadas, y dice que ha obsequiado varias decenas. Al igual que Rodríguez, Pérez vio un gran potencial en Rubio, y se vio a sí mismo como una especie de instructor que podía moldear a un político que aún estaba en su etapa de formación. No fue fácil al principio. "Fue todo un proyecto", dijo Pérez. "Él era como un auto con ruedas cuadradas. Tuve que empujarlo".

Pérez le aconsejó al joven aspirante que se dirigiera a las personas mayores y a la clase trabajadora. Al principio, dijo Pérez, Rubio se mostró cauteloso y "no tenía nada que decir. Estaba mudo", comentó Pérez. "Dale un beso a las abuelitas y estréchale la mano a los ancianos". Rubio siguió sus instrucciones.

Ruiz, el experto político, observaba con admiración mientras Rubio dominaba el arte de cautivar a los votantes, en especial a los de la tercera edad, que eran tan importantes en ese distrito. Rubio "se veía como el nieto amoroso que escucha a sus padres, siempre respetuoso con los ancianos, y que siempre hará todo lo posible por sus padres, abuelos y ancianos", dijo Ruiz. "He visto a otros candidatos que se han esforzado para transmitir ese mensaje, pero no lo han logrado".

Los partidarios de Rubio en Hialeah pensaban que su oponente no era tanto Zayon, el periodista de televisión, sino el alcalde Martínez. "Yo no conocía a Marco; nadie lo conocía realmente", recordó Martínez diez años después en una entrevista. "Zayon y yo éramos amigos". A primera vista, las probabilidades parecían insuperables: Zayon era popular, Martínez era poderoso y Rubio era un desconocido. "Teníamos un monstruo en su contra", dijo Pérez, refiriéndose a Martínez. "Fue la elección más difícil de mi vida. El único que estaba con nosotros era Dios. Incluso el diablo estaba en contra de nosotros".

En términos retrospectivos, Rodríguez expresó una admiración a regañadientes por las habilidades de Martínez para la politiquería. "Él sabe cómo tirar una piedra y esconder la mano", dijo Rodríguez. Sin embargo, Pérez también hizo sus propias jugadas. Una vez, dijo él, llevó a Rubio para que conociera a un sacerdote católico muy querido. Pérez le dijo al sacerdote que él entendía que "no podía hacer política" en la iglesia. Sin embargo, recordó Pérez, el sacerdote respondió diciendo: "Jesucristo era un comunicador. Él les decía a las masas, '¿qué podemos hacer para mejorar la comunidad?'". Pérez se aseguró de que Rubio fuera a la iglesia el domingo. El sacerdote le dijo a su congregación algo así como "Aquí en la misa se encuentra un joven aspirante", recordó Pérez. "Fue una presentación informal. No podía hacerla cien por ciento". Pero tampoco perdía nada.

El día de la segunda vuelta, solo el 13% de los votantes registrados sufragó, y la participación fue menor que en la primera vuelta. Rubio obtuvo sesenta y cuatro votos más que su oponente, 51,2% frente al 48,8%. Una de las áreas donde ganó, por un pequeño margen, fue Hialeah. Había vencido al monstruo de Pérez, y ahora quería que Martínez tirara piedras por él. "[Rubio] vino inmediatamente después de la elección, e hicimos las paces", recordó Martínez.

Alex Penelas, alcalde de Miami y demócrata, se detuvo unos minutos para felicitar a Rubio en la oficina del sindicato de la policía, donde estaba celebrando su victoria. Penelas había organizado un evento para recaudar fondos a favor de Rubio. Penelas era un Marco Rubio de otra época, otra estrella política cubanoamericana joven y telegénica, a quien le auguraban grandes cosas. Su asistencia a la celebración de la victoria de un candidato a la legislatura que sólo había ocupado un cargo de elección popular en la pequeña ciudad de West Miami fue otra señal de que Rubio era una estrella en ascenso.

Rubio había obtenido un gran triunfo. Los demócratas no solo perdieron en su distrito, sino que vapuleó también a su oponente, la activista del Partido Demócrata Anastasia García, en la recaudación de fondos. Rubio consiguió más de $99.000, cuatro veces más que García. Entre los contribuyentes a la campaña de Rubio estaban los importantísimos miembros de *lobbys* Ron Book, y Chris Korge, un hecho observado por el *Miami Herald*, cuya cobertura era muchas veces crucial para el resultado de las elecciones legislativas. Rubio tenía una respuesta lúcida y convincente cuando los periodistas le preguntaban acerca de las donaciones de los miembros de *lobbys*: "Siempre que recibo cualquier contribución, lo dejo muy claro: no soy yo quien compra su agenda, sino ellos quienes compran la mía".

La jornada electoral fue inusualmente fría; la temperatura descendió a 64° F, trece grados por debajo del promedio. Pero no cayó una sola gota de lluvia. La contienda electoral, que tenía un final anunciado, fue la explosión que todo el mundo esperaba. Con apenas veintiocho años, Rubio se dirigía a Tallahassee.

Capítulo cinco

EL ALQUIMISTA

La puerta se abrió. Joe Pickens encontró un asiento y echó un vistazo al salón. No podía creer lo que vio. Los otros once legisladores estatales estaban sentados alrededor de la mesa de conferencias en el Hotel Hyatt de Orlando. Eran doce con él.

Los doce discípulos de Marco Rubio.

Pickens se sorprendió de estar allí porque no pertenecía al círculo de Marco. Había respaldado a Andy Gardiner, otro candidato en la infructuosa contienda para la presidencia de la Cámara de Representantes de la Florida que había ganado Rubio en 2003. Ahora, dos años después, Pickens era conducido al círculo élite de asesores de Rubio, hombro con hombro con confidentes como Ralph Arza y David Rivera, dos duros combatientes políticos de Miami.

Pickens sabía un poco de política, pues había sido abogado de una junta escolar en la zona rural del condado de Putnam, y llevaba más de cinco años en la legislatura cuando los doce legisladores se reunieron en Orlando; entendía el riesgo de la recompensa o del destierro al comprometerse con un candidato. No era el único disidente que había en el salón. "La mitad [de] nosotros éramos personas que habían apoyado abiertamente a otros candidatos" y por lo menos tres —Jeff Kottkamp, Marty Bowen y Dennis Baxley— habían sido rivales. Ahora, varios años después, su voz transmite un poco del asombro que sintió en la reunión. "En la política, son los partidarios del candidato exitoso los que cosechan los beneficios", dijo. Pero sentado allá, Pickens se dio cuenta de que había sido "recibido de nuevo en el redil".

Rubio había convocado a los legisladores en el hotel de Orlando para que lo ayudaran a planear sus dos años como presidente de la Cámara de Representantes de la Florida, cargo que ocuparía en noviembre de 2006. Pickens no recuerda la fecha exacta de la reunión, pero sí que fue alrededor de un año o menos antes de que Rubio asumiera su nuevo cargo. Desde su llegada a Tallahassee como un virtual desconocido en 1999, Rubio había aprendido a acumular y administrar el poder en la Florida. Había aprendido que Miami no podía servir como una única base, sino que tenía que ampliar su influencia en todo el estado. Había aprendido que tenía que ir tres pasos por delante de sus oponentes.

El juego político podía jugarse como su amado fútbol americano, con choques de cascos y una fuerza que sacudía columnas vertebrales, pero que también se beneficiaba de llevar la sensibilidad de un maestro de ajedrez al campo de juego. Cuando Rubio llegó a Tallahassee, estaba ansioso por dejar su huella, y encontró un pasillo interno al poder que los demás no veían fácilmente.

En su segundo año en la capital, se estableció un comité para trazar de nuevo las líneas de votación de los distritos. La redistribución de los distritos es un meticuloso arte político. La configuración y reconfiguración de las líneas de los distritos es tediosa: a veces implica que un distrito serpentee dentro y fuera de ciertos barrios, o que pase por corredores a lo largo de autopistas y de otros lugares despoblados. Es una labor que adormece la mente, pero es esencial. Las fortunas políticas se forjan en estas trastiendas, donde los políticos y sus ayudantes pueden sacar a sus rivales de la legislatura y hacer ingresar a sus amigos. El trabajo destila la política al nivel de la ingeniería eléctrica, un trabajo de cableado y recableado de los circuitos de la placa base.

Como de costumbre, el sentido de la oportunidad de Rubio era excelente y sus instintos estaban afinados. La redistribución de distritos era un ritual que se hacía una vez en una década, y le ofrecía a él una oportunidad única en diez años. Rubio, que no llegaba a los treinta años, se ofreció como voluntario para ayudar. Al hacerlo, tomó la misma ruta que había recorrido antes, posicionándose como un aprendiz bien situado para impresionar a una generación mayor que él. Ofrecerse como voluntario significaba pasar un tiempo sustancial con los líderes de la Cámara estatal. Y los líderes se fijaron en él.

Rubio pasó muchas horas en la sala de mapas, alimentado por una lata tras otra de Mountain Dew. Golpeaba con el pie debajo de la mesa, siguiendo un ritmo que sólo tenía en su cabeza. Permanecía alerta mientras que otros se detenían. Su energía llamó la atención de Johnnie Byrd, un político ascendiente camino a convertirse en presidente de la Cámara. Byrd, que era de Plant City, en el centro de la Florida, era veinte años mayor que Rubio. Era un cristiano conservador y tenía la costumbre de caminar alrededor del Capitolio estatal con una Biblia en la mano, recitando a veces las Escrituras al pie de la letra para explicar un argumento. Su acento estaba permeado por sus raíces en

Alabama, y hablaba lentamente, lo que suponía un contrapunto a la rapidez con que hablaba el legislador más joven. Años más tarde, Byrd recuerda que tuvo que decirle a Rubio "que dejara de beber Mountain Dew por unos días". En esa época, Byrd pensaba que "si Rubio tomaba dos o tres Mountain Dew más al día, no podríamos controlarlo".

En Tallahassee, como en todas las ciudades donde está el Gobierno, la información es la moneda del poder. Y Rubio estaba empezando a saber cosas. Esto le permitía tener más amigos, y Rubio estaba abocado a tener más, aunque a veces fueran del partido contrario. Tomaba un poco de información que había reunido en la antigua sala de conferencias y le daba consejos a Dan Gelber, un político demócrata de Miami Beach con grandes ambiciones. "Ellos pueden sacarte de tu cargo", recuerda Gelber que le dijo Rubio. "Ellos pueden trazar líneas a tu alrededor". Gelber se sorprendió un poco. Las leyes de la naturaleza dictaban que siempre debían estar en conflicto, pues eran miembros de partidos opuestos. Pero la lealtad regional a menudo es tan importante como la lealtad al partido en la política de la Cámara estatal, y ellos dos compartían un cierto vínculo como representantes del área de Miami. El consejo de Rubio parecía menos motivado por la política que por otra cosa. "Él [me avisó] como un amigo", recuerda Gelber.

Gelber sobrevivió a la amenaza a su futuro político; el mapa no era tan accidentado que lo hiciera caer en el olvido. Durante varios años recordaría la amabilidad que recibió del joven republicano, quien lo había alertado de posibles problemas. "Supe de inmediato", recordó Gelber decirle a su esposa poco después de conocer a Rubio, que "él era el escogido de la camada. Parecía ser muy disciplinado en la forma de hablar y en lo que decía. Era un tipo agradable y divertido. Sabía cuándo tenía que sonreír".

Johnnie Byrd estaba tan impresionado con Rubio que le pidió que se uniera a su equipo, y lo escogió para ser el líder de la mayoría. Le gustaban las capacidades tácticas del joven: "Él entendía la política", y le encantaba el dinamismo de Rubio. "Simplemente estaba siempre disponible", recordó Byrd.

———

Byrd provenía de una Florida completamente diferente. Se dice que en la Florida, para llegar al sur tienes que ir al norte. En otras palabras, el sur de la Florida no se parece mucho al Sur Profundo, pero a medida que vas al norte, el ambiente se vuelve más propio del sur, como si hubieras salido del estado y entrado a Georgia. Byrd estaba buscando formas de conectarse mejor con los votantes de los barrios del sur de la Florida, donde el español era el idioma habitual. Byrd, un político con grandes ambiciones, se estaba posicionando para postularse al Senado de los Estados Unidos, y el joven cubanoamericano de Miami lo estaba ayudando a acercarse a sus partidarios en el sur de la Florida, así como a ampliar su base en el poder legislativo. En 2002, Rubio se congració con el influyente republicano al hacer que uno de sus empleados le enseñara español a Byrd. Se trataba de alguien cuyas conexiones se remontaban a Miami, la ciudad en la que se había esforzado tanto para ganar votos en su primera elección legislativa. Rafael Pérez, quien se convirtió en el profesor de Byrd, era hijo de Modesto Pérez, el empresario de Hialeah que había sido uno de los primeros patrocinadores y tutores políticos de Rubio. Rafael, a quien todos llaman Ralph, era un exigente profesor de idiomas, y una vez le ordenó a Byrd que hiciera su pedido en español en un restaurante de Miami. "Sé que Ralph fue muy exigente con él", señaló Rubio en una ocasión. "No trataba a Byrd como si fuera el presidente de la Cámara cuando le enseñaba español".

Rubio prefería leer la sección de deportes de un periódico que voluminosos textos filosóficos. Pero a finales de su primer término legislativo, había leído dos veces *La rebelión de Atlas*, de Ayn Rand. Este libro, publicado en 1957, era un homenaje al individualismo y al espíritu empresarial, que advierte de los peligros de un gobierno muy agresivo y entrometido. El libro había alcanzado estatus de culto y era prácticamente de lectura obligatoria para cualquier aspirante conservador. Byrd instó a Rubio a interesarse en temas más actuales. "Pasé mucho tiempo inculcándole a él y a los legisladores más nuevos las ideas económicas del *laissez-faire*", dijo. Byrd fue uno de los fundadores del Club para el Crecimiento, una organización que acababa de ser fundada en 1999 por Stephen Moore, analista económico y escritor que fue miembro de la junta directiva editorial del periódico *The Wall Street Journal*. La organización promovía una agenda procrecimiento centrada en la reducción de impuestos, y abogaba por la Regla de Oro presupuestaria o límite constitucional del déficit, así como por cuentas de jubilación privadas como una alternativa a la Seguridad Social. Uno de los primeros miembros de la junta fue Arthur Laffer, un abanderado de la economía de la oferta, y más conocido por la Curva de Laffer, una representación gráfica de la teoría de que los tipos impositivos más bajos estimulan el crecimiento económico.

El club tenía una enorme influencia, debido en parte a su papel activo en la promoción y apoyo financiero a través de donaciones de campaña a los candidatos fiscalmente conservadores. Sin embargo, no es estrictamente partidista. En ocasiones apoya a demócratas y tiene una larga historia de expresar su descontento con los republicanos que considera equivocados en asuntos fiscales. Estos políticos inconformes se llaman RINOS, por sus siglas en inglés, que significan "republicanos solo de nombre".

Rubio adoptó los principios del Club para el Crecimiento. El club también lo adoptó a él, y fue una de las mayores fuentes de donaciones a su campaña. Sin embargo, pasó un tiempo para que la doctrina de gastos reducidos y de un gobierno pequeño se arraigara en el joven legislador de Miami. Durante sus primeros años en la legislatura, Rubio hizo un uso intensivo de las asignaciones presupuestarias, que muchas veces se considera como un presupuesto utilizado por los legisladores para ganar votos. En 2001, Rubio pidió un total de $101,2 millones para setenta y dos proyectos. Al año siguiente, solicitó $43 millones para treinta y siete asignaciones. Había dinero para el tratamiento del autismo, para la mitigación de las inundaciones, las investigaciones sobre lesiones cerebrales y medulares, pero también para pequeños proyectos menos importantes, como planear la restauración de una casa histórica y construir un parque para picnics. Solo cuatro legisladores de los ciento veinte miembros de la Cámara de la Florida pidieron más dinero que él.

Pero luego paró en seco.

En 2003, Rubio no pidió un solo centavo en asignaciones presupuestarias, conocidas oficialmente en la Florida como solicitudes para presupuestos comunitarios. Y no buscaría una sola en el resto de su mandato en la legislatura estatal.

Llenar el presupuesto con extras podía ser perjudicial para un político cuyo historial se examinaba con minucia. Pero eliminarlos del todo podía hacerlo aparecer como un purista fiscal. Lo aprendido estaba haciendo efecto. Más tarde, Rubio haría campaña en contra de las asignaciones presupuestarias durante su contienda para el Senado, y después de ser elegido, Jim DeMint, el senador de Carolina del Sur, pondría a Rubio en su "muro de la fama" por el apoyo inicial de propuestas en contra de las asignaciones.

La decisión de Byrd de darle a Rubio un alto cargo en su equipo directivo puso al estudiante estrella en el centro de casi todos los temas importantes y polémicos que enfrentaba la legislatura de la Florida. En los años siguientes, mientras se sopesaba la aptitud de Rubio para formar parte de una lista nacional, habría una tentación de compararlo con Barack Obama. Ambos fueron anunciados como posibles líderes en un una lista nacional durante su primer mandato senatorial de los Estados Unidos; ambos habían servido en legislaturas estatales y eran oradores talentosos. Pero la comparación es imperfecta: aunque Obama no era exactamente un simple diputado, tampoco presidió el Senado de Illinois. Rubio estaba en el centro de los forcejeos y cierres de tratos diarios que definen la política estatal, pues había sido lugarteniente de Byrd y de su sucesor, y luego fue presidente de la Cámara estatal. La experiencia lo armó de valor para futuras batallas, le dio un profundo conocimiento de cómo funciona el presupuesto, y estableció su imagen como un gran conocedor de las vicisitudes del Gobierno. Fue una experiencia invaluable, pero también le granjeó enemigos. Decidir quién recibe dinero y quién no lo recibe es un proceso que puede ganarle muchos amigos a un político, pero también crea un grupo de personas alienadas que están listas para protestar si las cosas no salen como es debido. "Todas esas negociaciones son las que nos preocupan", me respondió el asesor de un candidato presidencial republicano cuando le pregunté acerca de las posibilidades de que Rubio se uniera a la candidatura nacional en 2012.

En Tallahassee, y tal como lo había hecho desde el momento en que entró en la política, Rubio mostró una habilidad especial para elevar el discurso político, y la misma elocuencia en grandes y pequeños asuntos que habían observado los columnistas del *Miami Herald* durante su primera campaña legislativa. Impresionaba menos con sus ideas en materia de políticas que con su habilidad oratoria.

Byrd podía ser turbio e inaccesible; una vez hizo sonar a todo volumen la canción "Dirty Laundry" de Don Henley, que condena a un periodismo superficial y obsesionado con el escándalo, mientras que una multitud de periodistas esperaba afuera de su oficina. Rubio, por su parte, trataba de conquistar a los periodistas invitándolos a su oficina para tomar cafecitos por la noche.

Byrd podía ser eficaz para acorralar a sus colegas en un momento dado y luego alejarlos. Una vez dijo: "Los miembros son ovejas", un comentario que no les cayó bien a legisladores intransigentes. Cuando el estilo de Byrd comenzó a irritar a colegas y a miembros de *lobbys* impacientes, Rubio estaba allí para defenderlo e interpretarlo. "Yo no creo que él sea difícil de entender, sino que toma su tiempo para decidirse", dijo Rubio. "Todo el mundo aquí quiere una respuesta rápida, y creo que eso los desconcierta un poco".

Rubio gravitaba hacia el centro de atención. Frecuentemente, era Rubio y no Byrd, quien hacía los anuncios públicos sobre las posiciones de los líderes del Partido Republicano. Mantener a sus colegas republicanos en línea era algo en lo que Rubio empezó a sobresalir, y podía trasmitir ese mensaje de varias formas, tanto en público como en privado. Demostró esta habilidad en 2003, cuando él y Byrd estaban intentando unas maniobras políticas que requerían destreza.

Los demócratas de la Florida habían formulado un plan para ampliar los beneficios de recetas médicas a ancianos de bajos ingresos. Este era un punto débil para los republicanos. Las encuestas habían demostrado desde hacía mucho tiempo que las personas mayores simpatizaban con los demócratas por su postura de apoyo a la atención médica de los jubilados. Rubio y Byrd querían revertir esa percepción, y llevaron a cabo su propio plan de medicamentos, aunque se trataba de una versión más modesta. Sin embargo, algunos republicanos se mostraron renuentes, y Rubio envió un mensaje: si los republicanos no estaban dispuestos a respaldar el plan, "entonces no prestaban atención", declaró en una entrevista a un periódico; había transmitido el mensaje. Ellos habían logrado tomar un tema que era un punto fuerte de los demócratas y hacerlo suyo. Una versión de la propuesta fue aprobada por la Cámara, y contó también con la aprobación del Senado, lo cual causó un poco de sorpresa.

Prestar atención no era un problema para Rubio. Parecía estar en todas partes y participar en todo. Con su don para las frases ingeniosas, se convirtió en la cara pública de los miembros republicanos de la Cámara. Él podía ser afable y encantador, accesible y relajado. Sin embargo, cuando los presupuestos eran restringidos o los demócratas presionaban, era Rubio quien interpretaba el papel del bulldog partisano de Byrd. En el punto álgido de una batalla presupuestaria, Rubio señaló, "El engaño descarado y la desinformación en las declaraciones de la Junta Demócrata de hoy es impresionante". En otra ocasión reprendió a los demócratas por ser reduccionistas: "Sus votantes estarían mejor servidos si ustedes se concentraran más en la política y menos en fragmentos de entrevistas".

Pero detrás de bambalinas, muchos demócratas consideraban que Rubio era alguien con quien se podía trabajar. Los políticos más hábiles entienden que sus oponentes necesitan actuar pensando en sus electores, pero aun así pueden ser negociadores razonables detrás de puertas cerradas. Dicen cosas fuertes cuando el público está presente o las cámaras están filmando, pero son menos ruidosos cuando los contribuyentes se han ido a casa y los reflectores se han atenuado. Rubio se ganó la reputación de ser alguien que entendía esto, lo cual contribuyó a que su estatura y buena fama aumentaran.

Rubio podía ser cuidadoso con los temas controvertidos. Los legisladores conservadores querían involucrarlo con las iniciativas a favor del aborto y de orar voluntariamente en las escuelas, pero "él no estaba por ningún lado", señaló un influyente legislador conservador de la Florida. "Siempre pensé que era una lástima porque Marco era, obviamente, el orador más dotado". A veces, la joven estrella ascendente podía parecer extrañamente desconectado. Durante una acalorada discusión en la Cámara sobre el presupuesto, un pequeño grupo de legisladores conservadores esperaba que él definiera su posición. Pero Rubio no había apartado sus ojos de una gran carpeta con tres anillos que parecía haber captado su atención. Varios legisladores se acercaron para ver cuál era la causa de su distracción: una lista de futbolistas universitarios reclutas elegibles para jugar fútbol americano profesional. Rubio trataba de dilucidar a quién iban a reclutar los Dolphins.

A medida que el perfil público de Rubio aumentaba, su aspecto juvenil a veces sorprendía a los veteranos del Capitolio con la guardia baja. En una ocasión, Toni Jennings, vicegobernadora de la Florida, le entregó un fajo de papeles y le dijo que le sacara fotocopias. Lo había confundido con un empleado. "Yo estaba más que feliz de sacarlas", dijo Rubio posteriormente.

Rubio comprendió el significado del dinero desde el momento en que entró a la política. Durante su primer año en la legislatura, ya estaba consolidando alianzas con el fin de recaudar dinero para sus colegas. A finales de 2000, cuando Jeff Kottkamp, un futuro vicegobernador de la Florida, llegó a la segunda vuelta de elecciones en la Cámara, Rubio apareció con un par de cheques para él. "Era la primera vez que lo conocí", recuerda Kottkamp. Incluso en esa época, Rubio "tenía pensado que iba a postularse para la presidencia de la Cámara, por lo que estaba tomando ventaja". Trabajó más duro y recaudó más fondos que sus oponentes cuando ganó las elecciones para la Comisión de West Miami y la legislatura de la Florida. Ahora, el legislador en ascenso necesitaba un financiamiento que estuviera a la altura de su mayor ambición.

Con los ojos puestos en la presidencia de la Cámara, Rubio utilizó un resquicio legal, un capricho de la generosa ley de la Florida que estaban utilizando todos los candidatos para los cargos directivos. Creó una organización que se asemejaba a un comité de acción política, pero que era conocido en la Florida como un "comité de existencia continua". Los legisladores de la Florida propusieron todo tipo de nombres altisonantes para sus mecanismos políticos de recaudación de fondos: Comité de Liderazgo Basado en Principios, Floridanos por un Gobierno Eficaz, Comité para un Gobierno Responsable. Rubio llamó al suyo Floridanos para el Liderazgo Conservador.

Por un tiempo, los comités funcionaron en una especie de

zona gris a nivel ético, un punto ciego en un estado que se enorgullecía por la transparencia. Los intereses especiales y otros donantes podían darles cantidades ilimitadas de dinero a los comités; algunas de las donaciones fueron llamadas "cuotas" y se dijo que algunos donantes eran "miembros" del comité. Sin embargo, a los legisladores se les permitió mantener en secreto los nombres de los donantes.

Esta práctica continuó sin controversia hasta septiembre de 2003, cuando Gary Fineout, un periodista investigativo de los periódicos regionales del *New York Times*, reveló la fisura legal. El secreto de las listas de donantes era contrario al espíritu del estado de un gobierno abierto, y después de las numerosas protestas públicas, la ley fue reformada en 2004, exigiendo una mayor divulgación.

En 2003, mientras Rubio se postulaba para la presidencia de la Cámara, algunos legisladores divulgaron voluntariamente los nombres de sus donantes. Rubio defendió inicialmente su decisión de mantenerlos en el anonimato, diciendo: "Esto hace que se sientan cómodos". Sin embargo, se retractó luego de la creciente indignación pública por los comités, y anunció que revelaría oportunamente los nombres de sus donantes. Cuando los nombres fueron revelados, el público descubrió que Rubio había recibido $50.000 de un grupo político dirigido por Alan Mendelsohn, un oftalmólogo políticamente activo del Condado de Broward. Esta suma era igual a la mayor donación recibida de cualquiera de los comités. No fue la última vez que Mendelsohn ayudaría a Rubio.

El propósito declarado del comité de Rubio era "apoyar a los candidatos locales y estatales que se adhieran a las políticas conservadoras del Gobierno". Sin embargo, Adam C. Smith, del

St. Petersburg Times y Beth Reinhard, del *Miami Herald*, descubrieron que el comité había gastado $150.000 en costos administrativos en 2003, y solo $4.000 en contribuciones a campañas.

Posteriormente, Rubio fundó otro comité, Floridanos para el Liderazgo Conservador en el Gobierno. Su propósito declarado era promover las ideas conservadoras, pero casi dos tercios de los $386.000 que recaudó terminaron en manos de consultores políticos, incluyendo más de $100.000 para Richard Corcoran, aliado de Rubio y quien ayudó con un proyecto que Rubio lanzó más tarde para recoger ideas y mejorar el Gobierno estatal. "Estoy orgulloso del trabajo que hemos hecho para promover las ideas y principios conservadores", diría posteriormente Rubio. "El objetivo de los comités era proporcionar una plataforma para pagar los costos relacionados con este trabajo".

Los comités de Rubio tenían muchas fallos de contabilidad y problemas de percepción. Había una cantidad inusitadamente alta de gastos con tarjetas de crédito que no se detallaron, cuando muchos otros legisladores habían presentado informes más detallados. Adicionalmente, se le hicieron pagos a un sobrino de Rubio, a la compañía de transportes de su suegra, y al medio hermano y a un primo de su esposa.

Rubio y su personal sostuvieron que los pagos eran perfectamente legales y costos legítimos de la campaña. Rubio nombró a su esposa como tesorera de uno de los comités, y le pagó $5.700, principalmente para cubrir comidas y otros gastos. Los periódicos descubrieron que él y su esposa no habían divulgado $34.000 en gastos.

Rubio y su equipo tendían a explicar estas discrepancias como errores de oficinistas. "La teneduría de libros... no siempre fue perfecta", dijo Todd Harris, asesor político de Rubio, acerca de uno de los comités. Posteriormente surgirían otras preguntas sobre el manejo que hizo Rubio del dinero para sus campañas, y las réplicas fueron similares. Sus defensores promovieron lo que se convertiría en una versión que fue aceptada en su totalidad por periodistas y publicaciones favorables a Rubio: él era simplemente descuidado, pero no corrupto. "Él no es el tipo de persona que establece un sistema de archivadores", me dijo un antiguo asesor suyo. "Firmaba los informes de campaña del tesorero y las declaraciones financieras juradas sin mirarlas detenidamente. Nunca tuvo a nadie que le dijera, '¿Estás seguro de que quieres hacer eso?'"

Con el dinero que había recaudado, Rubio estaba bien posicionado para lanzar una campaña seria para la presidencia de la Cámara. Este tipo de campaña no la decidía el público; eran contiendas internas de la Cámara. Debido a que las campañas tenían lugar años antes de que el presidente asumiera el cargo, Rubio buscaba apoyo en 2003 con la esperanza de ser presidente desde 2006 hasta 2008.

La campaña funcionó casi como una solicitud de promesas. Los candidatos recorrían el estado para recibir promesas de sus colegas legisladores y llevar la cuenta de quiénes estaban con ellos. Rivera, que era amigo de Rubio desde los días de la campaña de Dole, tuvo a cargo la difícil tarea de persuadir a los legisladores. En una reunión, Rivera sorprendió a un grupo de legisladores al dejar tarjetas de compromiso frente a cada uno de ellos e insistirles en que las firmaran. La mayoría consideró que no tenía otra opción, pues no hacerlo significaría despertar la ira de Rivera, un estratega consumado detrás de bambalinas, temido por su capacidad de influir en los resultados de las elecciones. Rubio enfrentaba una competencia formidable, en particular de Dennis

Ross —un colega de la Cámara de representantes de la Florida que más tarde obtendría un escaño en el Congreso de los Estados Unidos— así como de Kottkamp y de Gardiner, el futuro líder de la mayoría del Senado de la Florida.

Byrd animó a Rubio para que extendiera su red más allá del sur de la Florida y se esforzara para conectarse con los legisladores del centro y del norte del estado. Las tres regiones de la Florida, con sus estilos diferentes y lealtades en conflicto, a veces funcionaban casi como si fueran ciudades-estado enfrascadas en una guerra por el dinero y el poder. Rubio se presentó a sí mismo como un candidato dispuesto a hacer a un lado las diferencias regionales y, tal como lo había hecho en las salas de conferencias donde ayudó a trazar de nuevo las líneas de los distritos, impresionó a los demás con su energía y su perseverancia. "Marco realmente hizo una campaña muy efectiva", dijo Joe Pickens, que vivía en la pequeña ciudad de Palatka, cincuenta millas al sur de Jacksonville. "La singularidad de Marco era que él tenía la capacidad de apelar a áreas geográficas del estado con las que los candidatos anteriores del sur de la Florida habían tenido menos éxito. Marco logró llenar los vacíos entre el norte y el sur, y entre las zonas urbanas y rurales".

A medida que los candidatos comenzaron a perder terreno, Rivera aumentó la presión en nombre de su amigo. Ross, Kottkamp y Gardiner aún se interponían en su camino. Así que Rubio y Rivera recorrieron todo el estado, consiguiendo de uno en uno los votos de los opositores de Rubio tras reunirse personalmente con ellos y ofrecerles promesas de presidencias de comités importantes o de apoyo en futuras elecciones para la presidencia de la Cámara estatal a legisladores ambiciosos que estaban a la zaga de otros candidatos. "Fue como la noche de los cuchillos largos", recordó uno de los candidatos a la presidencia de la Cámara. Ray Sansom fue un converso clave, pues era un legislador del norte de la Florida que podía conseguir muchos votos. Sansom fue acusado después por un caso de corrupción que fue desechado en última instancia por la fiscalía. Rubio y Rivera prometieron respaldar a Sansom en las próximas elecciones para la presidencia de la Cámara, según dijeron varios legisladores que participaron en ellas.

Mientras la contienda electoral seguía en juego, un legislador estatal llamado Kevin Ambler ofreció una cena en su casa de Tampa para varios de los candidatos y sus lugartenientes principales. La comida y la bebida fueron servidas en el patio para que los hombres pudieran fumar puros durante la cena. "Tuvimos una especie de *kumbayah*", dijo uno de los invitados. Cuando terminó la velada, Rubio ya estaba encaminado a convertirse en presidente de la Cámara.

En esa contienda apretada, Rubio se benefició de una jugada inteligente que había hecho años atrás. Su decisión de hacer las paces con Raúl Martínez, el alcalde demócrata e influyente de Hialeah que se había opuesto a él en sus primeras elecciones legislativas, le favoreció mientras buscaba promesas de respaldo. Martínez, quien había llegado a admirar al joven y ambicioso legislador, le abrió una puerta a Rubio para que se reuniera con John Thrasher, un ex presidente de la Cámara. Thrasher "tenía la delegación de Jacksonville que necesitaba Marco", dijo Martínez en una entrevista.

Los legisladores del norte de la Florida querían modificar un procedimiento que les pagaba más a los trabajadores estatales en los condados del sur de la Florida, pues el costo de la vida era más alto allí que en los condados del norte. El apoyo a este procedimiento podría marcar la diferencia entre el que los legisladores de Jacksonville se alinearan con Rubio o apoyaran a otro candidato. "Marco estuvo de acuerdo con eso", señaló Martínez.

"Yo estaba un poco molesto… no se debe afectar negativamente los medios de subsistencia de las personas", dijo Martínez, "pero Rubio estuvo de acuerdo".

Uno de los temas más importantes que preocupaba a los legisladores del centro y del norte de la Florida en esos días era la financiación de las escuelas. Florida asignaba sus fondos estatales sobre la base de una complicada fórmula que les daba dinero adicional a las escuelas situadas en zonas densamente pobladas, incluyendo a los grandes condados del Sur de la Florida como Miami-Dade, Broward y Palm Beach. Los legisladores de otras partes del estado querían modificar la fórmula para destinar más dinero a los condados menos poblados, algo que lograron al implementar unos cambios que les costaron decenas de millones de dólares en sistemas escolares del sur de la Florida. Durante su presidencia —en una época en que la economía se estaba debilitando y él se mantuvo firme contra el aumento de los impuestos— Rubio presidió un recorte sin precedentes de $2,3 mil millones a la educación pública, incluyendo una reducción de más de $120 millones al presupuesto escolar de su condado.

Ha surgido una tesis —que ha sido promovida discretamente y con entusiasmo por los opositores de Rubio— de que el joven legislador hizo un acuerdo con los legisladores del centro y del norte de la Florida para cambiar la fórmula de financiación escolar a cambio de que lo apoyaran para llegar a la presidencia de la Cámara. Esta es una acusación grave, pues significaría que Rubio habría vendido a sus propios electores para obtener un premio político personal. La teoría es la siguiente: antes de ser presidente de la Cámara, Rubio no se esforzó lo suficiente para evitar que la fórmula fuera modificada a pesar de que él era un líder republicano clave, y también después de ocupar el cargo más alto de la Cámara, no hizo un gran esfuerzo por restaurar los fondos para las escuelas del sur de la Florida. La teoría ha ganado tanta fuerza entre los republicanos anti-Rubio que vale la pena examinarla más de cerca. Les pedí a tres legisladores estatales —a dos fervientes partidarios de Rubio y a un antiguo aliado que luego se alejó políticamente de él— que hicieran comentarios al respecto. "Había muchos legisladores del norte de la Florida que le hicieron promesas a Marco y habría que preguntarse si esto tiene que ver con eso", señaló J. C. Planas, quien se desempeñó con Rubio en la legislatura y fue aliado suyo antes de que su relación se enfriara debido a disputas intrapartidarias. "Pero eso es opinar con el diario del lunes… aunque haya hecho o no todo lo posible para revertir esa medida, creo que ahí es donde radica la cuestión… Sólo Marco puede responder a eso. ¿Creo yo que podría haberlo hecho, ya que era el presidente? Sí. Pero es difícil".

Cuando le pregunté sobre la teoría a Dennis Baxley, amigo y aliado de Rubio en la Cámara estatal, no respondió directamente, pero señaló que Rubio "se negaba a ser parroquial. Él permitió que esta discusión girara en torno a visiones dispares. Me sentí orgulloso de él". Baxley dijo que Rubio expresó su preocupación acerca de "lo que es justo para todo el estado. En la delegación de Miami-Dade había una gran tendencia a pensar que debían proteger a los suyos".

Pickens, que fue presidente de la asignación de fondos educativos de la Cámara y actualmente es presidente del St. John's River State College, se hizo eco de Baxley: "Yo diría que Marco Rubio estaba dispuesto a tener la mente abierta acerca de esos procesos. Marco Rubio se negó a ser meramente territorial cuando gobernó el estado de la Florida como presidente de la Cámara". De hecho, Pickens pensó que el manejo de Rubio de la financiación de las escuelas y de otros conflictos regionales demostraron habilidades que él podía aplicar a nivel nacional. "Para aquellos que están pensando que Marco Rubio podría ser presidente del país algún día, él ya ha demostrado en el microcosmos de la Florida que los habitantes de Iowa no tienen necesidad de preocuparse de que Marco Rubio sea un presidente para todos los estadounidenses y no para algunas partes de los Estados Unidos".

A medida que pasaban los meses, Rubio fue recibiendo tantas promesas en su contienda para la presidencia de la Cámara que sus rivales comenzaron a retirarse. Para noviembre de 2003, ya le declaraban como el ganador oficial. Pero, en retrospectiva, varios legisladores clave calcularon que probablemente había asegurado su elección incluso antes. Había dominado las sutilezas del juego interno. "Es justo decir que fuimos derrotados, —nosotros, el equipo Gardiner— mucho antes de saber que lo habíamos sido", dijo Pickens.

Posteriormente, Rubio le dio parte del crédito a la ventaja que había conseguido al llegar temprano a Tallahassee gracias a la elección especial a comienzos del año 2000. "[Esto] me permitió entrar justo antes de los límites del mandato, lo cual me dio un año más con respecto a mis compañeros", dijo. "Es evidente que esto fue beneficioso. Llegar después de que se establecieran límites a los mandatos, en un momento en que todas estas personas que habían servido durante tantos años en el Gobierno tuvieron que salir al mismo tiempo, creó un vacío. Y pasar aquí ese año adicional, obviamente, me ayudó a procesarlo rápidamente".

Pero a pesar de sus habilidades políticas, Rubio tenía a veces una perspectiva equivocada. En medio de su contienda para la presidencia de la Cámara, se vio envuelto en un vergonzoso episodio durante la Serie Mundial de las Grandes Ligas de Béisbol. Él y otros legisladores republicanos dejaron de asistir a una votación importante —considerada por algunos como una de las más trascendentales en la historia de la Florida— para ver un juego de los Marlins de Miami en la Serie Mundial.

Rubio se molestó con las críticas y dijo que había tomado un vuelo por la tarde porque tenía que atender a un asunto familiar la mañana siguiente. Pero lo interesante no es tanto su reacción como la atención que recibió. Fue objeto de críticas debido a que su estrella brillaba con tanta intensidad. "Hay gente que arma un escándalo donde no hay nada porque se trata de Marco", señaló en ese momento David Rivera, su amigo cercano. Rivera culpó por los ataques a sus rivales en la contienda por la presidencia de la Cámara y señaló que el proyecto de ley fue aprobado con facilidad, aunque algunos medios de prensa sugirieron que durante gran parte del día, su destino había estado en duda.

El béisbol desempeñó un papel curioso durante el mandato de Rubio en Tallahassee. Su retórica era un gobierno decididamente pequeño y de bajos gastos, pero él era un ferviente partidario de asignar dinero del estado para que los Marlins construyeran un nuevo parque: en 2004, Rubio trató de impulsar a toda costa un subsidio fiscal por $60 millones. Eso significaba que tenía que discutirlo con Fred Brummer, un legislador que se oponía rotundamente a las subvenciones y que era contador público certificado en Apopka, una ciudad de tamaño medio cerca de Orlando. Brummer detestaba que los equipos deportivos recibieran dádivas fiscales. En el circo que a veces parece ser la legislatura de la Florida, Brummer se vistió en una ocasión como un vendedor de estadio y vendió maní en la Cámara y trató de revocar una iniciativa para financiar el parque mediante una enmienda para que el equipo se mudara a la pequeña ciudad de Carrabelle, en la región del Panhandle, y fuera bautizado de nuevo como los "Florida Mullets".

Sin embargo, Rubio quería sacar su proyecto adelante. Condujo a un grupo de líderes empresarios a la oficina de Brummer y luego se marchó. En términos retrospectivos, Brummer recuerda estar impresionado por la persistencia de Rubio, y señaló que el hecho de que este no hubiera hecho una escena, demostraba que no habría resentimientos entre ellos. Él entendió la situación. "No hubo adulaciones ni caprichos", dijo Brummer.

Pero tampoco se iba a hacer ningún negocio sobre el estadio.

———

Un avión fletado de Falcon Air aguardaba en el aeropuerto de Miami en la mañana del 13 de septiembre de 2005. Cerca de 200 personas abordarían el vuelo de las nueve de la mañana. Iban a Tallahassee.

Era el día en que Marco Rubio, la encarnación de tantas esperanzas en Miami, iba a ocupar la poderosa oficina del Presidente de la Cámara de la Florida. En los asientos del avión estaba un conjunto de partidarios de Rubio, y de Rebeca Sosa, quien lo guió en su primera contienda política, así como del presidente de la junta escolar y del jefe del Partido Republicano de Miami-Dade.

El discurso de Rubio ante la legislatura estatal fue un momento histórico: iba a ser el primer presidente cubanoamericano en la historia de la Cámara de la Florida. Radio Martí, la emisora patrocinada por el Gobierno de los Estados Unidos, transmitió el discurso a Cuba. Los invitados llevaban invitaciones laminadas alrededor del cuello con una cita de Ronald Reagan: "No hay límite a lo que un hombre puede hacer o adónde pueda ir si no le importa quién recibe el crédito". Años más tarde, Modesto Pérez, el empresario de Hialeah que tanto contribuyó a que Rubio ganara sus primeras elecciones para la legislatura estatal, aún tiene la suya colgada en su oficina y la exhibe con orgullo.

Rubio se dirigió al estrado de la cámara con un traje oscuro, y una flor roja en la solapa. Puso una mano a cada lado de la tarima, con las palmas abiertas y los dedos descansando sobre la madera pulida. Y por una vez, él, que hablaba tan rápido, lo hizo a un ritmo más pausado. Su tono estaba calmado, introspectivo y casi perfecto. Su voz traicionó sus emociones. En la audiencia, hombres adultos se secaron las lágrimas de sus mejillas.

———

Ese día, Rubio ofreció y recibió regalos. Le dio un libro en blanco a cada uno de los legisladores y les pidió que los llenaran con ideas para mejorar la situación del estado. También recibió una espada obsequiada por el gobernador Jeb Bush, quien subió al estrado y dijo: "Marco, no puedo pensar en un momento en el que haya estado más orgulloso de ser republicano". La espada pertenecía a "un gran guerrero conservador", le dijo Bush a la audiencia en medio de carcajadas. El "guerrero místico" fue llamado "Chang". "Chang es alguien que cree en los principios conservadores, en el capitalismo empresarial y en los valores morales que sustentan una sociedad libre... Con mucha frecuencia recurro a Chang en mi vida pública. Él ha estado a mi lado, y a veces lo he decepcionado. Pero Chang, este guerrero místico, nunca me ha defraudado".

EL ASCENSO DE MARCO RUBIO

La descripción tontorrona y en tono de burla (uno espera que esa haya sido la intención) desconcertó a algunos miembros del público. Rubio diría más tarde que el guerrero místico era un invento de Bush. Un posible origen se remonta a finales de los años ochenta, cuando se sabía que el padre de Bush, entonces presidente de los Estados Unidos, preguntaba a veces: "¿Debo darle rienda suelta a Chang?" como un medio para incapacitar a sus rivales en el tenis, "a través de pura audacia verbal", tal como lo señaló un periodista del *Washington Post*.

La espada en sí no era nada especial; se trataba de un objeto de bajo costo que los colaboradores de Bush habían comprado en Internet. Pero estaría colgada en un lugar de honor en la oficina de Rubio, como un símbolo de su profunda relación con un hijo y hermano de presidentes.

El sistema para elegir al presidente de la Cámara mucho antes de asumir el cargo, le dio a Rubio el tiempo suficiente para planificar las cosas. La reunión que había programado en Orlando con el grupo conocido como sus "discípulos", era parte de un extenso plan, el cual contemplaba recorrer todo el estado para "recolectar ideas", con el fin de conocer las opiniones de los residentes del estado, así como de los grupos de discusión organizados con la ayuda de Frank Luntz, un consultor conocido a nivel nacional. La reunión fue la culminación de la educación política de Rubio, y una confirmación de su inteligencia innata. Era mejor tomar enemigos y convertirlos en aliados, pues estarían agradecidos por su generosidad y demostrarían el celo de los conversos.

Se convertirían en los hombres de Marco.

Durante varios meses, los discípulos se reunieron a lo largo y ancho del estado, y ayudaron a Rubio a planificar cómo iba a funcionar la Cámara de Representantes de la Florida. (Baxley y otro miembro del grupo mencionaron el apodo de "los discípulos" en entrevistas realizadas en 2011. Baxley dijo que el grupo también fue llamado "los cardenales" y "los apóstoles". El apodo fue creado por Ralph Arza, el aliado de Rubio, dijo Richard Corcoran, un confidente cercano de Rubio. Durante su campaña de 2010 para el Senado, Rubio negó el uso de esos términos). El grupo quería adentrarse en las mentes de los votantes del estado, y entender a la gente a la que servían. Los grupos de discusión se reunieron y los discípulos escucharon atentamente a claves e indicios sobre cosas que podían hacer cuando todos tomaran el poder. En ciertas ocasiones los legisladores permanecían detrás de un vidrio oscuro, observando sin ser vistos, mientras los coordinadores de los grupos les preguntaban a los residentes de la Florida qué pensaban del Gobierno estatal. Las sesiones tenían por objeto establecer prioridades, y la educación seguía siendo una gran preocupación para los residentes de la Florida de todas las tendencias políticas. Les preocupaba que el Estado no estuviera haciendo lo suficiente para asegurarse de que sus hijos tuvieran un futuro mejor. En términos generales, el sistema educativo de la Florida estaba empezando a hacer mejoras en 2005, pero aún estaba rezagado en indicadores clave, tales como tasas de graduación, resultados de pruebas y financiación.

De vez en cuando, las sesiones eran duras para el ego de Rubio. Algunos miembros de los grupos de foco "lo veían como fabricado, que no tenía los pies sobre la tierra. Eso fue un shock para él", dijo un participante.

Los legisladores también se enteraron de que no los tenían en gran estima. "Una de las cosas importantes fue la percepción de que nos divertíamos mucho", señaló Baxley. "Que todo el mundo ganaba más de $100.000 y se daba la gran vida". Se podría disculpar al público por pensar que los políticos de Tallahassee la estaban pasando en grande, dadas las juergas por las que eran conocidos algunos de ellos. La delegación de Miami-Dade tenía la imagen de ser particularmente desenfrenada. Los legisladores de Miami organizaban una fiesta anual del partido, con paella y ron. Coronaban a algunos de sus peces gordos como Mambo Kings, un título honorífico otorgado a Rubio a principios de su mandato.

Pero era evidente que los legisladores no tenían salarios de seis cifras. Un análisis realizado en 2009 por la revista *Florida Trend* mostró que los legisladores de la Florida, que ganaban $29.600 al año durante el período analizado por la publicación, tenían los salarios más bajos entre los legisladores de diez estados con la misma carga laboral.

Sin embargo, los ingresos de Rubio habían aumentado considerablemente desde su llegada a Tallahassee; reportó $124.700 por concepto de salarios en una firma de abogados y el de la legislatura en 2002, pero en 2008, su último año como presidente, ganó $414.000. Sin embargo, mientras estuvo en la legislatura, la situación financiera de Rubio tuvo con frecuencia un aspecto menos sano, pues arrojó un saldo negativo en dos ocasiones debido a la deuda de una casa, un auto, y a préstamos estudiantiles. En 2002, aparecía con un patrimonio neto negativo de $103.100, y de $46.100 en 2004. Su patrimonio neto alcanzó un máximo de $415.000, pero Rubio dejó su cargo en noviembre de 2008 con un patrimonio neto de solo $8.351. Sus finanzas personales parecían estar fuera de lugar con el conservadurismo fiscal que abogaba para el Gobierno.

A partir de 2004, y durante sus dos años como presidente de la Cámara, de 2006 a 2008, Rubio se sostuvo en términos económicos principalmente gracias a un trabajo en el bufete de abogados Broad & Cassel, donde tuvo un sueldo anual de $300.000. El bufete realizó trabajos legales para el Estado por $4,5 millones entre 2002 y 2005, un año antes de ser presidente de la Cámara, de acuerdo con un análisis realizado por el *Sarasota Herald-Tribune*.

La labor emprendida por Rubio y sus aliados preparándose para la presidencia de la Cámara y conociendo las opiniones de los residentes de la Florida llamaba la atención y empezaba a recibir elogios. La recolección de ideas fue la base para un libro que Rubio tituló *100 Innovative Ideas for Florida's Future (100 ideas innovadoras para el futuro de la Florida)*. "El enfoque de Rubio provino directamente del concepto" de Newt Gingrich del Contrato con América a mediados de la década de 1990, señaló Luntz, refiriéndose a una lista de objetivos legislativos que Gingrich buscaba promulgar mientras fue presidente de la Cámara de Representantes de los Estados Unidos. Gingrich y Rubio se reunieron y cenaron en Tallahassee en 2006, y hablaron sobre la asistencia médica. "Congeniaron de inmediato", dijo Gayle Harrell, quien trabajó con Rubio en la legislatura de la Florida. Gingrich elogió el libro de Rubio. "Es una idea tan inteligente como cualquiera de las que he oído en el país... es la obra de un genio", comentó Gingrich en un discurso en la Cámara de la Florida, y llevó un ejemplar del libro a Washington. "Creo que podríamos aprender mucho de lo que Marco Rubio está haciendo aquí", señaló. Predijo que algunas de las ideas de Rubio serían "totalmente impactantes. Algunas serán fascinantes, y unas pocas serán brillantes".

En noviembre, Rubio estaba promoviendo el concepto de su libro con vigor. Posteriormente diría que su idea "favorita" era una que pretendía reemplazar el currículo estándar estatal por un "currículo de clase mundial" que sería desarrollada con la participación de las comunidades y los líderes empresariales.

El libro presenta un programa ambicioso, centrado en gran medida en la privatización y en las asociaciones público-privadas, los recortes de impuestos, mayores responsabilidades escolares, la selección de escuelas y el límite al tamaño del Gobierno. Las ideas van desde lo conocido, como invitar a los médicos a que utilicen los registros electrónicos para reducir errores (Idea 84), y adelantar la fecha de las primarias presidenciales de la Florida (Idea 37), a lo inesperado, como por ejemplo, otorgarles la condición de denunciantes a las prostitutas como una forma de descubrir redes de prostitución y ayudarles a tener una vida diferente (Idea 43). Tal vez haciendo alusión a sus grandes ambiciones, la sugerencia final, la Idea 100, era crear un "Banco de Ideas" nacional para recoger ideas en todo el país.

En términos generales, el libro no aborda temas polémicos a nivel social, pero Rubio no vaciló en responder cuando le preguntaron sobre algunos de ellos. En abril de 2006, el estado fue criticado por su incapacidad para entregar niños huérfanos en adopción, un problema que se había agudizado tanto que algunos de los niños se vieron obligados a dormir en una sala de conferencias del estado. Rubio rechazó la ampliación del programa para incluir a las parejas homosexuales que querían adoptar a estos niños. "Algunos de estos niños son los más desfavorecidos en el estado", dijo Rubio. "Ellos no deberían ser forzados a ser parte de un experimento social".

Cuando asumió la presidencia de la Cámara, las ambiciones de Rubio se vieron en dificultades por una economía cada vez más incierta. Por una vez, su sentido de la oportunidad fue ineficaz. En los años inmediatamente anteriores, el presupuesto de la Florida había recibido una gran cantidad de dinero proveniente del *boom* inmobiliario. "Las estampillas de recaudaciones fiscales llovían del cielo", dijo Brummer, refiriéndose a una tarifa que recibía el estado por las transacciones inmobiliarias. "En 2005 y 2006, simplemente no sabías qué hacer con el dinero". Pero en la primavera de 2007, los economistas estatales trataban de revisar sus proyecciones de ingresos tributarios a la baja. El mercado inmobiliario, que había sido tan generoso con la tesorería del estado, estaba empezando a contraerse. No era una situación fácil para un legislador entusiasmado con la reducción de impuestos.

Rubio necesitaría más amigos.

Y como lo había hecho antes, se acercó a sus enemigos naturales. Dan Gelber, quien estaba asumiendo como líder de la minoría, fue a ver a Rubio con una larga lista de peticiones, y el nuevo presidente aprobó la mayoría. Se trataba de asuntos sin importancia, como el control de oficinas y de sitios de estacionamiento. Pero esto significó mucho para Gelber.

Fue una magnanimidad inteligente. El partido de Rubio tenía una amplia mayoría. ¿Por qué enemistarse con la minoría? "Tú repartes las cartas", le dijo Gelber a Rubio. "Si quieres que nos opongamos a ti, simplemente lo haremos. Lanzaremos granadas durante dos años".

Los hombres decidieron mantener su posición. Cayeron en una comprensión amistosa acerca de cómo y cuándo tener una actitud de confrontación. Antes de que surgiera un gran problema, Gelber iba a la oficina de Rubio y le decía, "necesito treinta minutos para gritar acerca de esta estupidez que vas a hacer". Rubio sonreía y le respondía algo así como, "¿Puedes hacerlo en veinte?".

Rubio reunió un círculo de aliados políticos que incluía a Ralph Arza, el profesor convertido en legislador, y a David Rivera, el político experto y legislador estatal que llegó a ser visto como el que controlaba el flujo de legislación que llegaba al escritorio del nuevo presidente legislativo. Gelber describió a los confidentes de Rubio como unos "buenos para nada encantadores" y dijo que le gustaba referirse a ellos en tono de broma como Badenovs, en referencia al taimado espía de sombrero negro de la historieta *Rocky y Bullwinkle*. "Marco siempre estuvo por encima de todo", dijo Gelber. "Sin embargo, sus hombres eran buenos tipos que te gustaría tener en una trinchera. Eran pendencieros consumados".

Los hombres con los que Rubio decidió rodearse diferían de él en términos de estilo. Arza, un ex entrenador corpulento de fútbol americano, podía ser una presencia intimidante. "Un matón", lo llamó Brummer. "Era amenazante incluso en términos físicos. Las cosas se hacían a su manera o no se hacían en absoluto. No es el tipo de persona con el que quisieras hacer ningún tipo de negociaciones". Rivera era más astuto, un operador político consumado que sabía hacer las cosas en las campañas y en la legislatura del estado. "Una de las personas más encantadoras que he conocido", me dijo una persona que conoce bien a Rivera. "Él y Marco son como hermanos". Los colegas legisladores bromeaban que Rivera se parecía a "Mr. Bean", el personaje cómico británico.

Tanto Rivera como Arza le crearían a Rubio problemas de percepción política. Pero él tenía una tendencia a asumirlos, a veces para su propio detrimento. La lealtad era el rasgo que Jeb Bush —el mentor político de Rubio— decía que más valoraba. Y cuando se trataba de Arza y de Rivera, Rubio asumió este mismo enfoque.

En abril de ese año, Rudy Crew, el superintendente escolar de Miami-Dade, quien era afroamericano, acusó a Arza, un personaje clave en políticas de educación estatal, de decirle "*nigger**". Medio año después —un mes antes de que Rubio asumiera la presidencia de la Cámara— Arza fue acusado nuevamente de insultos raciales, esta vez por Gus Barreiro, un legislador de Miami, quien presentó una queja ética alegando que Arza le había dicho "*nigger*" en un mensaje dejado en su contestador automático en estado de ebriedad.

Después de la denuncia de octubre, Rubio trató de hablar con Arza para que renunciara, pero su amigo se negó a dimitir. Rubio anunció entonces que no lo nombraría en ningún cargo importante. Sin embargo, Arza se mantuvo firme, y la presión en su contra se intensificó. Los legisladores demócratas amenazaron con abandonar la Cámara el primer día de sesiones legislativas si Arza no era expulsado. Semejante despliegue de descontento habría arruinado un día que de otro modo sería de celebración para Rubio. Marco fue objeto de críticas por no haber tomar medidas más temprano. "Se quedó de brazos cruzados. Rubio sabía acerca de este problema y no hizo nada. Ninguno de ellos reaccionó", dijo Tony Hill, el senador estatal demócrata de Jacksonville y miembro del caucus negro.

Sin embargo, Rubio se defendió, diciendo que tenía que permitir que la queja siguiera su curso. "Cuando tienes a dos personas en conflicto que hacen declaraciones contradictorias, no puede ser la norma utilizada por la Legislatura", señaló. "Esto lleva a que todos los miembros de la Cámara hagan cualquier cosa solo porque alguien presenta una queja". Por último, el 1 de

---

* Término peyorativo para referirse a personas de raza negra (N. del T.).

noviembre, una semana y media después de que estallara la crisis, Arza renunció. Fue acusado también de manipular testigos en el caso de la llamada insultante a Barreiro y se entregó a la policía. Seis meses más tarde se declaró culpable y fue sentenciado a libertad condicional.

Gran parte del drama de Arza había escapado al control de Rubio; después de todo, no era él quien había utilizado un término racista. Pero en una parábola de los peligros de la proximidad en la política, esto era un golpe para Rubio. Sin embargo, lo que sucedió después fue obra suya. Y esto amenazó con hacer añicos cualquier esperanza de un buen comienzo. Rubio predicaba un evangelio de conservadurismo fiscal en el libro *100 ideas*, pero algunos de sus primeros actos como presidente de la Cámara costaron mucho dinero. Destinó casi $400.000 para remodelar oficinas y construir un comedor sólo para miembros de la Cámara. Contrató a un consultor económico, un favorito de Jeb Bush y un creyente en el Club para el Crecimiento, por $10.000 al mes. Contrató a empleados con salarios más altos que el promedio, muchos de ellos de la oficina de Bush; Rubio sostuvo que de no ser por esto, habrían dejado de trabajar con el Gobierno.

Rubio podía ser impulsivo, como si no pensara en la forma en que serían percibidos sus actos. Sus razones para gastar dinero no eran del todo infundadas, pero calculó mal la reacción pública. Los editoriales de los periódicos lo criticaron por contradecir su propio discurso. El conservador fiscal corría el riesgo de ser tildado para siempre como un derrochador.

Desafiando el sentido común, algunos gastos fueron el resultado de cambios diseñados para hacer una limpieza en el Gobierno de la Florida y evitar que los lobistas compraran votos. En años anteriores, los lobistas habían invadido el Capitolio, y establecido citas para almorzar con los legisladores. Obviamente, los lobistas pagaban las cuentas. "La broma era: 'Escucharemos a cambio de comida'", comentó Brummer. Las reformas al *lobby* cambiaron todo esto. "El comedor de los miembros se hacinó de inmediato, pues ya no podían almorzar gratis... La remodelación fue más un asunto práctico", señaló Brummer.

Rubio tampoco era el primer presidente en gastar en renovaciones. Tres de los seis presidentes anteriores habían sido criticados por hacer remodelaciones, y algunos de ellos por haber gastado muchísimo más dinero que Rubio. Sin embargo, y en lo que se convertiría en un patrón constante, Rubio prolongó la duración de la polémica con su propia reacción, al escribir cartas a los periódicos y desestimar las críticas. "No hay caoba, no hay nada de cosmética, no hay bañeras de hidromasaje en ninguna de las reformas que hemos hecho. Esta crítica sería más justa si se pusiera en contexto. Quiero que la gente entienda que nuestras motivaciones no tienen nada que ver con el auto-engrandecimiento ni con los reembolsos personales", señaló.

A Rubio le encantaba este "toma y dame" con la prensa. Pero podía ser muy sensible a lo que decían de él, y cayó en la costumbre de llamar a las oficinas de algunos periódicos a primera hora para poner quejas, en lugar de delegarles esto a los jefes de oficinas locales. Lo hizo tan a menudo que un jefe de oficina del capitolio le pidió al personal de Rubio que le aconsejaran dejar de hacer esto.

Pero este tipo de comportamiento hipersónico fue evidente en todo lo que hacía él, que siempre estaba moviéndose; podía pasar de la euforia a la furia en un instante. Sin embargo, rara vez parecía deprimido. "Puede poner nerviosas a algunas personas", dice Baxley. "No para ni un minuto, parece rebotar contra las paredes… No era inusual ir a su oficina y verlo con un bebé en su regazo, viendo algo en la televisión, mientras tenía una conversación seria contigo sobre un proyecto de ley. Lo que le impactaba a las personas que trabajaban con él era su capacidad de recuperación. "Una vez estaba por el suelo, decaído", dijo un estrecho ex colaborador suyo. "Dijo, 'Me durará unos minutos más y estaré bien'". Estaba en lo cierto. Pasaron unos minutos y volvió a ser el mismo hombre locuaz y entusiasta de siempre. Esta capacidad de procesar las cosas y seguir adelante es común entre las personas de alto rendimiento.

La familia de Rubio era una presencia frecuente en la capital del estado. Marco ya era padre de familia y su esposa e hijos permanecían largos períodos en Tallahassee durante las sesiones legislativas. Esto difería de los hábitos de algunos legisladores, quienes preferían mantener lejos a sus familias y disfrutar de los placeres de lo que varios legisladores han descrito como un "semillero de la infidelidad".

Durante el aprendizaje de Rubio con Byrd, sus esposas se dedicaron a hacer que la capital fuera "más amigable con los niños en pañales", como lo expresó un ex presidente de la Cámara. Gelber, quien también tenía niños pequeños, se deleitaba poniendo pequeñas fotos de sus hijos a escondidas en los estantes de la oficina de Rubio. Cuando Rubio se dio cuenta de lo que había hecho el demócrata, simplemente se echó a reír —y guardó las fotos.

Rubio siempre encontró la manera de divertirse con las estrellas de fútbol americano que visitaban la capital. En 2006, Dan Marino —la leyenda de los Miami Dolphins— le lanzó un pase en la Cámara, y Rubio se emocionó tanto que le dijo en broma a un legislador, "Si dejo caer este pase, termino mi carrera política".

Pero eso no fue nada comparado con la emoción que le produjo la visita de Tim Tebow. Este se convertiría en uno de los atletas más populares y controvertidos de los Estados Unidos tras desafiar a los críticos al orar en el campo de juego cuando su equipo —los Broncos de Denver— anotaban *touchdowns* espectaculares. Cuando Tebow visitó la legislatura de la Florida en 2008, era una estrella del fútbol americano universitario, y había obtenido un año atrás el Trofeo Heisman, el honor más alto de esa liga. Tebow fue conducido a la Cámara y se sentó atrás. Rubio, que estaba delante de todos, se quitó la chaqueta mientras los legisladores le hacían burla. "¡Está nervioso!", dijo uno. Rubio, que era un ávido jugador de fútbol americano, aprovechó el momento y posó para las cámaras. Los silbidos y las risas afables invadieron la Cámara mientras Rubio se golpeaba las manos, saltaba de arriba a abajo y se estiraba de una forma exagerada. Tebow le lanzó un pase suave que el presidente de la Cámara controló fácilmente.

En la parte posterior del recinto, Gelber recuerda que incitó a Tebow y le dijo, "Marco dice que lanzas como un afeminado, que tu brazo no es lo suficientemente fuerte". Bien sea que haya oído el comentario o no, Tebow lanzó el pase siguiente con más fuerza, en una espiral baja y rápida, y demasiado difícil de controlar. Terminó con otro lanzamiento suave, y hubo sonrisas por todos lados. Rubio seguía jactándose al respecto un año después, durante su campaña al Senado, al publicar el video en su cuenta de Twitter y escribir, "¡Por cierto, yo soy el único candidato al Senado de los Estados Unidos en haber atrapado un pase de Tim Tebow! Véanlo con sus propios ojos".

En cierto sentido, el tiempo que Rubio pasó en Tallahassee se puede ver a través de los prismas de sus relaciones con dos gobernadores: un mentor en Bush y un adversario en Charlie Crist, quien fue elegido gobernador en 2006 y asumió el cargo en 2007. Bush, quien fue gobernador de 1999 a 2007, estaba casado con una mujer de origen mexicano, había vivido en Miami y entendía el pulso y las tradiciones de la ciudad. "Él es prácticamente cubano, solo que un poco más alto", dijo una vez Rubio de Bush. "Habla un español mejor que algunos de nosotros".

Bush no era un ejecutivo arrogante al que una falange de guardianes mantenía alejado de los legisladores. Era la clase de gobernador que caminaba por los pasillos. "Andaba por todo el edificio, estaba pendiente de todos los detalles", dijo Baxley. "Jeb era muy interactivo". Al igual que Rubio, podía ser un orador emotivo, y tenía la costumbre de llorar durante sus discursos. Bush, un estudioso de la política con una energía aparentemente ilimitada, hizo grandes progresos en su ambiciosa agenda para darle a su estado una dirección más conservadora en materia de políticas económicas y sociales. Impulsó el primer programa de cupones escolares a nivel estatal que hubo en el país, así como las polémicas medidas de pruebas escolares. Durante sus ocho años como gobernador, vetó $2 mil millones en gastos y recortó impuestos estatales por un total de $19 mil millones, aunque muchas ciudades y pueblos se han visto obligados a aumentar los impuestos para llenar los vacíos.

Bush, un ardiente defensor de la privatización, ayudó a eliminar cerca de 14.000 puestos de trabajo, y mediante una orden ejecutiva reemplazó la acción afirmativa en las admisiones universitarias y en la contratación del Estado con su iniciativa "Una Florida", una medida que causó un profundo resentimiento en muchos sectores de la comunidad afroamericana.

Bush fue llamado alternativamente el "mejor gobernador de América" por sus admiradores, y el "Rey Jeb" por sus detractores, pero pocos discuten el veredicto del profesor Aubrey Jewett, de la Universidad de Florida Central, quien concluyó: "Pasará a la historia como uno de los gobernadores más trascendentes en la historia de la Florida".

Rubio tenía una gran inclinación hacia Bush. "Realmente lo admiraba", dijo Baxley, que presenció el establecimiento de un vínculo de "hermano mayor y hermano menor". Y Bush apreciaba a Rubio. "Desde el principio, era obvio que Marco era listo, inteligente y exitoso", comentó Planas, compañero suyo en la legislatura. "Compartían los mismos valores filosóficos". A veces, el hermano menor era quien le abría el camino al hermano mayor. En 2005, Bush y Rubio recorrieron todo el sur de la Florida, haciendo campaña en contra de una medida para permitir la instalación en varios sectores de máquinas tragamonedas como las utilizadas en casinos. Bush dijo que participaba en la campaña tras saber que Rubio estaba liderando esta causa.

Su relación se hizo más estrecha con el paso de los años. Cuando Bush se preparaba para dejar la gobernación y Rubio para asumir la presidencia de la Cámara estatal, algunos detectaron otro motivo para su cercanía. "Los Bush saben cómo meterse en un desfile", dijo Byrd. "Yo le atribuyo más a Bush el hecho de ver la estrella en ascenso de Marco". Byrd ha escuchado historias de que "Bush ayudó a Marco", pero dice, "Creo que es todo lo contrario. Como Jeb estaba decayendo, se aferró a Marco para que le diera un impulso".

Rubio quedó sin aliados clave en las esferas más altas del Gobierno estatal cuando Jeb terminó su mandato como gobernador. Podía haber utilizado el apoyo de Crist, el nuevo gobernador, para ayudar a impulsar su agenda como presidente. Pero no se llevaban bien. Rubio se quejaba en el comedor de la legislatura de que Crist no era un verdadero conservador, y de que estaba llevando el estado en la dirección equivocada. Planas pensaba que las quejas eran sinceras, pero también detectó otras posibles motivaciones. "Yo me pregunto si algunas de las quejas de Marco contra Charlie fueron incitadas por Jeb. Puede haber tenido tres patas este asunto", dijo Planas.

Crist, un bronceado ex fiscal general de la Florida, había sido elegido por un estrecho margen en 2006. El fútbol americano también había estado presente en su vida. Fue mariscal de campo en la escuela secundaria y era lo bastante bueno como para integrar el equipo junior cuando entró a la Universidad Wake Forest. Durante un tiempo fue considerado uno de los gobernadores más populares de la nación, y por poco tiempo estuvo en las listas para futuros listas presidenciales a nivel nacional. Su respaldo al senador John McCain en la campaña presidencial de 2008 fue seguido ávidamente por la prensa, que lo retrató como un hacedor de reyes. Pero la popularidad de Crist en las encuestas no se tradujo en la lealtad de los fervientes partidarios de Bush que quedaban en Tallahassee. Crist los irritó al cancelar cientos de nombramientos realizados por Bush y —según los partidarios de este— por no darle al ex gobernador el crédito suficiente en sus discursos. En un artículo publicado en el *St. Petersburg Times*, Adam C. Smith, denominó el método de Crist como la "des-Jebificación de la política de la Florida".

"Charlie es un complaciente", dijo Baxley, que había apoyado a uno de los oponentes de Crist en las primarias republicanas para gobernador. "No puedes dejar de amar a Charlie. Pero Charlie no sabe realmente en qué cree. Lo hace de buen corazón, pero su liderazgo es terrible. Pasó más tiempo con la junta afroamericana y con la demócrata que con los republicanos. Las cosas no eran así con Jeb, quien dejó un gran vacío de liderazgo".

La actitud de Crist también molestó a algunos en la capital. Tenía la costumbre de enviar notas de agradecimiento que parecían más azucaradas que sinceras. "Era empalagosamente amistoso", me dijo un importante ex asistente del Capitolio.

Como gobernador, Crist podía haberse hecho cargo del partido Republicano, pero tropezó casi de inmediato. Escogió a Jim Greer, un ex miembro de un *lobby*, como jefe del partido. Esto causó sorpresa, pues Greer sería acusado de utilizar dinero del partido supuestamente para uso personal, cargo que él negó. Muchos sectores republicanos consideraron que Greer era una mala elección, y les molestó que Crist no hubiera tenido en cuenta a otros candidatos con más experiencia. "Jeb y muchos otros tenían toda la razón para estar enojados con Charlie por haber nombrado a Jim Greer como jefe del partido", señaló Planas.

Pocos meses después, Crist y Rubio se enfrascaron en una guerra por los impuestos sobre la propiedad, y antes de que terminara el año, el presidente de la Cámara entabló una demanda, alegando que Crist se había excedido en su autoridad al no consultar con la legislatura para permitir que la tribu Seminole instalara mesas de *blackjack* y máquinas tragamonedas como las que se utilizaban en Las Vegas. La Corte Suprema del Estado falló a favor de Rubio, lo que supuso un vergonzoso revés para el gobernador.

La disputa por el impuesto sobre la propiedad estaba en el centro de la agenda legislativa de Rubio, quien quería eliminar los impuestos sobre la propiedad a las casas más costosas y sustituir esos ingresos con un impuesto sobre las ventas. En su libro

100 ideas, Rubio sostenía que eliminar el impuesto a la propiedad aumentaría el valor de las casas de la Florida y atraería más jubilados al estado, quienes llenarían las arcas estatales al gastar su dinero y aumentar las ventas de artículos gravados por el Estado. Los proponentes elogiaron la idea, señalando que suponía un respiro para los residentes de la Florida, cuyos impuestos se habían disparado debido al incremento en el valor de las viviendas. Sus críticos sostuvieron que beneficiaría a los ricos a expensas de los pobres.

A Crist se le ocurrió otro plan, y los dos sostuvieron un duelo de declaraciones en los medios de comunicación. En abril, mientras estaba atrapado en una congestión de tránsito, Rubio llamó a un programa de radio en español en Miami y acusó a Crist de tener obligaciones con los lobistas de gobiernos locales que temían perder los ingresos de impuestos sobre la propiedad. "Estoy disgustado con el gobernador", dijo Rubio.

Ese mismo año, Rubio apeló a otra estrategia, sugiriendo establecer un tope mínimo del 1,35% en las tasas de impuestos sobre la propiedad. Contempló incluso una campaña de petición. Pero sus propuestas fueron rechazadas enérgicamente por Crist y por el Senado, que también estaba controlado por los republicanos. A medida que el debate continuaba, a algunos senadores estatales les preocupó que Rubio estuviera exacerbando las emociones del público con iniciativas que tenían pocas posibilidades de éxito. Ninguna de las propuestas de Rubio se convirtió en ley, lo que le causó una frustración visible. "Fue algo absurdo", dijo Planas sobre la disputa por el impuesto predial. "Marco y Charlie estaban compitiendo para ver quién era el más macho. Yo culpo a los dos. Tanto él como Charlie estaban totalmente en contra de un acuerdo. Fue una tontería hacer eso. Creo que la guerra entre ellos fue innecesaria y perjudicial para el pueblo".

El ritmo rápido de Rubio había sido una virtud durante su ascenso, pero su tendencia a la impulsividad podía hacerle daño. En abril de 2008, incluyó una disposición en el presupuesto estatal para ayudar a Max Alvarez, un contribuyente de su campaña, quien había dicho que Rubio era "como un hijo" para él, y que licitaba un contrato para la construcción de autopistas por valor de $265 millones. Esto fue divulgado a la opinión pública y Rubio lo había hecho sin consultar a los principales miembros de su personal, que a quienes les tomó por sopresa y luego se lamentaron de que podrían haber preparado a Rubio para dar una respuesta si este les hubiera dicho lo que estaba haciendo. Los editorialistas criticaron fuertemente a Rubio. El escándalo fue un verdadero regalo para Crist, cuyo personal avivó la polémica detrás de bambalinas antes de que el gobernador le propinara un golpe a su rival al vetar el proyecto de ley. Rubio había intentado defenderse, diciendo que estaba tratando de abrir la licitación para evitar vínculos de monopolios entre las empresas estatales y las grandes corporaciones, que estaban en una mejor posición para pujar por el contrato. En este caso, Rubio había olvidado una lección importante de su pasado. En 2003, había sido criticado por tratar de destinar varios millones de dólares para comprar la Torre de la Libertad en el centro de Miami en una época en que el presupuesto era bajo, y en que se estaban recortando los fondos para la financiación de las universidades y viviendas para personas de bajos ingresos. Él se mostró indignado cuando la solicitud de gasto fue descubierta, y luego agravó el problema al tratar de justificarlo. "Solo porque un proyecto no haya pasado a través de los canales apropiados no quiere decir que no merezca la financiación estatal", señaló.

Aunque Rubio no tuvo éxito en impulsar sus propuestas relacionadas con el impuesto sobre la propiedad, Crist y los legisladores acordaron finalmente una modesta reducción de impuestos. Adicionalmente, muchas de sus *100 ideas* fueron aprobadas. Rubio logró victorias importantes en iniciativas como el crédito fiscal corporativo para vales escolares privados, las penas más estrictas para los abusadores de niños, los incentivos para la eficiencia energética y un proyecto de ley para reformar el sistema de educación primaria de la Florida. Al impulsar su agenda, deslumbraba a sus colegas y a su personal con su capacidad de aprender con rapidez algunos de los puntos más sutiles de un tema, y luego explicarlos en términos comprensibles. Era un rasgo que le daba credibilidad a sus argumentos y podía sofocar la oposición antes de que apareciera, porque sus antagonistas no siempre tenían su facilidad expresiva ni estaban tan preparados como él para debatir los detalles. "Es un estudiante muy rápido", señaló Jill Chamberlin, quien fue secretaria de prensa de Rubio y gran conocedora de los círculos políticos de Tallahassee. "Es muy bueno para dominar un tema y hablar al respecto".

"Las *100 ideas* fueron aprobadas por la Cámara de la Florida", declaró Rubio en su página web. "Cincuenta y siete de ellas se convirtieron en ley". El PolitiFact Florida, un galardonado proyecto para comprobar hechos, y que es operado conjuntamente por el *Tampa Bay Times* y el *Miami Herald*, investigó meticulosamente la afirmación de Rubio y concluyó que había exagerado un poco: veinticuatro ideas se convirtieron en ley y otras diez fueron "aprobadas parcialmente". Entre las victorias de Rubio estaban la reforma a los seguros de propiedad, la creación de un fondo de inversión estatal para negocios y una base de datos de seguros de salud en línea. Otras, como la iniciativa para tener universidades públicas "Top 10" y construir un "sistema modelo de transporte", no son simplemente cuestión de aprobar una ley, sino más bien un juicio acerca de si los nobles objetivos se habían alcanzado, concluyó PolitiFact.

La inclinación de Rubio a comprometerse donde otros habrían optado por defender sus principios y perder, es también una cuestión de interpretación. "Del dicho al hecho había un largo trecho", se quejó Marion Hammer, miembro del *lobby* de la ANR, después de que la Cámara presidida por Rubio no aprobara una ley que les permitiría a los empleados llevar armas de fuego a sus sitios de trabajo.

Rubio no fue ajeno a la frustración, incluso en su último día en el cargo, cuando tuvo que ceder ante una versión limitada de un proyecto de ley para el seguro médico a niños con discapacidad, que solo cubría el autismo. Rubio dejó su cargo con críticas variadas, pero con grandes metas para el futuro.

Sus colegas le dieron boletos para los juegos de los Miami Dolphins, un casco autografiado y una camiseta de fútbol americano con su nombre. Arza, su amigo caído en desgracia, regresó al Capitolio para escuchar la despedida de Rubio. Y una vez más, Rubio hizo llorar a la audiencia con un discurso eficaz, esta vez de despedida. Con la voz quebrada por la emoción, permaneció de pie frente al estrado, hablando con un micrófono de mano conectado a un cable largo. "La grandeza de América", dijo, proviene de la "compasión de su gente, de su compromiso con el autogobierno y el respeto a los derechos de todos los hombres...

A noventa millas de las costas de nuestro Estado, hay hombres y mujeres de mi ascendencia y origen que todavía no tienen esto. Pero miran este país con la esperanza de que un día lo tengan".

Rubio le habló a la audiencia acerca de los salvajes insultos dirigidos a sus padres inmigrantes cubanos en Nevada durante el éxodo del Mariel: "Ustedes son un puñado de cubanos. ¿Por qué no vuelven a casa? ¿Por qué no regresan a Cuba?". Pero, tal como acostumbraba hacer, Rubio pasó de hablar sobre el comportamiento vergonzoso a celebrar la bondad intrínseca de los seres humanos. "Eso no es un reflejo de los Estados Unidos", dijo en referencia a las burlas dirigidas a sus padres. Contó una anécdota, cuando el automóvil de sus padres se averió en el Sur Profundo a comienzos de los años ochenta. Ellos no hablaban inglés y no tenían dinero, pero "no pudieron contener a la cantidad de personas que acudieron para ayudarlos".

Nunca había perdido unas elecciones, pero había aprendido sobre la pérdida de batallas en la legislatura. En su ronda de despedidas, se permitió una nostalgia ocasional, una sensación de lo que podría haber sido. "De cierta manera", dijo, "me habría gustado ser un poco mayor". Tenía treinta y siete años.

Dominga de la Caridad Rodríguez y Chirolde, la abuela de Marco Rubio, en una fotografía que acompaña su visado de inmigrante y registro de extranjera del 12 de julio de 1956. Ella y su esposo, Pedro Víctor García, tuvieron siete hijas. Toda la familia emigró a los Estados Unidos. (Archivos Nacionales y Administración de Registros de los Estados Unidos)

Pedro Víctor García, el abuelo de Rubio, nació en una zona pobre y rural de Cuba y fue el primero en su familia que aprendió a leer. Trató de entrar a los Estados Unidos el 31 agosto de 1962, y fue detenido debido a una infracción al visado. Cinco años más tarde se le concedió residencia legal permanente. (Archivos Nacionales y Administración de Registros de los Estados Unidos)

El viaje de Cuba a los Estados Unidos de Oria y Mario Rubio se convirtió en uno de los elementos centrales de la identidad política de su hijo. A medida que Marco Rubio ascendía al poder, se conectó con los votantes y con los políticos que le ayudaron en su ascenso, haciendo hincapié en los sacrificios hechos por sus padres. (AP Photo/Phil Coale)

Rubio levanta el pulgar mientras él y Mario Díaz-Balart, otra estrella política cubanoamericana, miran el conteo de votos en los relojes de la Cámara de Representantes de la Florida, el 3 de mayo de 2001. (Mark T. Foley/Archivos del Estado de la Florida)

Jeb Bush fue un mentor y una inspiración para Rubio. El gobernador, cuya influencia y conexiones políticas era casi inigualable en la Florida, le regaló una espada a Rubio durante el emotivo acto de la designación de su protegido como el próximo presidente de la Cámara, el 13 de septiembre de 2005, en Tallahassee, Florida. (AP Photo/Phil Coale)

Ya sea que esté hablando con un pequeño grupo de legisladores o con una gran multitud en un auditorio, Rubio cautiva a su audiencia, como lo hizo durante un debate en el plenario de la Cámara el 2 de mayo de 2006. El republicano Dennis Baxley, de pie, habla con Rubio sobre su decisión de mantener la conexión con su fe católica mientras asistía a servicios religiosos de protestantes evangélicos. (Mark T. Foley/Archivos del Estado de la Florida)

Rubio se reúne con su amigo, el representante Ralph Arza, en 2006. A medida que Rubio se perfilaba como presidente de la Cámara de la Florida, Arza supuso un gran dilema para él, una vez que Arza fuera acusado de usar un epíteto racial ofensivo para los afroamericanos. (Mark T. Foley/Archivos del Estado de la Florida)

Rubio conversa el 8 de marzo de 2007 con el legislador republicano Juan Zapata, con quien patrocinó un proyecto de ley para darles matrículas educativas a los hijos de algunos inmigrantes indocumentados. El proyecto de ley fue rechazado. Posteriormente, Rubio se opuso a propuestas más amplias sobre estas matrículas. (Mark T. Foley/ Archivos del Estado de la Florida)

Rubio, a la derecha, y David Rivera en la tribuna de oradores el 25 de abril de 2007. Los dos "son como hermanos". Su amistad sobrevivió aun después de que Rivera fuera investigado por fiscales estatales y federales en casos de corrupción. (Mark T. Foley/Archivos del Estado de la Florida)

Durante su campaña para el Senado de los Estados Unidos, Rubio utilizó "El Abrazo" entre el gobernador Charlie Crist y el presidente Obama como un arma para criticar a Crist por aceptar dinero proveniente de estímulos federales, una decisión criticada por los activistas conservadores. En tiempos más felices, Crist y Rubio se abrazaron cuando la legislatura aprobó un recorte del impuesto sobre bienes el 14 de junio de 2007. (Mark T. Foley/Archivos del Estado de la Florida)

En la legislatura del estado de la Florida, Rubio podría ser un "pitbull partidista", pero algunos demócratas, como Dan Gelber, visto aquí con Rubio el 5 de marzo de 2008, lo consideraba alguien que podría ser razonable detrás de las escenas. (Mark T. Foley/Archivos del Estado de la Florida)

A Rubio le encanta el fútbol americano. No había nada como la visita de una estrella del fútbol americano al Capitolio para ponerlo en el mejor de los estados de ánimo. El 2 de abril de 2008, Dan Marino, perteneciente al Salón de la Fama de la NFL, visitó a Rubio y al gobernador Crist para promover la cobertura de seguro para el autismo. (Bill Cotterell/Archivos del Estado de la Florida)

Durante su juventud, Rubio veía los juegos de los Miami Dolphins con un bloc de notas en sus piernas para registrar las jugadas. Rubio siguió atento al fútbol americano cuando se convirtió en uno de los políticos más poderosos de la Florida. En el día del *draft* de la NFL, los legisladores acudieron a su oficina para que él los actualizara. En sus últimos días como presidente de la Cámara, sus colegas le dieron regalos relacionados con el fútbol americano, incluyendo un casco firmado de los Miami Dolphins. (Mark T. Foley/Archivos del Estado de la Florida)

Un poco de inmortalidad: Marco Rubio disfruta de la presentación de su retrato oficial en el plenario de la Cámara de Representantes de la Florida el 2 de mayo de 2008. (Mark T. Foley/Archivos del Estado de la Florida)

Fue una noche para recordar. Una gran multitud en Coral Gables, Florida, estalló en ovaciones mientras Rubio —que había sido un gran perdedor— subió al escenario para celebrar la victoria al Senado de los Estados Unidos el 2 de noviembre de 2010. Sus hijas Daniella y Amanda y su hijo Anthony aparecen adelante, al lado derecho. Su esposa Jeanette y su hijo Dominick aparecen atrás. (AP Photo/Lynne Sladky)

ARRIBA: A veces sólo tienes que reírte. Al Franken y Rubio se ríen durante el discurso del Estado de la Unión pronunciado por el presidente Obama en el Capitolio, el 25 de enero de 2011. Los legisladores trataron de fomentar un espíritu de cooperación con la disposición de los asientos para los dos partidos. (Chip Somodevilla/Getty Images)

CENTRO: Washington no era lugar fácil. Después de un año en el cargo, el senador Rubio le confió a un periodista que no podía recordar un solo momento importante. Sin embargo, él le prestó especial atención a la política exterior, un requisito previo para los senadores que aspirarán al despacho del presidente. Aquí, Rubio y el senador Joseph Lieberman salen de una conferencia de prensa sobre la crisis en Siria, el 11 de mayo de 2011. (Alex Wong/Getty Images)

ABAJO: "Héroe". Fue así como lo vio la blogosfera conservadora cuando Rubio salvó a Nancy Reagan de una caída desagradable mientras la escoltaba por el pasillo a la Biblioteca Presidencial Ronald Reagan. Los reflejos rápidos de Rubio del 23 de agosto de 2011 fortalecieron la impresión de que él era una estrella tocada por la casualidad. (AP Photo/Jae C. Hong)

Capítulo seis

DESTINADO A VOLAR ALTO

Marco Rubio necesitaba que alguien lo aconsejara. Cogió el teléfono y llamó a Dennis Baxley.

Baxley era dieciocho años mayor que él, tenía una funeraria en Ocala, y se desempeñaba como jefe de la Coalición Cristiana de la Florida. Había entablado una gran amistad con Rubio unos años antes, mientras se desempeñó como presidente por un tiempo, el segundo cargo más alto en la Cámara de la Florida. Eran amigos, y los amigos se hablan sin rodeos. Baxley, quien se describe como un blanco humilde de la Florida de quinta generación, con un "abuelo que era productor de cítricos", le diría a Rubio lo que realmente pensaba.

Rubio estaba pensando en postularse para el Senado de los Estados Unidos, pero parecía que para llegar a Washington, tendría que superar al gobernador Charlie Crist. Este no había anunciado todavía su intención de participar en las primarias de agosto de 2010 que escogerían al candidato republicano para los comicios generales de noviembre. Pero se suponía que lo haría, desde más de un año antes de que los votantes acudieran a las urnas. Y derrotar a Charlie Crist iba a ser difícil, una hazaña que José K. Fuentes, miembro de un *lobby* de Miami, describe no tanto como David contra Goliat, sino como "una hormiga contra Goliat". Crist era popular, era un gran recaudador de fondos, y tenía el poder propio de ocupar el cargo más importante del estado. Rubio se postularía como un ex presidente de la Cámara de Representantes, que había incursionado en el campo de la consultoría, un tipo de trabajo que los críticos podrían catalogar fácilmente como una forma de ganar mucho dinero después de dejar el sector público, especialmente desde que él y su ex asesor legislativo habían firmado contratos de consultoría con hospitales de Miami por un total de $198.000.

"No es muy inteligente ser rival de un gobernador en ejercicio con un índice de aprobación del 70%", le dijo Baxley a su amigo. Otras personas ya le habían dicho esto a Rubio. En ese momento, parecía tener el camino abierto para obtener un cargo muy deseable en el Gobierno: fiscal general de la Florida. "Hubo un gran debate acerca de si él realmente podía ser nombrado como fiscal general", dijo Baxley. "Muchas personas le aconsejaron que lo hiciera".

Pero Rubio no quería esperar. Prefirió actuar con rapidez, como lo había hecho en el campo de fútbol americano. Vio grandes posibilidades. "Le dije, 'Marco, debes hacer lo que te dicta el corazón y hablar con Jeanette'", recuerda Baxley.

La esposa de Rubio se mantenía básicamente alejada de la carrera política y la atención pública de su marido. La antigua bastonera de los Dolphins y madre de cuatro hijos no daba discursos, y tampoco era particularmente aficionada a las multitudes. No se entrometía mucho con las actividades políticas. "Ella no se involucraba con los aspectos técnicos", dijo Baxley. Pero cuando se trataba de "convicciones profundas", Rubio acudía a ella en busca de orientación.

Rubio sopesó sus opciones en un momento difícil para los republicanos. Habían sufrido una desalentadora derrota solo unos meses antes en las elecciones presidenciales de 2008, y los demócratas habían recuperado el control del Senado y de la Cámara de Representantes de los Estados Unidos. Barack Obama, el nuevo presidente, tenía altos niveles de popularidad y estaba promoviendo iniciativas ambiciosas. Los demócratas estaban disfrutando del resplandor de su mensaje de esperanza y cambio. Y la reacción airada del Tea Party en contra de los planes de reforma de Obama a la atención médica había sucedido ya hacía varios meses, a pesar de que estaban comenzando a presentarse señales de descontento popular.

La Florida siempre tiene importancia a nivel nacional, en parte debido a su destacado papel en las elecciones presidenciales, pero también porque es el laboratorio ideal para el estudio de patrones de votación. Ofrece información sobre hispanos, republicanos acaudalados que viven fuera de las grandes ciudades, y sobre la franja de votantes indecisos entre Tampa y Orlando. La contienda para el Senado de la Florida serviría como una batalla por el alma republicana: la moderación contra el conservadurismo, el sistema contra la insurgencia.

Rubio seguía hablando sobre el Senado. Él no era alguien dispuesto a claudicar, ni siquiera cuando las probabilidades parecían estar en su contra. Había obtenido un escaño en la Comisión de la ciudad cuando todos pensaban que era demasiado joven, un escaño legislativo cuando la sabiduría convencional creía que no lo lograría, y la presidencia de la Cámara estatal cuando la historia y la geografía dictaban que tenía pocas posibilidades de hacerlo. Con el tiempo, Baxley detectó algo en sus conversaciones con Rubio que fue absolutamente crítico para el éxito en la arena política: Rubio creía que podía ganar. "Él tenía esa gran convicción de que podía lograrlo. No arremete contra los molinos de viento".

Sin embargo, los primeros pasos de Rubio en la contienda fueron calculados y prudentes; no eran los actos impulsivos de un neófito, sino los pasos cuidadosamente coreografiados de un político astuto y experimentado que había orquestado exitosamente su ascenso desde la Comisión de West Miami a la presidencia de la Cámara de Representantes de la Florida. El presidente legislativo que algunas veces había actuado de manera apresurada se había convertido en el candidato para un cargo nacional que pensaba un poco más las cosas. Rubio presentó los documentos en el invierno de 2009 con el fin de conformar un comité exploratorio para el Senado y de empezar a armar un equipo de campaña y a recaudar dinero. No hizo ni conferencias de prensa, ni anuncios, ni agitó banderas. No hubo globos. Lo hizo en silencio.

Mientras Rubio entraba silencioso a la contienda, Crist no dejaba de meterse en problemas. En febrero, viajó a Fort Myers para un evento con el presidente Obama. Dejó de asistir a un consejo de ministros en Tallahassee y de almorzar con el ex gobernador Jeb Bush para estar con el presidente. Crist, que es amable y afectuoso, cometió ese día uno de los mayores errores de su vida política: abrazó a Obama mientras las cámaras lo grababan. Aún más, respaldó el paquete de estímulos de Obama que entregaba cerca de $800 mil millones en incentivos fiscales, subsidios de desempleo e inversiones federales directas en educación, energía, infraestructura y salud. El abrazo de oso entre Crist y Obama fue descrito por el *St. Petersburg Times* como "el tipo de amor bipartidista que ha eludido al presidente en Washington".

Crist pertenecía claramente a la minoría republicana. Los miembros del Partido Republicano de la delegación del congreso de la Florida votaron en contra del estímulo, y media docena de gobernadores republicanos, como Sarah Palin y Rick Perry, intentaron rechazarlo durante varios meses. El abrazo fue un regalo enorme para Rubio.

Rubio, que se había peleado con tanta frecuencia con Crist en Tallahassee, sabía que el gobernador tenía otros problemas. Crist había vetado el pago a maestros según sus méritos, un tema favorito de los conservadores, quienes arremetieron contra los sindicatos de maestros y los acusaron de premiar a educadores de bajo rendimiento. Y también se había rebelado contra la clase dirigente conservadora cuando, en calidad de fiscal general de la Florida, suspendió los esfuerzos estatales para mantener con vida a Terri Schiavo, una mujer con una lesión cerebral que llevaba más de quince años en estado vegetativo. Su caso atrajo atención internacional cuando su marido logró poner fin a su vida, pese a los esfuerzos fervientes de los padres de Schiavo, de los líderes católicos, del gobernador Jeb Bush, del presidente George W. Bush y del Congreso de los Estados Unidos por conservar su vida.

Los planes de Rubio finalmente se dieron a conocer en marzo, un mes después de haber presentado sus documentos exploratorios, cuando Alan Mendelsohn, un oftalmólogo del Condado de Broward con conexiones políticas, organizó un evento de recaudación de fondos para él. Mendelsohn lo llamó el "Saque inicial de Marco Rubio al Senado". Sin embargo, el futuro candidato iba con cuidado, y dijo que sólo estaba "tanteando el terreno".

El mes anterior, Mendelsohn había sido vinculado a una operación fraudulenta. Fue declarado culpable y condenado a cuatro años de prisión después de admitir que había sobornado a un senador del estado, desviado cientos de miles de dólares de un comité de acción política, y que no había reportado más de $600.000 en ingresos gravables. Pero ambos candidatos principales en la campaña para el Senado —Crist y Rubio— tenían vínculos con Mendelsohn, y redujeron el impacto que podrían haber tenido sus problemas legales en la contienda. El médico había donado $50.000 al comité de recaudación de fondos para la legislatura estatal de Rubio, pero también había sido un firme aliado de Crist, y miembro del equipo de transición del gobernador.

Cuando Mendelsohn comenzó extraoficialmente la campaña de Rubio, pocos habrían pensado que el joven candidato tuviera una oportunidad. Una encuesta realizada por Quinnipiac el mes anterior había señalado que Crist tenía un apoyo del 53%, mientras que el de Rubio era apenas del 3%, una diferencia extraordinariamente difícil de remontar.

Rubio no le prestó mucha importancia a sus escasas probabilidades. En su ciudad natal de West Miami, la salud de su padre se estaba deteriorando por causa de una recurrencia del cáncer de pulmón. Verónica Ponce, la hermana de Rubio, señaló que la salud de su padre comenzó a deteriorarse el Domingo de Pascua de ese año. "Estaba sentado en mi casa y se quejó de que le faltaba el aire", escribió en su blog. "Pocos días más tarde me llamaron al trabajo para decirme que había pedido que lo llevaran al hospital, e inmediatamente sentí ese golpe que te atraviesa el estómago y te deja paralizada y sin aliento, porque yo lo sabía. Simplemente lo sabía".

Los médicos le dijeron a Mario Rubio que sólo le quedaban entre ocho y doce meses de vida. El diagnóstico significaba que Marco se estaría postulando para el Senado mientras su padre se estaba muriendo. A medida que su salud empeoraba, Mario pasaba horas mirando la cadena Fox News para ver si veía a su hijo en la pantalla. Se lo perdió en un par de ocasiones porque nadie le avisó de antemano que aparecería, así que se instaló el TiVo para poder ver cada segundo de las emisiones de esta red de cable.

Rubio oficializó su candidatura el 5 de mayo de 2009. Su estrategia ya estaba tomando forma: vincular a Crist con Obama. Rubio fue el primero en anunciar su candidatura, y también estaba dispuesto a ser el primero en atacar. Su equipo de campaña sacó un anuncio que mostraba una imagen fragmentada y en movimiento. "Una elección que se enfoca", decía una voz profunda, con el típico estilo del tráiler de una película apocalíptica. "Una opción para el futuro de la Florida. Algunos políticos aprueban miles de millones de dólares en gastos imprudentes, con dinero prestado de la China y el Oriente Medio, dejándoles montañas de deudas a nuestros hijos y una terrible amenaza para una economía frágil. Hoy en día, muchos políticos defienden los mismos viejos caminos fracasados de Washington". A medida que la voz continuaba, los pixeles giratorios se transformaban en una imagen de Crist y Obama mirándose a los ojos. El narrador señaló: "Pero esta vez, hay un líder que no lo hará. Dejemos que comience el debate". La pancarta "Marco 2010" apareció en la pantalla.

El anuncio le encantó a Rubio, quien le envió una nota de felicitación a su equipo:

*Guau... déjenme decirles algo. Vi esto en mi computadora
y sucedieron tres cosas. 1. Sentí escalofríos. 2. Mi esposa
y mis hijos se pintaron la cara de azul, como Braveheart.
3. Fui al armario, saqué mi disfraz de Gladiador y pude oír
el canto de la multitud: "¡Maximus! ¡Maximus!".*

    ¡Vamos a matar al emperador! Me encanta.

    *¿Necesitamos una pequeña compra para lanzar esto?
¿Necesito vender mi auto y tomar una segunda hipoteca
para pagar una compra mayor?*

Crist anunció su candidatura una semana después, y no pasó
mucho tiempo para que los partidarios de Rubio tuvieran un motivo para desesperarse. Catorce minutos después del anuncio de
Crist, John Cornyn, jefe del Comité Nacional Republicano del
Senado en Washington, dio a conocer un comunicado respaldando al gobernador. Era una promesa de apoyo inusualmente
temprana en una contienda intrapartidaria, y una clara señal de
que el sistema estaba respaldando a Crist. Mitch McConnell, el
líder de la minoría del Senado, también respaldó la candidatura
del gobernador.

    Estos dos respaldos habían sido solicitados por un colega de
Cornyn y de McConnell en el Senado: Mel Martínez, el senador
saliente a quien Crist y Rubio pretendían reemplazar. Martínez,
un ex secretario de Vivienda de los Estados Unidos, también estaba apadrinando a Crist. Martínez es un cubanoamericano que
llegó a los Estados Unidos en la Operación Pedro Pan, un programa de los Estados Unidos en el que 14.000 niños cubanos
fueron enviados por sus padres a los Estados Unidos entre 1960 y
1962 mientras la dictadura de Castro se afianzaba en la isla. En

2004, Martínez se convirtió en el primer cubanoamericano en ser elegido al Senado de los Estados Unidos.

Por coincidencia, Rubio tenía una cita con Cornyn en Washington el día del anuncio de Crist. Posteriormente describiría como respetuoso el encuentro con el encanecido senador de Texas. "Les dije que estaban equivocados", señaló Rubio. "Les dije que yo iba a ganar y que ellos estarían azorados un año después".

A continuación, Rubio fue a la oficina de Jim DeMint, el autoproclamado líder de los ideólogos conservadores del Senado, quien estaba en proceso de convertirse en héroe para muchos de los activistas de base que acogieron la etiqueta del Tea Party. DeMint apoyaba un impuesto de tasa única, cuentas privadas para la Seguridad Social y una enmienda constitucional para prohibir el aborto, excepto cuando la vida de la madre estuviera en peligro. Había señalado que a los homosexuales y a las madres solteras no se les debía permitir enseñar en las escuelas, y ese verano, dio la famosa declaración de que si los republicanos podían bloquear la radical legislación sanitaria del presidente Obama, "será su Waterloo. Lo destrozará".

Tal como lo había hecho en la Florida, Rubio conmovió a su audiencia —en este caso a un senador cuyo respaldo buscaba— con la historia de la emigración de sus padres desde Cuba y sus esfuerzos para darle una vida mejor. "Recuerdo que se me aguaron los ojos", comentó DeMint posteriormente. "Washington te endurece mucho. Pero me pareció que este tipo era sincero. No conocemos a muchas personas como él en Washington".

Mientras Rubio buscaba apoyo en Washington, su equipo iniciaba el ataque contra Crist. Tras el anuncio a la candidatura del gobernador, lanzaron el video que le dió a Rubio el estado de ánimo de un gladiador. Había derrotado a sus oponentes en todas las contiendas anteriores, y ahora trataría de conseguir una ventaja en la contienda para derrotar a Crist.

A pesar de que sus números en las encuestas no se veían bien, la primavera de 2009 le ofreció una "tormenta perfecta a Rubio", según dijo Tom Tillison, cofundador de un grupo del Tea Party en el centro de la Florida. Este grupo anti-sistema y otros en todo el país estaban buscando candidatos que se sumaran a su movimiento, y Rubio —quien aún parecía estar buscando una base— los aceptó. "Él tenía en Charlie Crist al rival perfecto, en un momento en que el Tea Party se oponía firmemente al TARP, el paquete de estímulos y a todo tipo de ayudas", señaló Tillison. "El Tea Party estaba buscando una opción más conservadora en esa contienda, y Marco Rubio apareció en la escena pública articulando un mensaje conservador fuerte y sólido. Tenía mucho que ver con el tipo de persona que eran Charlie Crist y Marco Rubio".

El 15 de abril de 2009 —día de impuestos— Rubio se arremangó la camisa azul claro y congregó a una audiencia en West Palm Beach de casi mil personas con carteles que decían "Puedes arrebatarme mi Constitución de los Estados Unidos cuando la saques de mis manos muertas y frías", y "Sí a los mercados libres, no a los parásitos sociales".

"Un Gobierno les quitó el país a mis padres, no voy a permitir que me quiten el mío", le dijo a la multitud que lo vitoreaba. Con su voz elevándose al nivel de un grito, Rubio declaró: "El Gobierno federal ha aprobado la madre de todos los activos tóxicos: una deuda de $9.000 trillones que nuestros hijos y nietos pagarán al ser gravados hasta caer en el Tercer Mundo".

Rubio reconoció desde el principio que estos votantes desilusionados eran importantes. Si un pequeño grupo de ellos quisiera que él les diera una charla, él conduciría varias horas para hacerlo, recordaron Tillison y Wilkinson Everett, presidentes del Tea Party en el sur de la Florida. "A la gente le encantó lo que dijo", señaló Wilkinson. A pesar de su alto perfil en Tallahassee, Rubio era todavía un desconocido en muchas partes del estado donde los votantes estaban más preocupados por la posible ejecución hipotecaria de sus casas y por quién iba a ser rescatado con dinero americano proveniente de impuestos, que por el presidente de la Cámara estatal.

Rubio diría en términos retrospectivos, "Ojalá pudiera decir que fue parte de un cálculo brillante, pero no lo fue en realidad. [Obama se había movido] muy rápidamente en asuntos como el plan de estímulos, y luego había pasado a proyectos de ley sobre la atención médica. Así que hubo una reacción en contra de esto. Se trataba de un aumento en el papel del Gobierno y la gente no estaba cómoda con eso. Y creo que lo que nuestra campaña logró hacer fue darle voz a una alternativa".

En los primeros días de la contienda, Rubio, que había sido tan hábil para recaudar dinero en las campañas anteriores, tuvo problemas para obtener contribuciones. Una noche, sus hijos —que a él le gustaba describir como mitad cubanos, mitad colombianos, y 100% americanos— lo escucharon hablar de sus problemas económicos. "A la mañana siguiente, mis hijos recogieron sus mesadas, que eran básicamente monedas de veinticinco centavos y billetes de un dólar", recordaría más tarde. "Ese momento me recordó en qué consistía realmente esta contienda".

Baxley se vio lo suficientemente inspirado, y renunció en junio como jefe de la Coalición Cristiana de la Florida para apoyar a Rubio. "Nuestro país está en una encrucijada", señaló.

"Marco Rubio está en el punto de inflexión de este momento definitivo". Los dos asistieron juntos a varios eventos, y Baxley emocionaba a la audiencia proclamando en voz alta, "¿Quieren su país de nuevo?". Y ellos gritaban, "¡Sí!".

Rubio estaba muy atrás de Crist en las encuestas y en el respaldo a su candidatura. Pero en junio recibió un partidario clave: DeMint, el senador de Carolina del Sur al que había llevado al borde de las lágrimas un mes atrás. "Mis colegas literalmente se rieron de mí", escribió DeMint más tarde. Mike Huckabee, el ex gobernador de Arkansas que había sido tan atractivo para los conservadores cristianos en su campaña presidencial de 2008, también se pronunció a favor de Rubio. En un video de respaldo, Huckabee se refirió a un tema que sería fundamental en la campaña de Rubio: su oposición a los estímulos de Obama y el apoyo de Crist a estos. "Hace mucho tiempo que no veo a alguien en la escena republicana que esté más comprometido en permanecer muy, muy firme en las cosas que más nos importan a la mayoría de nosotros, como reducir el gasto, mantener los impuestos bajos y no creer que las ayudas del Gobierno son la forma de consolidar una economía".

Estos dos apoyos le dieron un mayor atractivo a Rubio ante los conservadores nacionales, y una sacudida muy necesaria a su candidatura. Sin embargo, sus perspectivas aún no eran muy buenas ese verano, y continuó recibiendo malas noticias. Se acercaba el plazo de reporte de finanzas de la campaña, y su equipo no iba a divulgar una cifra impresionante. Los recuentos de las contribuciones son importantes, especialmente al comienzo, ya que son presentadas como una señal temprana de la fuerza o debilidad de un candidato. El reporte de Crist lo iba a mostrar como un Goliat: había recaudado $4,3 millones. El de Rubio iba a hacer que lo vieran como una hormiga: sólo había conseguido $340.000.

Sus asesores le hablaron en términos contundentes. "La dura verdad es que nadie, aparte de un pequeño número de activistas, se preocupa ahora por ti como un candidato independiente", escribieron sus consultores Todd Harris, Malorie Miller y Heath Thompson en una nota que fue compartida con los medios de comunicación después de su victoria. "Y nuestra segunda cifra trimestral de recaudación de fondos hará que seas aún menos importante".

Harris es un californiano afable que colecciona vino con el mismo entusiasmo con que hace amigos en los medios de comunicación de Washington, una ciudad donde los círculos profesionales y sociales están separados por la más delgada de las membranas. Había trabajado para Jeb Bush y Arnold Schwarzenegger, y es un propagandista astuto que puede ser obstinado y beligerante si la reputación de su cliente es atacada, pero que siempre tiene una sonrisa. "Es uno de los mejores propagandistas que haya conocido", me dijo un veterano reportero de la Florida. Miller había trabajado en la legislatura de la Florida. Thompson era el menos visible del grupo, un estratega apreciado por su trabajo en 2004, durante la campaña del presidente George W. Bush.

Ese mes, los tres asesores definieron también el proyecto para el resto de la campaña. "Esto no te va a gustar", le escribieron a Rubio. "La estrategia de comunicación para nuestra campaña a partir de ahora hasta que salga al aire, se puede resumir en ocho palabras: Esta contienda no se trata de Marco Rubio. Nos guste o no, esta campaña es un referendo sobre Charlie Crist. Punto.

Si en agosto de 2010 los votantes creen que Charlie Crist es un buen tipo y que sus posiciones son tolerables, entonces ganará".

El pobre informe de recaudación de fondos fue acompañado por una pobre reestructuración de la campaña. Brian Seitchik, el joven director de la campaña de Rubio, renunció, al igual que Ann Herberger, una respetada recaudadora de fondos que había trabajado con Jeb Bush. Rubio contrató a Pat Shortridge, un ex asesor del congresista Dick Armey, para que dirigiera su campaña y, como portavoz, a Alex Burgos, que había trabajado en la campaña presidencial de Mitt Romney en 2008.

En medio de todas las malas noticias llegaron otras peores. Comenzaron a divulgarse informes de que el equipo de Rubio estaba negociando un acuerdo para retirarlo de la contienda y así poder postularse para fiscal general —este no era precisamente el tipo de imagen que quería dar un candidato rezagado que lucha para obtener apoyo financiero. Rubio negó la información. Pero tal parece que esta posibilidad se estaba discutiendo internamente. Shortridge argumentó que Rubio debía continuar, y escribió en un memorando: "Si no podemos organizar esto y estar en un camino claro a la victoria para finales de octubre, entonces debes postularte a toda costa para otro cargo. Pero entonces, te habrás postulado después de haber peleado una buena batalla en la medida de tus capacidades".

A lo largo de la campaña, Rubio demostró que iría a cualquier parte, que recorrería cualquier distancia, y que hablaría con cualquier grupo sin importar cuán pequeño fuera, con el fin de obtener votos. La Florida tiene una extensión de ochocientas millas desde Key West hasta Pensacola, y esto significaba pasar dieciséis horas al día en un automóvil, durante muchos días. A Rubio le gustaba escuchar hip-hop a todo volumen, a Snoop Dogg y a otros raperos irreverentes. "¡Él puede *escupir!*", se marvilló un joven empleado hablando con un amigo, invocando una palabra del argot que significa cantar letras de rap. El amor por una música que podía ser profana y que a veces promovía el consumo de drogas y la violencia no era exactamente lo que esperaban del representante en alza del conservadurismo recto. "Sabes, me meto en problemas cuando hablo un poco de eso, porque tal vez no debería escucharla más, pero la música es buena", diría Rubio posteriormente. "A veces tienes que ignorar el posible contenido político, y simplemente disfrutar de la música".

En aquel verano de hip-hop y de largos viajes en automóvil, Crist tenía todo a su favor. Incluso Al Cárdenas, uno de los primeros mentores políticos de Rubio, no podía verse a sí mismo respaldando a su ex protegido. Cárdenas conocía la política de la Florida mejor que nadie, pero no supo bien a dónde se dirigía la contienda y en agosto respaldó a Crist. "Tengo fuertes sentimientos personales por Marco y su familia, y me molestaba mucho que estuviera arriesgando un futuro brillante", comentó Cárdenas. "Yo hablaba con él como lo haría con uno de mis hijos".

Rubio es un político disciplinado, y estaba siguiendo un plan en el que sus asesores creían. En efecto, estaban haciendo dos campañas. Una apelaba a los votantes de la Florida, mientras que la otra recurría a los medios de comunicación nacionales y a los contribuyentes de campaña por fuera del estado. Querían hacer de Marco Rubio más que un candidato de la Florida al Senado; querían convertirlo en una figura nacional.

Era una estrategia arriesgada, pero los miembros de la campaña no querían correr riesgos con los medios de comunicación de la Florida, así que fue una apuesta que valió la pena. Los asesores de Rubio despreciaban los periódicos y emisoras de la Florida, y pensaban que no le habían tomado en serio suficientemente a Rubio. Los habitantes del estado ya se habían formado la imagen de Rubio como un político fuerte y sagaz de la capital, y eran menos propensos a aceptarlo como una figura nacional con un enfoque fresco, algo que podrían hacer los medios de comunicación a nivel nacional. Lo que estaba esperando la campaña era un efecto de rebote: la buena prensa fuera de la Florida rebotando en el estado e influyendo en los votantes, en los medios de comunicación y en los contribuyentes.

En septiembre, el campamento de Rubio obtuvo lo que quería. El *National Review,* una influyente revista conservadora, incluyó a Rubio en su portada, con los brazos cruzados y la mandíbula cerrada en un gesto desafiante. "Sí, él puede", decía el titular, jugando con el lema de la campaña de Obama, "Sí, nosotros podemos". El reportaje se refería a la campaña como un enfrentamiento con consecuencias para todos los republicanos. "La jugada del conservador de la Florida, Marco Rubio, por el Futuro del Partido Republicano", decía otro titular en la portada.

La reseña del periodista y escritor John J. Miller mencionaba todos los puntos que trataba de promover la campaña. Llamó a Crist "uno de los políticos más liberales en el firmamento republicano", y proyectó a Rubio como "una de las jóvenes estrellas más brillantes de la derecha". El artículo incluía también una evaluación elogiosa de Rubio escrita por Jeb Bush, dejando pocas dudas sobre las simpatías del ex gobernador, que aún no había apoyado a ningún candidato en la contienda. "Él tiene todas las herramientas", escribió Bush. Los partidarios de Rubio se emocionaron. Fue el punto de inflexión en la contienda, señaló Baxley. "Los habitantes de todo el país empezaron a estar de acuerdo con Marco antes de que la Florida supiera lo que tenía".

El *National Review* no fue el único medio de identificar a Rubio como la próxima sensación. Las páginas web con muchos seguidores conservadores, como Red State y Human Events, atacaban a Crist en sus anuncios y ayudaban a recaudar fondos para Rubio. De todo el país estaban llegando pequeñas donaciones, y cuando Rubio anunció sus cifras de recaudación de fondos en octubre, sus seguidores pudieron jactarse de haber dado más de un millón de dólares en los tres meses anteriores. Él lo gastaba casi tan rápido como lo recibía, pero al menos demostró que estaba en la pelea.

Una encuesta realizada en diciembre de 2009 por Rasmussen Reports confirmó que la contienda había cambiado. Diez meses después de que Rubio estuviera abajo por una diferencia de 50 puntos, se las arregló para sacar un empate con Crist. Rubio era quien tenía ahora todo el impulso. Y el cambio en las encuestas en la Florida coincidió con un repunte en la confianza republicana y conservadora en el norte del país. En Massachusetts, Scott Brown, otro miembro atractivo del Tea Party, sorprendió la clase dirigente de Washington tras ganar un escaño en el Senado que estaba vacante desde la muerte del icono liberal Ted Kennedy. La victoria de Brown en una elección especial rompió la mayoría a prueba de obstrucciones del Partido Demócrata en el Senado e indicó que estaba ocurriendo algo de carácter sísmico en el Partido Republicano: que el Tea Party tenía importancia. Oponerse a Obama realmente funcionaba. Rubio había tomado la decisión correcta, y Crist —con su abrazo al presidente— se había equivocado. El abrazo se estaba convirtiendo en una imagen tan importante en la campaña de Rubio que su equipo simplemente lo llamaba "Fort Myers" en las sesiones de estrategia. No faltaban más explicaciones.

El plan de Rubio estaba funcionando tan bien que pudo darse el lujo de bromear un poco con los reporteros de la Florida que habían subestimado tanto su campaña. En enero, escribió en Twitter: "Creo que la prensa de FL se emocionó al verme hoy. ¡Qué risa! ¿Recuerdan cuando la pregunta más difícil que me hacían era '¿Cuándo te vas a retirar?'".

Por esa época, los personajes influyentes en la política de la Florida y a nivel nacional estaban perdiendo el entusiasmo por Crist y contemplando la idea de Marco Rubio como senador, pero lo hacían detrás de bambalinas. Del mismo modo en que los rivales de Rubio en las elecciones para la Cámara de Representantes de la Florida fueron "golpeados antes de que se dieran cuenta", el apoyo a Crist se estaba agotando discretamente. "Mucha gente se conectó con [Rubio] antes de que pudieran salir en público", dijo Baxley. No era fácil respaldar a Rubio, porque muchos conservadores ya se habían alineado con Crist, y retirarle su apoyo parecería desleal. Los partidarios de Rubio necesitaban difundir la idea de que Crist no era fiel a los principios conservadores.

Por otra parte, José "Pepe" Fanjul, el magnate cubanoamericano del azúcar y del sector inmobiliario, trató de convertir a los partidarios de Crist en partidarios de Rubio: en hombres de Marco. Fanjul invitó a un conservador veterano e influyente —que había respaldado a Crist— a su casa en Palm Beach para que conociera al aspirante senador de Miami. Fue una pequeña reunión, de solo tres o cuatro personas, y el veterano político pudo evaluar a Rubio sin distracciones. "Observé dos cosas", me dijo el respetado republicano. "A pesar de sus dotes retóricas y su mente tan ágil, es muy modesto. Tiene humildad. Y esa es una cualidad rara. Otra cualidad —la soberbia— abunda".

La fiesta para el lanzamiento oficial de la estrategia nacional de Rubio se realizó en febrero en Washington en la Conferencia para la Acción Política Conservadora, o CPAC, una especie de Lollapalooza conservadora. A Rubio le invitó a hablar, otra confirmación de su estatura en ascenso. Con frecuencia hablaba en forma extemporánea, pero su alocución ante miles de personas pertenecientes a la base republicana era crucial, y no había lugar para errores. Rubio y sus asesores escribieron y revisaron una y otra vez, elaborando diez borradores antes de quedar satisfechos. Minutos antes de subir al escenario, todavía estaban retocando el discurso final.

Ese mismo mes, Washington, una ciudad que entra en pánico al ver unos pocos copos de nieve, fue azotada por una descomunal tormenta de nieve que llegó a ser conocida hiperbólicamente, como *"Snowmageddon"* *. Rubio aprovechó rápidamente este suceso, que estaba presente en las mentes de todas las personas, incluyéndolo en la apertura de su discurso y aprovechó la tormenta para subrayar su mensaje contra Obama y contra un gobierno grande. Rubio, quien como presidente de la Cámara de la Florida podía parecer a veces un poco crispado y moralista, comenzó con un apunte humorístico.

"Hace una semana no sabíamos que podríamos llegar acá", le dijo a una audiencia que podría pasar por una conferencia de motivación, si no fuera por todos los trajes y zapatos finos de los asistentes. "Estábamos viendo todas las imágenes de este invierno, la fuerte nevada que azotó incluso al Gobierno. No sé si ustedes saben esto, pero el Congreso no pudo reunirse para deliberar sobre los proyectos de ley. Las agencias reguladoras no pudieron

---

* Palabra conformada por Snow (nieve) y Armageddon (Apocalipsis). (N. del T.).

reunirse para establecer nuevas regulaciones. Y el presidente no pudo encontrar un lugar para instalar el *teleprompter* y anunciar nuevos impuestos. ¿Saben algo? Ahora que lo pienso, la tormenta puede haber sido lo mejor que la ha pasado a la economía estadounidense en doce meses".

El Marco Rubio que se presentó oficialmente a una animada audiencia conservadora nacional pronunció ese día el discurso de su vida. Su atractivo para los conservadores y el impacto que tuvo en el perfil nacional es comparable al discurso de Barack Obama en la Convención Nacional Demócrata de 2004, que catapultó al futuro presidente al escenario nacional. Como siempre, recurrió al atractivo de su historia personal para hechizar a su audiencia: "Yo no nací en una familia rica ni con conexiones, pero nunca me he sentido limitado por las circunstancias de mi nacimiento". Esbozó una filosofía política basada en la noción de que los Estados Unidos era "la sociedad más grande en la historia de la humanidad", y señaló que los meses y años venideros suponían una disputa entre personas como él, que creían en eso hasta el corazon, y los políticos de Washington, que no creían en eso. Nosotros contra ellos. Nada menos que una batalla para salvar a América.

Siempre ha habido personas que no lo han visto de esta manera… Piensan que necesitamos un guardián en el Gobierno americano para protegernos de nosotros mismos. Piensan que el sistema de libre empresa es injusto, que unas pocas personas ganan mucho dinero y que el resto de nosotros nos quedamos atrás. Ellos creen que la única forma en que los negocios pueden producir dinero es explotando a sus trabajadores y a sus clientes. Y piensan que los Estados

Unidos tienen enemigos por algo que hicieron para ganarse esa enemistad.

Ahora, el problema es que en 2008, los líderes con esta visión del mundo ganaron las elecciones. Y ahora saben que el pueblo americano nunca apoyará su visión de Estados Unidos. Así que en los últimos doce meses, han utilizado una grave crisis económica, una fuerte recesión como una excusa para aplicar las políticas estatistas que han deseado durante todo este tiempo. En esencia, están utilizando esta crisis como una fachada no para solucionar los problemas de Estados Unidos, sino para tratar de cambiarla para que redefina fundamentalmente el papel del Gobierno en nuestras vidas y el papel de Estados Unidos en el mundo.

Podía haber terminado ahí y dejado a su público con la imagen de un líder oponiéndose a todo lo que veía mal en el mundo. Sin embargo, Rubio le transmitió a la multitud una sensación de optimismo al ofrecerle una visión de cómo podrían ser las cosas. Con pleno dominio de la audiencia, sumergió a los asistentes en una oleada de repeticiones.

Reformemos el código tributario y reduzcamos las tasas de impuestos.

Eliminemos la doble imposición tributaria mediante la abolición de los impuestos sobre las plusvalías, los dividendos y los intereses. Y ya que estamos aquí, eliminemos también el de la muerte.

Reduzcamos significativamente las tasas de impuestos corporativos para que una vez más [Estados Unidos sea] competitivo con el resto del mundo.

Detengamos los mandatos energéticos de un gobierno grande, como los Bonos del carbón, y confiemos más bien en la innovación americana para ser independientes en términos de energía.

Si hubiera alguna duda de haber llegado que Marco Rubio, fue acallada por las aclamaciones de la multitud aquel día. Las interrupciones también ilustraban la situación. La multitud vitoreaba constantemente, "¡Marco! ¡Marco! ¡Marco!".

La otra cara de la adoración en Washington fueron los golpes que tuvo que esquivar Rubio en la Florida. Sus gastos eran objeto de un escrutinio cada vez más profundo, y los detalles eran embarazosos. Los periodistas investigativos publicaron denuncias de que pagaba miles de dólares de lo que parecían ser gastos personales con la tarjeta de crédito expedida por el partido, incluyendo $1.000 en la reparación de su minivan (Rubio dijo que sufrió un desperfecto en un acto político), más de $750 en la tienda online de Apple y otros gastos aparentemente insignificantes, como $10.50 en una sala de cine AMC, $68 en Happy Wine, una tienda cerca de su casa, y $134 en un salón de belleza, que produjo comparaciones sarcásticas con los altos gastos de apariencia personal que tenía John Edwards, el ex candidato presidencial. Rubio insistió en haber pagado por todos los artículos personales. Los periódicos informaron también que Rubio le había presentado una doble factura al Partido Republicano estatal por billetes de avión. Cuando se publicó la historia, Rubio se vio obligado a devolver más de $2.000 al partido. Y un ex aliado declaró públicamente que Rubio le dijo que había cargado $4.000 a la tarjeta del partido luego de ponerle un piso nuevo a su casa en West Miami. "Todo esto son cuestiones secundarias", dijo Rubio cuando se le preguntó sobre la acusación durante su campaña. "Lo cierto es que el Partido Republicano nunca ha pagado mis gastos personales. En la medida en que las cosas han pasado así, siempre he pagado directamente a American Express".

Algunos hallazgos de la investigación eran difíciles de entender y parecían una mezcla de irresponsabilidad absoluta en materia de finanzas públicas y personales. Por ejemplo, más de $6.000 fueron cargados a la tarjeta del partido de Richard Corcoran, que en ese entonces era jefe de personal de Rubio —y que se espera que sea presidente de la Cámara de la Florida en 2017 y 2018— para cubrir gastos de alimentación y alojamiento durante una reunión familiar de Rubio en el resort de una plantación en Thomasville, Georgia. La acusación fue desestimada por el equipo de Rubio como otro error de contabilidad, como pagos de una "cena de liderazgo" cancelada, y que fue cargada a la cuenta de la familia de Rubio. Su equipo dijo también que los familiares de Rubio enviaron cheques a American Express para pagar sus cuentas. Aun así, es inconcebible que Corcoran pudiera haber firmado un gasto tan alto para un evento que nunca ocurrió. Ben Wilcox, del Common Cause Florida, un grupo de vigilancia al gobierno, acusó públicamente a Rubio de jugar "de manera imprudente e irresponsable con las reglas".

La polémica sobre su tarjeta de crédito les permitió a sus oponentes divulgar otros asuntos de dinero que habían sido criticados. Por ejemplo, a Rubio le habían pagado $69.000 al año por enseñar ciencias políticas y hacer investigaciones en la Universidad Internacional de Florida después de abandonar su cargo. A pesar de que el equipo de Rubio dijo que la mayor parte de su salario provenía de donaciones privadas, algunos miembros del cuerpo docente se quejaron porque la universidad había estado recortando programas de licenciatura y empleos en esa época. "La contratación de Rubio fue para muchos como sal en la herida", dijo Thomas Breslin, presidente del senado del cuerpo docente. A continuación, Rubio generó aún más críticas por contratar por $12.000 a Darío Moreno, su jefe en la UIF, para que hiciera encuestas para su carrera en el Senado. Moreno dejó de trabajar para Rubio cuando los medios informaron de esta contratación. Las finanzas personales de Rubio también fueron cuestionadas, porque obtuvo una ganancia de $200.000 al venderle una casa de su propiedad a la madre de un quiropráctico que estaba presionando por un cambio en las reglas para los seguros estatales. Rubio se había resistido inicialmente a esta iniciativa, pero poco después de vender la casa eliminó un obstáculo de la medida y votó por ella. Rubio fue criticado por no haber revelado un préstamo con garantía hipotecaria que recibió del U.S. Century Bank, cuyo presidente, Sergio Pino, lo apoyaba políticamente. La casa había sido tasada en $185.000 por encima del precio de compra, apenas treinta y siete días después de haberla comprado. El equipo de Rubio dijo que el aumento en el valor de la vivienda se debía a que él había negociado un precio más bajo antes de la construcción, y a las mejoras que le había hecho. El U.S. Century Bank, que ha recibido mucho dinero federal por concepto de rescates bancarios, negó haber hecho un negocio oscuro.

Los partidarios de Crist aprovecharon muchos de los alegatos, en particular los de los gastos de la tarjeta de crédito. "El hecho de tener decenas de miles de dólares en gastos pagados con tarjetas de crédito me deja en claro que se utilizaba para mantenerse", dijo Mike Fasano, senador republicano del estado, radicado en New Port Richey, al norte de Tampa. "Los Rubio estaban viviendo a costa de ello".

El equipo de Rubio se defendió agresivamente, diciendo que la declaración de Fasano era "simple y llanamente una mentira absoluta, y que debía sentirse avergonzado por hacer el trabajo sucio de Charlie Crist sin ninguna consideración por la verdad". Su equipo insistió en que Rubio llevaba una contabilidad de los gastos personales cargados a la tarjeta estatal, y de los pagados directamente a American Express. Por extraño que parezca, algunos en Tallahassee consideraron el manejo de Rubio a sus tarjetas de crédito simplemente como un asunto de menor importancia; su actitud era que Rubio debía haber recibido prácticamente una medalla por no gastar tanto como otros políticos republicanos. Durante varios años, en Tallahassee se sabía que apropiarse de fondos del partido era una práctica común. "Un tipo compró un anillo de bodas, y luego [su novia] rompió el compromiso. No sé qué pasó con el anillo", me dijo un aliado de Rubio.

En cualquier caso, el impacto de estos informes fue mitigado por los problemas que Jim Greer le creó a Crist, a quien Crist eligió a dedo como jefe del Partido Republicano, y quien sería acusado de utilizar dinero del partido para sus gastos personales en junio, cuando la campaña estaba en todo su apogeo. (Greer ha negado los cargos, y su caso está programado para ir a juicio en el verano de 2012).

Para esa primavera —ocho meses después de que Rubio desmintiera los rumores de que iba a abandonar la contienda— la campaña de Crist tenía tantos problemas que ahora le preguntaban a él si debía renunciar las primarias republicanas. En un debate en Fox News, el presentador Chris Wallace le presionó a Crist sobre los rumores de que podría lanzarse como independiente. "¿Está descartando que vaya a presentarse como un candidato independiente el 30 de abril, la fecha límite?", le preguntó Wallace.

"Es correcto, es correcto", respondió Crist. "Me estoy lanzando como republicano". Mientras que los periódicos de la Florida estaban cuestionando la ética de Rubio en relación con sus gastos con tarjetas de crédito, la prensa nacional lo estaba inflando y presentando a Crist como desleal y poco digno de confianza. Sean Hannity, el popular presentador de la cadena Fox, le dijo a la audiencia que él pensaba que Rubio era "una estrella de rock", y luego le preguntó a Rudy Giuliani sobre los reclamos de que Crist no había cumplido una promesa que le había hecho a él durante la campaña presidencial de 2008. "Charlie Crist te dijo dos veces… 'tienes mi apoyo'. ¿Te mintió?", le preguntó Hannity.

"Es cierto", dijo Giuliani en la entrevista al aire. "Es decir, él faltó a su palabra, que para mí lo vale todo en la política". La campaña de Crist se estaba desmoronando. Había pasado de una ventaja de 50 puntos porcentuales a una desventaja de 30 puntos, un giro radical. A finales de abril, un mes después de prometer que se lanzaría como republicano, Crist se retiró de las primarias y se postuló como independiente. Sus principales asesores —incluyendo a Stuart Stevens, uno de los estrategas más importantes en la campaña de Mitt Romney en 2012— se retiraron de la contienda, y Crist tuvo que recurrir a su hermana, Margaret Crist Wood, para que administrara su campaña, que estaba gravemente deteriorada. Los endosantes de mucho renombre lo abandonaron y apoyaron a Rubio.

Si hubiera sido un combate de boxeo, el árbitro habría agitado los brazos y declarado la victoria de Rubio en ese mismo momento, en un triunfo por k.o. técnico. Faltaban varios meses para las elecciones generales, y aún estaba por verse si podía superar a los demócratas, que en agosto nominaron a un congresista afroamericano de los Estados Unidos llamado Kendrick Meek. Sin embargo, debido a las cifras tan sólidas de Rubio en los sondeos, y a la posibilidad de que Crist obtuviera votos de los demócratas antes que de los republicanos, la contienda se estaba convirtiendo en una conclusión inevitable.

Tanto que la condición de Rubio como el candidato con más posibilidades lo había hecho impermeable a las denuncias sobre el uso de su tarjeta de crédito del Partido Republicano, también se vio escasamente afectado por las noticias de junio —cinco meses antes de las elecciones generales— de que un banco había iniciado un procedimiento de ejecución hipotecaria contra él y su aliado político David Rivera por la hipoteca de una casa que tenían en co-propiedad en Tallahassee. En otras circunstancias, podría haber sido una mancha importante para un candidato que había prometido responsabilidad fiscal en Washington. Sin embargo, la ventaja de Rubio en la contienda era innegable. Los dos hombres afirmaron que habían dejado de pagar la hipoteca cinco meses antes debido a la disputa por la tasa, y rápidamente produjeron $9.000 para pagar la deuda y detener los procedimientos de ejecución hipotecaria.

No importa qué problemas tuviera Rivera o qué cargos asumiera, Rubio se negó a abandonarlo. Cuando estaban juntos en la legislatura, Rubio le había restado importancia al respaldo de Rivera a la expansión de los juegos de azar en el condado Miami-Dade, a pesar de su frecuente oposición en público en este aspecto. En cierta ocasión, un aliado del Capitolio le preguntó a Rubio sobre la supuesta contradicción: "Él se limitó a mirarme, como diciéndome, '¿qué quieres decir con esto?'".

"Ellos son como hermanos... Creo que Marco dejó que David fuera David", me dijo el allegado del Capitolio. "Era una especie de intocable".

En los años siguientes, Rubio se mantendría fiel a Rivera en medio de informes provenientes de investigaciones federales y estatales a los fondos de la campaña de su amigo, a la precisión de sus declaraciones financieras, a préstamos cuestionables y a sus vínculos con una ex miembro de un *lobby* y su compañía de consultoría. Rivera ha sostenido que no ha estado implicado en ninguna infracción, aunque ha reconocido errores en algunos informes que él dice haber corregido.

En una investigación, ampliamente divulgada por el diario *The Miami Herald* y *Associated Press*, se dijo que el FBI y el IRS estaban investigando si Rivera había recibido pagos secretos por un total de $500.000 a un millón de dólares para promover la expansión de los juegos de azar en el Condado de Miami-Dade. El contrato para la campaña de los juegos de azar fue adjudicado a Millennium Marketing Strategies, una compañía dirigida por la madre y la madrina de Rivera, aunque identificaba específicamente a Rivera como el consultor principal para galvanizar el apoyo de la comunidad a las máquinas tragamonedas. Rivera también dejó de informar en un comienzo sobre préstamos por un total de $132.000 que le hizo la compañía. Posteriormente, algunos informes noticiosos de la Florida sugirieron que las investigaciones estaban infructuosas.

Sin embargo, Rubio nunca vaciló. En 2010, Rivera se postuló para un escaño vacante en la Cámara de Representantes de los

Estados Unidos, y Rubio apareció con él en varios eventos de la contienda.

En cuanto a su propia campaña, Rubio se mantuvo fiel a su estrategia de cortejar al ala derecha del partido nacional, a pesar de que cada vez tenía más dificultades para hacerlo. En abril, hablando de un proyecto de ley de Arizona en el que las autoridades permitían que la policía exigiera documentos de inmigración a los ciudadanos, Rubio lo comparó a un "estado policial". Los activistas latinos denunciaron la propuesta como segregación racial.

Sin embargo, la medida tuvo acogida entre los activistas del Tea Party y el ala derecha del Partido Republicano. Rubio eligió el sitio web Human Events, que era influyente en la facción más conservadora del partido, para explicar sus declaraciones en mayo de 2010. El proyecto de ley había sido modificado ligeramente y decía que las autoridades no podían "considerar únicamente la raza" al pedir documentos. Los activistas latinos seguían pensando que la medida era desagradable, pero Rubio le dijo a Human Events que él pensaba que el proyecto de ley revisado "tocaba los puntos que tenía que tocar", y sugirió que habría votado por él.

Raúl Martínez, el influyente político de Hialeah que se había opuesto inicialmente a Rubio y que luego le ofreció su amistad, no podía creer lo que estaba viendo. "Este es el nuevo Marco", pensó Martínez para sus adentros. "El Marco, yo-quiero-ser-senador-a-cualquier-costo Marco". Si Martínez hubiera sabido a dónde se dirigía Rubio en el tema de la inmigración, dijo, nunca podrían haber sido aliados políticos.

Mientras Rubio disfrutaba del apoyo entusiasta de los comentaristas conservadores y de las estrellas republicanas, el Partido Demócrata nacional le estaba haciendo pocos favores a Kendrick

Meek, ofreciéndole apenas el apoyo más tibio, mientras se filtraban historias de que el ex presidente Bill Clinton le estaba pidiendo que se retirara. Carrie Meek, su madre, había sido una de las primeras afroamericanas elegidas al Congreso de la Florida desde la Reconstrucción. Kendrick había sido jugador de fútbol americano en la universidad y el primer afroamericano en servir como capitán en la Patrulla Estatal de la Florida en 1992. Desde 2003 había representado un distrito del Congreso de los Estados Unidos que comprendía los condados de Broward y Miami-Dade.

Durante su campaña, Meek fue tomado por un botones mientras se registraba en un Holiday Inn en el norte de la Florida. Otro huésped trató de entregarle sus maletas. "No puedo ayudarlo con sus maletas", le dijo Meek, según señaló un miembro de su equipo que estaba allí. Meek le entregó su tarjeta al hombre y le dijo: "Soy un congresista de los Estados Unidos. Si vienes a la ciudad, te daré un tour".

Los partidarios de Meek comenzaron a detectar una forma nueva y sutil de lo que creían ser racismo. No era la sensación de que no pudiera postularse por ser negro, sino que no podía ganar porque era negro. En esa época no había senadores negros. La noche de las primarias, Meek derrotó a Jeff Greene, un multimillonario hombre de negocios que había alojado en su casa de huéspedes a Heidi Fleiss, la madame de Hollywood, tras salir de la cárcel. El errático boxeador Mike Tyson había sido el padrino de boda de Greene.

La nominación de Meek recibió poca atención en medio de los titulares acerca de las impresionantes victorias primarias republicanas conseguidas por algunos candidatos del Tea Party, como Christine O'Donnell en Delaware y Joe Miller en Alaska, cuyo estrecho margen sobre Lisa Murkowski, la senadora titular, sobrellevó un desafío frenético de la votación total. La poca atención que recibió Meek lo presentaba básicamente como una debilidad para los demócratas: en los círculos políticos, surgió el argumento de que a los demócratas les hubiera ido mejor con Greene —que era poco calificado— como candidato, para que pudieran abandonarlo y apoyar a Crist. Mientras tanto, a Crist le estaban pidiendo que se lanzara como demócrata. El estado confuso de la contienda antes y después de la deserción de Crist solo ayudó a consolidar más la imagen de Rubio como el vencedor inevitable. Y esto le trajo más apoyo y dinero. Fanjul organizó un evento de recaudación de fondos para Rubio en su lujoso apartamento en el Upper East Side de Nueva York. Desde las fastuosas escaleras, Rubio les habló a las élites reunidas sobre su historia familiar y su visión de los Estados Unidos. La lista de invitados estaba conformada especialmente por "neoyorquinos cínicos, sofisticados, que creen saberlo todo, y por personas cercanas al poder en Washington", me dijo uno de los invitados. "Y nos conmovió. Nunca he visto cosa igual en el entorno de la recaudación de fondos. Eso me sorprendió".

Los estrategas de la oposición se maravillaron por la capacidad de Rubio para transmitir su mensaje. "Me duele decir esto, pero creo que él cree legítimamente las cosas que dice sobre políticas", me dijo un estratega de la oposición.

La oposición suponía que el plan de Rubio era evitar ser excesivamente agresivo con Meek y encasillar a Crist como un liberal. Rubio se benefició de la presencia de Meek en la contienda porque iba a desviar los votos moderados de Crist, y los demócratas no lograron convencer a su ala más conservadora de que Crist no era uno de ellos. "Metimos la pata", me dijo un influyente estratega demócrata. "Fueron los demócratas que no lograron encasillar a Crist como un republicano, quienes realmente abrieron la puerta de la derrota".

Era fácil perturbar a Crist durante los debates. Tendía a sudar profusamente, y los estrategas opositores hicieron lo imposible por hacerlo sentir incómodo al insertar cierto lenguaje en los acuerdos para los debates, y evitar así que se colocara un ventilador debajo de él para mantenerse fresco. Un video de Crist con un ventilador portátil refrescándolo durante las entrevistas de prensa fue difundido por Internet.

El equipo de Rubio prefería tener a su candidato a la izquierda o a la derecha de Meek y de Crist, pero no entre ellos. Por lo general, a los candidatos les gusta estar en el centro del escenario, pero si Rubio estaba en un extremo, podría hacerle gestos a Meek y a Crist, como si fueran parte de un mismo bloque liberal. La única esperanza de Crist era retratar a Rubio como un extremista, algo que procuró hacer al poner énfasis en la popularidad del republicano de Miami con los activistas del Tea Party. Fue un enfoque curioso, ya que el Tea Party estaba llegando a la cima de su influencia, y los estrategas de la campaña lo vieron como un intento desesperado por alejar a los liberales de Meek. "El Partido Republicano y el ala derecha de ese partido se fueron tan a la derecha. Esa fue exactamente la razón por la que Marco Rubio permaneció allí [y] exactamente la misma razón por la que yo me retiré", señaló Crist.

En septiembre, cuando su campaña iba tan bien, Rubio viajó a Miami para ocuparse de algo más importante que los asuntos políticos. Un sábado por la noche fue con sus hermanos y su madre al Baptist Hospital, mientras su padre agonizaba. Rubio suspendió las actividades de su campaña en señal de duelo. Publicó una carta conmovedora, que recuerda el depurado elogio que hizo el vicepresidente Al Gore cuando su padre falleció. "Mi padre era el que estaba detrás de la barra", escribió Rubio. "Pero toda su vida trabajó para que sus hijos pudieran hacer el viaje simbólico desde detrás de la barra hasta detrás del podio... Mi padre importó. No era ni famoso, ni rico ni influyente. Pero importó de una manera que muy a menudo pasamos por alto en la actualidad. Él importó no por lo que logró, sino por lo que su vida les permitió [lograr] a otros".

Rubio enterró a su padre y regresó a una campaña en su etapa final de coronación. Su condición de favorito era tan sólida que una vez más logró capear fácilmente un informe notable de un periódico, un artículo del St. Petersburg Times, que decía que un juez lo había incluido a él en un correo electrónico como uno de los "héroes" responsables de obtener dinero para construir una suntuosa corte de justicia en Tallahassee, que tenía un costo de $48 millones, y que se llamaba sarcásticamente el Taj Mahal. Rubio respondió que él nunca había oído hablar de la lista del juez y que no tenía nada que ver con la corte en calidad de presidente de la Cámara. Su declaración fue refutada por Ray Sansom, su ex presidente de créditos, quien señaló que Rubio le había dicho que el presupuesto de $7,9 millones para el palacio de justicia era, en efecto, una prioridad. Por otra parte, Sansom fue procesado en esa época en un caso judicial, por lo que no tenía la credibilidad para inclinar la contienda. A Crist le estaba yendo tan mal —y estaba tan ansioso por atraer a los demócratas— que uno de sus principales asesores confirmó los rumores de que él se aliaría con los demócratas del Senado si fuera elegido. La contienda ya estaba decidida desde hacía mucho tiempo, por lo que la maniobra podía no haber importado.

El 2 de noviembre, Rubio se consolidó en la cima. El conteo

final de votos le dio un resonante margen de victoria: 48,9% para Rubio, solo un 29,7% para Crist, y 20,2% para Meek.

"Cometemos un grave error si creemos que estos resultados son de alguna manera una aprobación del Partido Republicano", le dijo a la jubilosa multitud reunida en el Hotel Biltmore en Coral Gables. "Realmente son una segunda oportunidad, una segunda oportunidad para que los republicanos sean lo que dijeron que iban a ser no hace mucho tiempo".

Capítulo siete

DIOS Y PATRIA

Dos declaraciones de fe enmarcan el ascenso de Marco Rubio desde el Capitolio estatal al reconocimiento nacional. La primera fue expresada con una voz temblorosa por la emoción en el plenario de la Cámara de Representantes de la Florida, y la segunda con una voz elevada en señal de triunfo en el Biltmore Hotel en Coral Gables.

"Dios es real", les dijo Rubio a sus colegas en mayo de 2008 durante su discurso de despedida en la Cámara de Representantes de la Florida. "Dios es real. No me importa lo que digan las Cortes de todo el país. No me importan cuáles leyes sean aprobadas: Dios es real".

La trayectoria política de Rubio no era clara cuando hacía estos comentarios; podría haber tratado de convertirse en fiscal general de la Florida, podría haberse dirigido hacia la gobernación, a la alcaldía de Miami, o podría haberse dirigido a la oscuridad.

Un año y medio más tarde, en la flor de su victoria al Senado y con su ascenso al estrellato nacional asegurado, Rubio comenzó su discurso triunfal con otra declaración de fe: "Permítanme comenzar esta noche reconociendo una verdad simple pero profunda. Todos somos hijos de un Dios poderoso y grande... Doy testimonio de eso esta noche como muchos de ustedes lo hacen en sus propias vidas". Estas verdades, dijo Rubio, "siempre deben ser reconocidas en todo lo que hacemos y por todas partes que vamos".

Allí, de pie ante una multitud que lo aclamaba, estaba un hombre que tenía muchos deseos de hablarle al mundo acerca de Dios. Pero también estaba un hombre que durante muchos años había buscado el lugar adecuado para descubrir su propia espiritualidad. Asistió de niño a la misa católica. Abrazó el mormonismo cuando era adolescente. Poco después regresó al catolicismo. Y cuando tenía más de treinta años, se definió como bautista. Era un político en ascenso que quería ser católico de nuevo.

Él era todas estas cosas.

Algunos políticos nacionales evitan hablar sobre la fe, pero Rubio hace referencia a ella, en mayor o menor medida, en la mayoría de sus discursos más importantes. Dios aparece cuando Rubio analiza las políticas energéticas: "Somos una nación rica en recursos energéticos, y el conservadurismo, que se basa en el sentido común, dice que si tienes un país rico en recursos energéticos, debes utilizar la energía con la que Dios ha bendecido a tu nación". Dios está presente cuando Rubio analiza las "esperanzas y los sueños económicos" de los estadounidenses, "que a través del trabajo duro y del sacrificio puedes ser el que Dios te haya destinado que seas". Dios está presente cuando Rubio analiza la política exterior: "Tengo la sensación de que Dios nos creó y nos llevó a nuestra posición actual de poder y de fortaleza para un gran propósito".

Un abogado o un mecánico, una enfermera o un maestro, podrían mantener la religión como un asunto privado de reflexión. Pero en la política, la afiliación religiosa es una línea estándar en la lista de datos biográficos en los sitios web oficiales y en los registros públicos.

Durante cuatro décadas, Rubio ha estado en proceso de responder por sí mismo a esa pregunta. Católico. Mormón. Católico de nuevo. Bautista. Católico de nuevo. "Un viaje de fe", como lo describe su equipo.

Ya sea que haya orado en una capilla mormona, se haya arrodillado en una banca católica o alabado en un servicio evangélico, ha quedado claro que la fe es un principio central en la vida de Rubio, aún cuando buscaba a tientas una estructura religiosa a su medida. Esto lo consumió durante su infancia. "Él siempre ha estado involucrado en la religión", dice su prima Michelle Denis. "El fútbol americano y la religión. Eso era lo suyo". El joven Rubio parece haber ejercido un nivel inusual de control sobre la vida religiosa de su familia. Durante su adolescencia o juventud, persuadió a su madre y a su hermana menor que abandonaran la iglesia mormona y regresaran de nuevo al catolicismo. "Él convenció realmente a toda la familia para cambiar de religiones", señaló Michelle Denis. Tal como sucede con gran parte de la historia familiar de Rubio, y como ya se ha mencionado, existe una controversia sobre la cronología de los eventos. Rubio dice que la conversión se llevó a cabo cuando la familia vivía en Las Vegas; su primo Mo Denis sostiene que se convirtieron después de regresar a Miami. Y es probable que la fe mormona haya mantenido una especie de control técnico sobre ellos, independientemente de su conversión: Rubio y su familia nunca pidieron que sus nombres fueran eliminados de las listas de los SUD, lo que significa que todavía pueden ser considerados como mormones por la iglesia.

Como adulto, la religión siguió siendo una fuente de complejidad para el joven legislador en ascenso. Llegó a un cargo político como católico, pero en sus primeros años en la legislatura encontró una afinidad espiritual con un bautista, y con el paso del tiempo se consideró a sí mismo como bautista.

Con los años, y tal como había hecho en ciertas ocasiones durante su carrera política, Rubio buscó el consejo de Dennis Baxley, su amigo y colega legislativo, con respecto a su vida espiritual. Ellos oraban juntos por teléfono, y Baxley lo llamaba y le preguntaba, "¿Qué dificultad tienes?". Compartían materiales de lectura religiosos, y a Baxley le gustaba entrar a la oficina de Rubio y decirle, "¿Puedo rezar por ti?".

En 2004, cuando ambos eran legisladores estatales, Rubio sugirió que Baxley y los miembros del grupo de oración del devoto legislador vieran *La Pasión de Cristo*, la película de Mel Gibson. A Baxley le gustó tanto la idea que alquiló un teatro entero y pagó $1.200 para comprar entradas, que repartió de forma gratuita a todos los 120 miembros de la Cámara de la Florida. Un legislador judío se quejó, citando preocupaciones similares a las que se expresaron en muchas sinagogas, en el sentido de que la película era antisemita en la descripción del papel que desempeñaron los judíos en la muerte de Jesucristo. Cuando se le preguntó acerca de las preocupaciones que tenían los judíos, Rubio respondió: "Tienes que ser un idiota absoluto para ser antisemita después de ver esa película".

Durante un tiempo de su estadía en Tallahassee, Rubio se

identificó a sí mismo en los listados oficiales como católico, y en otros como bautista. En esa época, se estaba esforzando para ver hacia dónde dirigía sus energías religiosas. Su esposa Jeanette y su familia habían aceptado al Christ Fellowship, una iglesia evangélica protestante, afiliada a la Convención Bautista del Sur. Rubio disfrutaba de los servicios en el Christ Fellowship, una iglesia de rápido crecimiento a la que asistían miles de fieles en seis localidades en el área de Miami. Pero el tema era más complicado que el simple acto de conducir un automóvil a un lugar nuevo el domingo por la mañana. "Hemos tenido conversaciones al respecto", me dijo Baxley, que es un Bautista del Sur y se desempeñó como jefe de la Coalición Cristiana de la Florida. "Él no se sentía cómodo tomando una decisión, interrumpiendo [su] relación con una o con la otra… Él nunca se ha sentido cómodo en abandonar sus raíces católicas". En lugar de elegir entre las dos, Rubio integró ambas en su vida. Fue bautizado, confirmado y casado en la Iglesia Católica, y asistió a misa en la mañana de su elección al Senado de los Estados Unidos. Cuando llegó a Washington, se identificó como católico en su página web y en el Directorio del Congreso para el 112 ° Congreso. Y ha dicho que todos los días va a misa a una iglesia católica que está a un minuto y medio a pie desde su oficina en el edificio Hart. "Uno de los grandes tesoros de la fe católica es poder ir a misa todos los días", comentó Rubio. Sin embargo, también asistió a servicios del Christ Fellowship y donó decenas de miles de dólares a la iglesia evangélica protestante. Cuando los reporteros le preguntaron después de su elección al Senado si también había donado dinero a la Iglesia Católica, se negó a responder.

Rubio y su amigo Baxley compartían experiencias similares al mezclar dos religiones. Cuando Baxley, hijo de un ministro bautista, estaba saliendo con la mujer que se convertiría en su esposa, asistían a dos servicios religiosos los fines de semana. La pareja reservaba los sábados por la noche para la misa católica de ella, y la mañana del domingo para los servicios bautistas de Baxley. Al practicar dos religiones, Rubio y Baxley encarnan un subconjunto pequeño pero no insignificante de estadounidenses. El 35% de los estadounidenses asiste a servicios distintos a su propia fe, pero un grupo mucho más pequeño, solo el 9%, asiste con regularidad a servicios de varias religiones. Casi el mismo porcentaje de católicos asiste regularmente a diversos servicios religiosos. Los latinos siguen siendo abrumadoramente católicos, pero el porcentaje está disminuyendo, y muchos de los que abandonan la fe católica se refugian en las iglesias evangélicas protestantes.

Sin embargo, las dos religiones en las que participa Rubio tienen algunas diferencias importantes entre sí: muchos bautistas del sur se bautizan durante la infancia o la edad adulta y no cuando nacen; los protestantes evangélicos no reconocen la autoridad del Papa; y tienen otras diferencias importantes en el significado de la comunión, entre otras cosas. Pero ambas son denominaciones cristianas.

A nivel práctico, "las diferencias son tanto culturales, como religiosas o teológicas", explica el profesor Mark A. Noll de la Universidad de Notre Dame. Los conversos del catolicismo al protestantismo evangélico muchas veces buscan "un mayor sentido personal de Dios" y más estímulo para estudiar las Escrituras por sí mismos, y no que un sacerdote lo haga por ellos. Entre los conversos, suele haber un deseo de un ambiente más cálido y menos formal en la iglesia, dijo Noll.

"Los católicos consideran la hostia consagrada que se ofrece en la misa como el verdadero cuerpo de Cristo, imbuida de un poder intrínseco para conferir la gracia espiritual", sostiene el teólogo Chad C. Pecknold de la Universidad Católica de América. Pero en la iglesia evangélica de la familia de Rubio, la comunión se considera "un acto simbólico de obediencia por el cual los creyentes, al participar del pan y del fruto de la vid, conmemoran la muerte del Redentor y anuncian su segunda venida", de acuerdo con el sitio web de la iglesia. "Esa es una gran diferencia", señaló Pecknold, y un practicante católico generalmente le pide permiso a un sacerdote o a un obispo para recibir la comunión en una iglesia no católica. No es de extrañar entonces que la militancia de Rubio en dos religiones no haya pasado desapercibida, sobre todo entre algunos católicos. Después de la victoria de Rubio al Senado en 2010, Eric Giunta, un bloguero católico, se preguntó si Rubio hacía esto para captar con más eficacia tanto los votos católicos como los evangélicos.

"El posible protestantismo recién encontrado por Rubio no me ofende tanto como la perspectiva de que la inteligencia de los católicos y los bautistas sea ofendida por un político que envía mensajes contradictorios a dos 'grupos de la derecha religiosa' para obtener tantos votos de cada uno como le sea posible", escribió Giunta, quien, al mismo tiempo elogió la habilidad política de Rubio y dijo que lo seguía apoyando políticamente. "En resumen: el Sr. Rubio no tiene que ser católico para recibir mi voto católico; simplemente no me gusta que me mientan o que me quieran confundir. Y esto tampoco les tendría que gustar a los bautistas, si es que resulta que Rubio está asistiendo y patrocinando una de sus iglesias con el fin de cortejar el voto evangélico".

Rubio llevó su religión a la palestra al darle un papel tan prominente en sus discursos, pero a su equipo le molestó que Giunta planteara interrogantes sobre las prácticas religiosas del nuevo senador. "Si encuentras que hay una escasez de material pertinente acerca del cual escribir" señaló J. R. Sánchez, uno de los empleados de Rubio, y quien escribió un correo electrónico que Giunta publicó en su sitio: "tal vez puedas concentrarte en los muchos graves problemas que enfrenta nuestra nación, y las razones por las que los ciudadanos de la Florida eligieron de manera abrumadora al Sr. Rubio como su próximo Senador de los Estados Unidos. Tal vez quieras destacar las políticas sociales y fiscales coherentes y conservadoras del senador electo tales como su postura pro-vida, su compromiso con la reducción de la deuda nacional, la promulgación de una enmienda para equilibrar el presupuesto, reducir la carga fiscal para los estadounidenses y mantener una fuerte presencia militar para defender a nuestra nación de las diversas amenazas del extranjero... Espero que este correo electrónico te haya parecido útil, y que centres tus futuros escritos en los asuntos más importantes que enfrenta nuestra nación".

A pesar de los blogs de Giunta y de otras preguntas similares planteadas en varias de las publicaciones más importantes, incluyendo el *New York Times*, y de la discusión generada en Internet, no hay pruebas de que Rubio se haya visto afectado en términos políticos. Los analistas descartaron cualquier efecto político posible, concluyendo en general que los cristianos —particularmente los hispanos— no estaban haciendo distinciones entre las dos religiones ni le estaban prestando mucha importancia a la decisión de Rubio de ir a más de una iglesia.

Esta tibia reacción también puede haberse debido parcialmente a un mayor deshielo en las relaciones entre católicos y bautistas del sur, que durante años no habían sido las mejores. Hubo un tiempo en que los católicos y los evangélicos protestantes se miraban desde una gran distancia. "Los católicos y los evangélicos tendían a no conocerse muy bien, y a estar sumergidos en sus propias subculturas", comentó Richard Land, presidente de la Comisión de Ética y Libertad Religiosa de la Convención Bautista del Sur. Pero muchas de esas barreras han desaparecido en las últimas cuatro décadas, en gran parte debido a la política, dijo Land. Los católicos y los bautistas del sur establecieron alianzas durante ese período en torno a problemas sociales, particularmente en su oposición al aborto. Ahora, dijo Land, "somos co-beligerantes en las guerras culturales". Esa alianza fue particularmente evidente en la reacción a la aplicación de una regla del Gobierno de Obama, la cual requería que los empleadores, entre ellos la mayoría de los grupos religiosos, incluyeran la anticoncepción en los planes de seguros médicos de sus empleados. La decisión dio lugar a una reacción en la que los católicos, los bautistas del sur y muchas otras organizaciones religiosas, encontraron una vez más una causa común. Rubio se alineó en el centro de la batalla: presentó un proyecto de ley para que la regla no entrara en efecto y se pronunció enérgicamente en su contra en la Conferencia de Acción Política Conservadora en Washington a principios de 2012, que fue escenario de su electrizante introducción a los republicanos nacionales en 2010.

El salón de baile del Hotel Marriott Wardman se llenó una vez más a principios de febrero de 2012, esta vez para saludar a un ícono republicano en formación más que a un aspirante joven y prometedor. Rubio habló sobre varios temas que los republicanos habían estado presionando los meses anteriores, durante unas feroces primarias presidenciales: impuestos más bajos, el control de la deuda nacional, jueces liberales, Medicare y, lo más importante, el desempeño de Obama. Sin embargo, Rubio promovió dos ideas muy afines al grupo: que los Estados Unidos era excepcional, y que su Gobierno tenía la obligación constitucional de no intervenir en la vida religiosa.

"Somos una nación bendecida", le dijo Rubio a la multitud. "Piensen lo que nos ha dado Dios: una nación rica en todo lo que podamos imaginar. Recursos naturales y de otros tipos. Piensen en la gente a la que Dios le ha permitido venir aquí por más de doscientos y pico de años. Lo mejor y más brillante que el mundo puede ofrecer... Creo que mi padre y mi abuelo fueron hombres más buenas que yo. Y sin embargo, no pudieron cumplir sus sueños. ¿Por qué? ¿Cuál es la diferencia entre ellos y yo? La diferencia es que yo nací con el privilegio y el honor de ser ciudadano de la nación más grande en toda la historia de la humanidad. Ser un americano es una bendición, y es también una responsabilidad".

Pero fueron los comentarios de Rubio sobre el programa de seguros de Obama lo que produjo algunas de las ovaciones más fuertes. Las organizaciones religiosas "ayudan a las familias a crear personas fuertes", dijo. Esto no era un tema social, sino un "tema constitucional". Rubio señaló levantando la voz: "El Gobierno federal no tiene el poder de obligar a las organizaciones religiosas que paguen por cosas en las que no creen". Antes de que pudiera terminar la frase, la mayoría de los asistentes del enorme auditorio estaban aclamándolo de pie. En una banca a la derecha de Rubio, un hombre de mediana edad se levantó y solemnemente hizo la señal de la cruz.

El requisito del seguro, parte de la radical Ley "Affordable Care" con la que Obama se había ganado el desprecio de los integrantes del Tea Party, permitía excepciones limitadas para las iglesias, pero no para otras organizaciones religiosas como universidades y hospitales. Más de dos docenas de estados tienen leyes similares, y la gran mayoría de los planes de salud cubren el control de la natalidad. Pero el asunto se convirtió en una disputa feroz en el año electoral, y Rubio en su combatiente de más alto perfil en Capitol Hill. "No se trata de los derechos de las mujeres o de la anticoncepción, sino de las libertades religiosas que nuestro país ha valorado siempre", le dijo a Greta Van Susteren de la cadena Fox. "En última instancia, se trata del hecho de que ahora el Gobierno federal tiene el poder de obligar a una religión que pague por algo que la religión enseña que está mal". En la parte superior del sitio web oficial de Rubio en el Senado, su personal publicó una advertencia "En caso de que se te pasó por alto", con la frase inicial de un artículo de opinión que publicó Rubio en el *New York Post*: "La libertad religiosa es un principio básico de los Estados Unidos, que nuestros Padres Fundadores consagraron en la Constitución y pidieron a las futuras generaciones de líderes que preservaran y protegieran". La legislación de Rubio, la Ley de la Restauración de Libertad Religiosa de 2012, aumentaría las exenciones para las organizaciones religiosas. "La obsesión de la administración de Obama con la imposición de mandatos a los estadounidenses ha alcanzado un nuevo límite al violar la conciencia, así como los derechos y libertades religiosas de nuestro pueblo", dijo en un video publicado en el sitio web de American Catholic. Poco después, la administración de Obama hizo pequeñas modificaciones que aplacaron a algunos líderes católicos, pero que no dejaron contentos a los republicanos conservadores.

Poco menos de catorce años desde que recorrió las calles de West Miami en busca de votos para ganar un asiento en la comisión de la ciudad, Rubio había llegado a una etapa en su carrera en la que era capaz de aplicar sus convicciones religiosas en el ámbito nacional. Mientras aumentaba la controversia sobre la exigencia de anticonceptivos, Rubio habló en términos favorables —y a partir de su experiencia personal— sobre las enseñanzas de la Iglesia, que prohíbe el uso de anticonceptivos. "Puedo decirles que ninguno de mis hijos fue planeado", dijo el político y padre de cuatro hijos.

Baxley, su amigo de sus días en Tallahassee, siempre supo que "a nivel personal, Marco no tiene miedo de aceptar la clara comprensión de que la fe influye en sus políticas. La fe es muy importante para expresar sus convicciones". Ahora todo el país sabía lo que sus colegas en la Cámara de la Florida entendían, especialmente los que estuvieron allí ese último día para escuchar su discurso de despedida. En esas declaraciones, Rubio hizo una defensa entusiasta del lugar de Dios en la vida pública. "No se puede pasar una sala de tribunal que vaya a dejar a Dios fuera de este edificio", les dijo a los legisladores. "No se puede hacer porque a Dios no le importa la Corte Suprema de Justicia de la Florida… Él se preocupa por ellos. Pero a Él no le importan sus resoluciones. Y tampoco le importa la Corte Suprema de los Estados Unidos. No se puede mantenerlo afuera".

Pecknold, el profesor de la Universidad Católica, creyó que los comentarios de Rubio estaban fuera de sintonía con el pensamiento católico. "Fue imprudente decir que a Dios no le importan las leyes", señaló Pecknold después de escuchar los comentarios.

El discurso de Rubio sobre la fe no se limitó a criticar las decisiones de las Cortes. También quería compartir sus ideas acerca de Dios con los hombres y mujeres que servían a su lado. "A propósito, [Dios] no quiere que obligues a alguien que crea en Él; Dios no es un anciano de barba larga y blanca que simplemente está encima del mundo, y nos hace sentir bien de vez en cuando", le dijo a su audiencia en la legislatura de la Florida. "Dios es una verdadera fuerza de amor. Permítanme decirles qué es una verdadera fuerza de amor. Él ama a cada ser humano en la Tierra, independientemente de que seas un embrión o estés tras las rejas, o que seas un inmigrante, pues a Él no le importa si tienes o no un visado para estar legalmente en este país. Él te ama. A Él no le importa. Por favor no tomen esto a mal: a Él no le importa si has cometido el acto más atroz en violación a las leyes del hombre. Él te ama. A Él no le importa si eres pequeño y no puedes ser visto siquiera con un microscopio. Ustedes no han conocido nunca a un ser humano al que Dios no ame, y nunca lo harán. Pero aún más, Dios no solo ama a cada ser humano. Ustedes pueden ver a Dios porque yo lo he visto".

En cierto sentido estaba evangelizando. Y a ellos les encantó. Cuando terminó, la Cámara lo aplaudió al unísono.

Capítulo ocho

EL CLUB DEL SIGLO

El senador tenía hambre. Siempre tenía hambre.

Se quitó la chaqueta y sacó dos puñados de pitas fritas que puso en un plato. Luego la salsa. Mucha salsa.

Siempre había refrigerios en la larga mesa de conferencias donde el senador Jim DeMint, la conciencia social conservadora del Senado de los Estados Unidos, realizaba sus sesiones semanales de estrategia en horas de la tarde. Y Marco Rubio, el nuevo senador de la Florida, siempre estaba agarrando uno. Mientras comía, golpeaba la mesa con el pie a una velocidad digna de Bugs Bunny. Los asistentes se miraban entre sí y se reían para sus adentros de esta nueva presencia en la capital y de su energía ilimitada. "Parece altamente cafeinado", observó un alto asesor.

Lo que maravillaba a quienes observaban a Rubio no eran tanto sus pies inquietos, sino su enfoque no tan inquieto con respecto a los debates: parecía más que dispuesto a escuchar. Tom Coburn, el senador nativo de Muskogee, Oklahoma, podía ser emotivo en los debates, levantando la voz para criticar a los demócratas y a sus colegas republicanos por igual. Rand Paul y Mike Lee, los héroes novatos del Tea Party de Kentucky y Utah, discutían acaloradamente casi todos los temas. Sin embargo, Rubio permanecía en silencio, especialmente en sus primeros meses como senador. No se aferraba a cada uno de los temas, no se ofrecía para participar en todas las peleas. Manifestaba sus ideas de vez en cuando, pero rara vez trató de dominar la discusión.

Rubio asistía a las reuniones porque DeMint lo había seleccionado para el Comité Ejecutivo de Dirección del Senado, que era poco conocido y estaba conformado por los senadores republicanos más conservadores con el fin de establecer objetivos en políticas y cómo lograrlos. Era otro pasillo interno al poder que le abrió a Rubio un legislador de mayor jerarquía, no muy diferente al de la comisión de redistribución de distritos en la que había impresionado a Johnnie Byrd en Tallahassee una década antes, aunque a una escala mucho mayor.

Pero durante su primer año como senador, Rubio ya estaba adquiriendo un poder que trascendía la institución del Senado. Era rápido por naturaleza, y el ritmo del viejo sistema del Senado era lento. Era un cuerpo legislativo lleno de miembros que habían permanecido una eternidad en él, hombres como Robert C. Byrd de West Virginia, Strom Thurmond de Carolina del Sur y Teddy Kennedy de Massachusettss, todos los cuales permanecieron más de cuatro décadas en el Senado.

No mucho después de que Rubio llegara a Washington, un senador le explicó los hechos de la vida senatorial. "Podrías pasar treinta años aquí", le dijo el legislador, "y seguirías siendo el más joven". (De hecho, Rubio era el segundo senador más joven, pues había nacido exactamente seis días antes que Mike Lee).

En el Capitolio, el poder les llegaba a quienes lo esperaban. Pero Rubio no era alguien para esperar, a pesar de que sus opciones para causar un gran impacto en el Capitolio estaban limitadas por su falta de antigüedad y por el hecho de que su partido era minoría en el Senado.

Tal como lo había hecho durante su campaña al Senado, Rubio proyectó su mensaje al exterior, lejos del lugar donde necesitaba apoyo en forma de votos, en este caso el Capitolio de los Estados Unidos, y se benefició de un efecto rebote. La aprobación que recibió por fuera del Capitolio —en blogs, entre los activistas conservadores, en Twitter y en Facebook— le dio más influencia en él. Y una mayor influencia en el interior del edificio le dio una mayor validación fuera de él. Los dos ejes se alimentaban el uno al otro. Durante su campaña para el Senado, Rubio había estado activo en Twitter, transmitiendo mensajes sobre políticas y compartiendo curiosidades de su vida personal. Otros políticos se esforzaban por encontrar el tono adecuado en este medio, la mezcla perfecta de actitud, visión y auto-promoción, pero Rubio lo logró con facilidad. Mostró los rasgos y promocionó las posiciones políticas que lo hicieron popular en persona: el humor, el auto-desprecio ocasional, la pasión, la indignación y las ideas conservadoras. Poco se perdió en la traducción.

Una vez, durante su campaña al Senado, llevaba una camisa a cuadros, tratando de encajar en el Festival de la Fresa de Plant City, Florida, la ciudad natal de Johnnie Byrd. No fue precisamente un momento estilo Michael Dukakis con un tanque y un casco, pero Rubio parecía completamente fuera de lugar vestido de esa manera, como un estudiante de leyes en una fiesta de disfraces. Distendió la burla riéndose de sí mismo en Twitter: "Fui a comprar ropa sin Jeanette".

Él podía expresar también su fe en 140 caracteres o menos: "Hay una gran sabiduría en descansar el día festivo. Estoy sorprendido de lo prácticas/aplicables que son las lecciones bíblicas, incluso en la era de Twitter". Y entendía la utilidad de los intercambios uno a uno con los votantes a la velocidad de DSL. Concedió incluso entrevistas de prensa a través de Twitter. En mayo de 2009 el *National Journal* le preguntó por Twitter, "Números: ¿Cuántos autos tienes? ¿Cuántas casas? ¿Cuántas armas de fuego? ¿Cuántos niños en escuelas públicas?". Rubio envió sus respuestas: "dueño de una Ford F150 (05), una Escalade arrendada, 2 casas (Miami y Tallahassee), cero armas de fuego, 3 de mis 4 hijos en Escuela Cristiana de FL en Miami".

Sus asesores se jactaron de que él era el primer candidato al Senado de los Estados Unidos en tener más de 100.000 "Me gusta" en Facebook. Su personal subía sus discursos a YouTube. La comunidad de Twitter muchas veces puede descubrir a alguien que le paga a otro para escribir sus tweets, pero Rubio mostraba fotografías de momentos familiares que solo podrían ser de él. Las inversiones digitales durante su campaña fueron cien por ciento transferibles a su nuevo papel como senador de los Estados Unidos, como si fuera un plan de pensiones que estaba transfiriendo después de cambiar de trabajo. Los volantes de campaña de otras épocas terminaban en vertederos o en pilas de reciclaje; los tweets de Rubio tenían vida propia en Internet, y sus seguidores se mantuvieron conectados con él y se multiplicaron. Para mediados de febrero de 2012, tenía más de 70.000 seguidores en Twitter. A modo de comparación, John Kerry, demócrata por Massachusetts, candidato presidencial demócrata en 2004 y con más de veintisiete años en el Senado, tenía menos de un tercio de los seguidores que Marco. Mike Lee, que acaba de vencer a

Rubio como el senador más joven, lo seguía de cerca con 62.000 seguidores. Llevaba sólo un año en el cargo, y ya estaba entre los cinco senadores más seguidos por Twitter.

La plataforma que Rubio se construyó para sí mismo fuera de Capitol Hill estaba siendo notada por sus mayores en Washington. La confirmación de su influencia llegó el 11 de julio de 2011, cuando el presidente de la Cámara, John Boehner, republicano de Ohio, citó a Rubio en una conferencia de prensa durante el apogeo de la pugna para elevar el límite de la deuda nacional. "Como lo dijo el senador Rubio la semana pasada, no necesitamos más impuestos. Lo que necesitamos son más contribuyentes". Era más una idea vieja que una ocurrencia nueva. El republicano de Oklahoma, J. C. Watts, dijo algo casi idéntico durante sus discursos en 2005. Y varios candidatos a puestos locales también habían apelado a esto. Sin embargo, Rubio había cristalizado un punto de debate republicano en un momento en que el debate se hacía confuso. Más allá de la fuerza de sus palabras, estaba la fuerza de sus seguidores. Boehner podría haber citado ese día el pensamiento de cualquier número de republicanos, pero sólo mencionó a uno en sus comentarios iniciales: a Marco Rubio. El senador de la Florida llevaba 190 días en el cargo.

Rubio había mantenido un perfil bajo durante los primeros seis meses en su cargo, siguiendo la postura adoptada por otros novatos inteligentes, entre ellos la ex primera dama Hillary Clinton, cuando representó a Nueva York en el Senado. En el sistema de antigüedad que hay en este aparato legislativo, la vieja guardia no siempre mira con buenos ojos a los recién llegados que son demasiado agresivos al principio.

Rubio esperó hasta junio para pronunciar su primer discurso. La disputa sobre el aumento del límite de la deuda nacional le ofreció una oportunidad para hacerlo, y la aprovechó. Había sido un invitado frecuente en las redes conservadoras, pero después de este discurso surgió una nueva oleada de interés por él. Fue invitado a tantos programas, y compartió sus pensamientos en tantos lugares, que un titular señaló: "Marco Rubio está en todas partes".

El día después de que Boehner mencionara a Rubio, el analista Dick Morris estaba tan ansioso por inflar las posibilidades del senador de la Florida que cortó a Sean Hannity a mitad de una frase en Fox. Hannity comenzó diciendo: "Quien gane la nominación", y Morris se metió a terminar la idea: "debería escogerlo a él como vicepresidente, sin duda alguna".

"Este es un matrimonio arreglado", continuó Morris. "Si escogen a la novia, el novio [debe] ser escogido más tarde. Necesitamos el voto latino. Tenemos que ganar en la Florida. Y Marco Rubio es una súper estrella".

Unos días más tarde, hablando en el programa de Bill O'Reilly, que tiene altos índices de audiencia, el veterano periodista y comentarista Bernard Goldberg fue un poco más allá. "Si los republicanos no ponen a Marco Rubio en la lista [de candidatos], deberían ir a que les examinen sus cabezas", dijo.

Para Rubio, forjarse a sí mismo como un senador cuya influencia nacional superaba con creces su antigüedad, fue algo que se dio con naturalidad. Era la misma trayectoria que había tomado su carrera en la Florida y pasó a ocupar la presidencia de la Cámara de Representantes cuando tenía apenas treinta años.

Sin embargo, adaptarse a vivir en Washington no le fue tan fácil. A medida que se acercaba el final de su primer año, luchaba con las exigencias de una vida fragmentada: su trabajo en Washington y su familia en la Florida. Su esposa y sus cuatro hijos —de cuatro, seis, nueve y once años— estaban en Miami. "Ha sido duro. Ha sido difícil", admitió. "Es duro darte cuenta de que no estás presente los martes o los miércoles. Los domingos son difíciles para los niños. Es difícil para mí... Sigo creyendo, y ya sabes que no estoy seguro de hacerlo siempre bien, pero mi trabajo número uno sigue siendo el de esposo y padre. Tengo que hacer bien esos trabajos. Y es difícil hacerlo cuando no estás allá. Así que es una lucha constante... Tenemos que buscarle la vuelta".

En Washington, algunos conocedores del Capitolio pensaban que a Rubio no le importaba la vida social. Lindsey Graham, el veterano senador de Carolina del Sur, es descrito a menudo por sus colegas como "un director de crucero, al igual que Julie en *Love Boat*, siempre organizando reuniones sociales. "Casi nunca oigo el nombre de Rubio asociado con esas veladas", me dijo un importante asesor republicano.

Sin embargo, Washington estaba cambiando, y cada vez era menos amistoso. "Imagina cómo sería el primer año de universidad si todo el cuerpo estudiantil se marchara todos los jueves por la tarde y no regresara hasta el lunes por la noche. Esto es más un instituto terciario al que vas de día, que una universidad tradicional de cuatro años en la que vives", dijo Chris Coons, un senador de Delaware.

Conseguir amigos con dinero había sido provechoso para Rubio en Tallahassee, así que recurrió a esa estrategia en Washington, al conformar un comité de acción política en octubre de 2011 llamado Reclaim America PAC. El objetivo era apoyar a los candidatos republicanos conservadores, y estaba inspirado en un PAC conformado por DeMint, que había apoyado a Rubio en su contienda por el Senado de la Florida. Eric Cantor, un republicano de Virginia, había conformado en la Cámara un grupo llamado "Young Guns" con el fin de recaudar dinero para candidatos republicanos. Lo hizo con tanta eficacia que se convirtió en líder de la mayoría. Al igual que Rubio, Cantor es un legislador joven que se considera como posible presidente o vicepresidente en el futuro.

En un edificio donde todo el mundo observa, y cada expresión o gesto se analiza en busca de un significado más profundo, algunos colegas de Rubio y sus asistentes se formaron una imagen del nuevo senador de la Florida que está enmarcada por su ambición. "Hay un prisma a través del cual se ve todo lo que hace él", me dijo un importante asesor republicano; "el prisma presidencial". Los senadores y sus asistentes observaron que Rubio aparecía frecuentemente en los eventos con un consultor político externo, y no con su personal del Senado. Teniendo en cuenta que los períodos de los senadores son de seis años, y que Rubio sólo se postularía para la reelección en 2016, la presencia de un consultor político fue interpretada por algunos como una obvia telegrafía de intenciones. Esto les recordó a algunas personas al senador Evan Bayh, el demócrata de Indiana que dejó el cargo en 2011, pero que hasta entonces parecía estar elaborando abiertamente un estilo presidencial por fuera de las operaciones políticas. El presidente Obama y la secretaria de Estado, Hillary Clinton, también realizaron enormes operaciones políticas pensando en cosas más grandes mientras estaban en el Senado. Rubio, que había sido tan hábil para construir una imagen propia durante su ascenso, había perdido un poco de control mientras terminaba su primer año en el Senado. Las investigaciones de sus finanzas, su historia religiosa y sus antecedentes familiares muchas veces lo ponían a la defensiva. Mientras en Washington se hablaba con entusiasmo de *Game Change*, una película de HBO sobre la fallida evaluación para el cargo hecha a Sarah Palin, la candidata republicana a la vicepresidencia, los escritores políticos escribían sobre los $40.000 que Rubio le estaba pagando a una compañía de California para hacerse a sí mismo investigaciones que le haría la oposición.

Durante la campaña para el Senado, Rubio y su equipo crearon con destreza la historia de un forastero que tenía el apoyo del Tea Party, y que desafiaba al sistema. Pero cuando ocupó el cargo, comenzaron a alejar a los periodistas del tema del Tea Party.

El Tea Party era una especie de enigma para Rubio. Contaba con el apoyo de los votantes que se asociaban con este movimiento, pero no quería ser encasillado en él. Ser catalogado como un estereotipo del Tea Party podría limitarlo en su trayectoria y sus ambiciones políticas. El Tea Party también era un grupo amorfo cuya influencia era difícil de manejar. Rubio pareció entender implícitamente que el Tea Party era más un estado de ánimo que una entidad tangible, y que vincularlo a las instituciones con sede en Washington podría debilitar toda su eficacia. "Mi temor siempre ha sido que si empiezas a crear estos pequeños clubes u organizaciones en Washington, dirigidos por políticos, el movimiento comienza a perder su energía", explicó Rubio. "No creo que se convierta en una organización. Si lo hace, terminará por desintegrarse rápidamente. Creo que su fuerza radica en el hecho de que es un movimiento legítimo que surge de la gente común, gente de todo el país que comparte diferencias de opinión en muchos temas, pero que coincide en última instancia en la esencia de cuál debe ser el papel del Gobierno, y es capaz de expresarlo ahora en formas que no estaban disponibles para nosotros hace veinte años". Rubio se negó a participar en la junta del Tea Party organizada por Rand Paul, su colega debutante en el Senado. La medida irritó a unos pocos seguidores de este partido. "Él quiere tener las dos cosas", comentó George Fuller, un activista del Tea Party en Sarasota. "Nos vamos a concentrar en él como un rayo láser". Pero en términos generales, la decisión tuvo un efecto mínimo. "Él siente que el Tea Party es un asunto de base y que no debe estar atado a Washington", señaló Everett Wilkinson, cuya división del Tea Party en el sur de la Florida emitió comunicados de prensa respaldando la decisión de Rubio. A Tom Tillison, cofundador del Consejo del Tea Party de Florida Central, no le preocupó la distancia relativa de Rubio con el Tea Party: "Veo estas juntas más como la cosa de un político".

Sin embargo, Rubio quería cultivar su imagen de un político no tradicional. Estaría en Washington, pero no sería *de* Washington. Un mes después de entrar al Senado, viajó a Naples, Florida, para una reunión en la alcaldía y dijo: "Algunos días pienso que es mucho más divertido ser un barman que un senador de los Estados Unidos".

Habló con la audiencia como si estuviera informando desde una misión espacial. "Es tan loco como ustedes pensaban que sería", dijo. "Hay una desconexión significativa entre el planeta en el que ustedes viven y el planeta en el que viven ellos... Lo que no quiero es ser Washingtonizado".

Su charla en Naples abordó un acertijo elemental para los candidatos con plataformas en contra de Washington, una dificultad que no es exclusiva de los favoritos del Tea Party, pero que también supone un desafío para el presidente Obama, quien se había postulado con la promesa de esperanza y cambio. En términos generales, es una buena idea postularse en contra de Washington, y criticar todo lo que representa: la disfunción, la desconexión, el desperdicio, la ineficiencia, la codicia. Pero cuando eres elegido, bien sea que quieras ser definido por eso o no, serás parte de Washington. Bienvenido a la ciudad. Cuando antes podías decir "ellos", ahora "ellos" significa *tú*.

En la larga lista de aspectos que les disgustan de Washington a los llamados americanos de verdad, las disputas partidistas ocupaban los primeros lugares. Y Rubio, que había intentado una especie de distensión con los demócratas de la Florida con diversos grados de éxito, utilizó esa estrategia en su primer año en Washington. Su incursión más importante en jugar bien con los demás empezó un jueves por la tarde, el día de escapada para los senadores que viajaban de vuelta a sus casas. Rubio y Chris Coons, su colega novato de Delaware, estaban mirando el reloj. Los debates sobre la propuesta de puestos de trabajo del presidente se alargaban más y más, en un círculo vicioso de acusaciones y de críticas partidistas que no mostraban indicios de terminar. "Yo le dije, '¿Qué crees que se necesita para que esto mejore?'", recordó en una entrevista Coons, un demócrata. Rubio, que se movía con tanta rapidez en tantos temas en su carrera, no le veía una solución rápida. Por una vez, tendría que ser paciente. "Las próximas elecciones solucionarán todo esto", recuerda Coons que le dijo Rubio.

Coons contraatacó; no creía en esto y desafió a su colega republicano. "¿Has leído alguna vez el plan de trabajo del presidente?", le preguntó Coons. "Él me miró y me dijo: 'Sí, estoy familiarizado con él'. Le respondí, 'No, me refiero a todo el plan. ¿Realmente lo has mirado?'" Rubio admitió que no lo había hecho, pero replicó preguntándole a Coons si había leído las propuestas de Mitt Romney, ex gobernador de Massachusetts y republicano presidencial favorito. Coons no lo había hecho. Habían empatado.

Coons llevaba un tiempo esperando reunirse con Rubio. Su amiga Adrienne Arsht, la acaudalada filántropa, estaba muy entusiasmada con el senador de la Florida. Arsht, quien se crió en Delaware, tenía estrechas conexiones con la Florida. Había donado varios millones de dólares para un centro de artes escénicas en el centro de Miami que lleva el nombre de su familia. "Puedes trabajar con [Rubio]", le decía continuamente a Coons. Estaba tan empecinada en que los legisladores de los partidos rivales se encontraran, que propuso celebrar una cena para ellos en su casa. Sin embargo, se conocieron casualmente en el gimnasio y en desayunos de oración. Las conversaciones llegaron a tal punto que ellos decidieron colaborar en un proyecto de ley que tuvo más valor simbólico que éxito legislativo en un Capitolio dividido. Lo llamaron Ley AGREE, escogiendo un acrónimo que dejaba pocas dudas acerca del punto que querían resaltar sobre lo que sucedía en Washington. En esa época, la carrera de Rubio era muy agitada, y cuando tienes prisa, muchas veces no haces la tarea. En la mañana que pensaba revelar la propuesta —que había sido muy publicitada— Rubio apareció para una entrevista transmitida en vivo por Internet con Mike Allen, cuyo portal Político Playbook les llegaba por correo electrónico a miles de lectores todas las mañanas.

"No quiero inducir un momento estilo Rick Perry", dijo Allen, refiriéndose al gobernador de Texas, que había ayudado a hundir su campaña presidencial durante un debate en el que olvidó uno de los tres departamentos federales que quería abolir. "¿Pero sabes qué representa AGREE?"

"No", respondió Rubio. "¿El acrónimo en sí? No lo sé".

El tono de Rubio era tan distendido, su actitud tan relajada, que las risas de empatía por parte de la audiencia en vivo se escucharon en el Newseum, un museo de periodismo en la Avenida Pennsylvania, a solo unas pocas cuadras del Capitolio. Perry había sonreído con torpeza y dicho tristemente, "Oops". Pero Rubio siguió adelante. "Sin embargo, yo tampoco lo creé. No he creado el acrónimo AGREE".

Rubio describió lo que realmente importaba; no un acrónimo en una ciudad llena de ellos, sino un concepto: cooperación bipartidista. "Lo importante es lo que contiene el proyecto de ley, y eso lo conozco muy bien... Revisamos todo lo que los republicanos habían propuesto, lo que los demócratas habían propuesto, lo que el presidente había propuesto, los empleos que el consejo había propuesto, y tratamos de identificar las cosas que había en todos los planes. Y las incluimos en un proyecto de ley... Haremos dos cosas. Una es aprobar las cosas con las que estamos de acuerdo. Pero creo que en segundo lugar, y más importante aún, es enviar un mensaje de que todavía podemos hacer nuestro trabajo aquí en Washington".

Rubio no dijo simplemente que él conocía el contenido del proyecto de ley, sino que analizó los detalles, recitando algo llamado la "cláusula 179". "No quiero ser demasiado técnico", señaló antes de suministrar detalles técnicos sobre la cláusula, explicando que aumentaría la capacidad de las pequeñas empresas para amortizar los costos de adquisiciones importantes. "Eso es realmente importante para las empresas que están sujetas a la incertidumbre fiscal del próximo año y diciendo, bueno, tal vez el año que viene no es el momento adecuado para invertir en nuestro negocio porque este año vamos a tener que pagar impuestos. Así que creo que a todo el mundo le va a gustar esto".

Pero dado el ambiente partidista tan supremamente cargado que se vive en Washington en el período previo a una campaña presidencial, a veces es más provechoso atacar al bando contrario que encontrar un terreno en común. Los ataques llegan a los titulares noticiosos, y la habilidad de Rubio en este sentido está hecha a la medida para un mundo de 140 caracteres.

En julio, apenas medio año después de su primer mandato, tomó la palabra en el plenario del Senado y comenzó diciendo: "No disfruto ni me agrada el papel partidista de perro rabioso. No he encontrado ninguna diversión en ello. No creo que sea constructivo. Y no tengo la intención de serlo en el Senado". A continuación, atacó a Obama por su petición para aumentar el límite de la deuda nacional. Los Estados Unidos estaba gastando cerca de $300 mil millones al mes, señaló. Estaba gastando $180 mil millones en impuestos y otros ingresos, por lo que tendría que pedir un préstamo de $120 mil millones al mes. Eso era inaceptable, y estaba perjudicando al país. Elevar el límite de la deuda ya no debería ser un voto de rutina, señaló.

John Kerry, el senador de Massachusetts, trató de argumentar que los demócratas y los republicanos deben razonar entre sí. Sin embargo, el nuevo senador no cedió. Al contrario, atacó con más fuerza. "Hacer concesiones no es una solución, es una pérdida de tiempo", expresó. "Si mi casa se está incendiando, yo no puedo hacer concesiones sobre cuál parte de la casa voy a salvar. O salvas toda la casa, o se quema por completo".

El mensaje fue editado a su esencia más desafiante en un titular de YouTube: "Salva toda la casa o se quemará por completo". A principios de 2012, el video había sido enviado y reenviado, citado una y otra vez, y visto más de 730.000 veces de manera gratuita en el sitio web.

La notoriedad de Rubio aumentó hasta tal punto, que casi cualquier declaración que hacía era una noticia instantánea, confiriéndole su propia importancia casi a cualquier tema. En enero de 2012 le envió una carta abierta a Obama, criticando la esperada solicitud del presidente para un aumento al límite de la deuda. Hay que tener en cuenta que Washington recibe una enorme cantidad de cartas escritas por los miembros del Congreso, quienes se quejan de una cosa u otra, y también las escritas directamente al presidente. La mayoría de ellas se evapora. Pero en enero, en la cúspide de la temporada primaria presidencial del Partido Republicano, el impulso del perfil nacional de Rubio se había fusionado con la nitidez de su retórica para crear una carta que, de hecho, fue notada. El Drudge Report, el respetado portal de Internet, publicó un titular sobre la carta en su codiciado lugar central, el *non plus ultra* de los medios de comunicación conservadores: "Rubio a Obama: usted está convirtiendo a los Estados Unidos en una nación morosa". Otros republicanos se quejaron también, pero Rubio había destilado en dos palabras la furia de su partido.

Y cuando cometía errores, como lo hacen todos los senadores jóvenes, Rubio resultó ágil para revertirlos. El mismo mes que reprendió a Obama, Rubio corría el riesgo de alienar a los conservadores a causa del co-patrocinio de un proyecto de ley para combatir la piratería en Internet y preservar la propiedad intelectual, conocido como PIPA, la abreviatura en inglés de la Ley de Protección de la Propiedad Intelectual. La legislación parecía ser precisamente el tipo de reglamentación gubernamental entrometida a la que Rubio se opondría naturalmente. Wikipedia, la popularísima enciclopedia de Internet, dejó de aparecer el 18 de enero para protestar por la PIPA y otras medidas contra la piratería en Internet. Los conservadores estaban empezando a hablar sobre los desafíos crecientes y principales para los republicanos, incluyendo a Rubio, que apoyaba las medidas.

Esto resultó ser demasiado para Rubio. Con inteligencia, el senador recurrió a Internet para anunciar que retiraba su apoyo a la PIPA. Hizo el anuncio en su página de Facebook. Lo que podría haber sido un desastre político se convirtió en un golpe político. Una vez más, como el día en que salvó a Nancy Reagan de caer, fue aclamado como un héroe. "Ha escuchado", me dijo Julia Wrightstone, una banquera retirada de Pittsburgh, en la Conferencia Conservadora para la Acción Política realizada en febrero de 2012. "Él fue uno de los pocos que escucharon a sus electores".

Durante su primer año, Rubio estaba empezando a tener una influencia real en varios ámbitos. Su identidad política siempre había estado definida por su herencia cubana, y trató de posicionarse a sí mismo en Washington como un defensor del embargo a Cuba, un remanente de la guerra fría que había fallado desde hacía medio siglo en derrocar al régimen castrista. Asimismo, atacaba fuertemente a los diplomáticos que no consideraba lo suficientemente opuestos al Gobierno cubano.

Pocos meses después de llegar al Senado, Rubio enfureció a los republicanos moderados al tomar medidas —inicialmente detrás de bambalinas, y luego en público— para que Jonathan D. Farrar no fuera nombrado como embajador en Nicaragua. Farrar había sido jefe de la Sección de Intereses de los Estados Unidos en La Habana, un cargo con un nivel inferior al de una embajada, ya que los Estados Unidos no mantenían relaciones diplomáticas con Cuba. Rubio expresó su preocupación tras señalar que había recibido quejas de disidentes y activistas de derechos humanos, que habían deseado una postura más enérgica contra el régimen de Castro durante los dos años que Farrar permaneció en La Habana, y también debido a que algunos funcionarios del Departamento de Estado se habían hospedado en el Hotel Nacional, que era propiedad del régimen —luego de ser expropiado por Castro— y no en las habitaciones de la amplia residencia oficial que tenía la misión en La Habana. Rubio también señaló que Farrar había retirado un gran tablero electrónico que estaba a un lado del edificio que la Sección de Intereses de los Estados Unidos comparte con la Embajada de Suiza a lo largo del Malecón de La Habana. El tablero era un símbolo del fuerte antagonismo entre los Gobiernos de los Estados Unidos y Cuba, y mostraba una mezcla de propaganda anti-castrista, mensajes de derechos humanos —como citas de Martin Luther King, Jr.— y noticias destinadas a irritar a Castro. Una noche, cuando yo estaba en La Habana, el tablero informó que José Contreras, una estrella cubana de béisbol que desertó a los Estados Unidos en 2002, había ganado su decimotercer juego consecutivo con los Medias Blancas de Chicago, equipo campeón del mundo. Luego repitió un informe de la revista *Forbes*, el cual señalaba que Fidel Castro era el séptimo jefe de estado más rico del mundo, con una fortuna estimada en $900 millones.

El problema con el tablero es que casi nadie podía verlo. El Gobierno castrista había instalado 148 astas de bandera frente al edificio en la Tribuna Antiimperialista, impidiéndole la vista a todo el que no estuviera justo enfrente del tablero. Como explicó Farrar, el Gobierno de Obama había eliminado el tablero porque quería concentrarse en lo que consideraba que eran maneras más inteligentes de denunciar al Gobierno cubano, como por ejemplo, ofreciendo clases de blogs a los cubanos para que pudieran transmitirle al mundo sus pensamientos sin censura. Pero el argumento de Farrar no disuadió a sus oponentes, y finalmente el Departamento de Estado retiró su nombre. Rubio había tenido éxito en evitar que Farrar fuera nombrado embajador, al menos por ahora.

A medida que se acercaba el final de su primer año, Rubio expresó sus frustraciones, tal como lo había hecho después de salir de Tallahassee. "No puedo pensar en un solo momento memorable", dijo. Pero esta vez, un país entero lo estaba escuchando.

Capítulo nueve

GRANDES ESPERANZAS

No era fácil encontrar un asiento en aquella mañana brillante en febrero de 2012. El salón de baile del Marriott Wardman Park en Washington estaba abarrotado de fanáticos conservadores. Había una fila en la entrada.

Dos veinteañeros con corbatas rojas, blancas y azules se abrieron paso y miraron a su alrededor. "No nos lo perdimos, ¿verdad?".

En el escenario, Al Cárdenas —un creyente en Marco Rubio que dejó de creer en él, y luego volvió a hacerlo— estaba presentando a su antiguo protegido. Si había alguna duda acerca de su lealtad a la estrella republicana que estaba a punto de presentar, Cárdenas parecía tener la intención de despejarla. Un día, Cárdenas predijo, le estaré diciendo "hola a [Rubio] en el 1600 de la Avenida Pennsylvania".

Cárdenas, que subestimó a Rubio alguna vez, había llegado tarde a la lluvia de halagos. Para entonces, el acto de predecir que

Marco Rubio algún día sería presidente de los Estados Unidos había aumentado al nivel de cliché. En la Florida, Ken Pruitt, el republicano y presidente del Senado, había inaugurado la sesión legislativa de la Florida de 2007 con un cartel en el estrado que decía, RUBIO PARA PRESIDENTE '08.

Todos los allí presentes se rieron con estruendo.

Aunque el Senado y la Cámara de la Florida estaban controlados por los republicanos, muchas veces estaban en desacuerdo. El cartel era una señal de amistad, pero también era visto como un guiño afable y amistoso hacia Rubio, quien dos meses después cumpliría treinta y seis años. El tenor del discurso político del joven legislador, su costumbre de abordar las verdades más profundas aún en medio de las actividades mundanas de la legislatura, habían dejado claras sus ambiciones nacionales. Y su libro *100 ideas* había recibido atención por fuera de su estado natal, elevando así su perfil nacional. Las intenciones grandiosas de Rubio no solo fueron detectadas por el presidente del Senado estatal, que era quince años mayor que Rubio; también eran obvias para cualquiera que lo conociera. Proyectarlo por fuera de Tallahassee y a la Oficina Oval, o por lo menos a la residencia del vicepresidente en el Observatorio Naval, se estaba convirtiendo en algo de rigor.

El marzo anterior, Pruitt —que por lo visto no era de las matemáticas del calendario electoral— había previsto que Marco Rubio sería presidente en 2022. Dennis Baxley, el aliado legislativo de Rubio y conservador cristiano de Ocala, había meditado también acerca de la presidencia de Rubio, y los periódicos de la Florida estaban tomando nota de las grandes aspiraciones del legislador en ascenso. Incluso los demócratas entraron en el juego de la predicción. "Es bueno, y eso es lo que me pone nerviosa", dijo Susan Bucher, una legisladora estatal demócrata de West Palm Beach, un mes antes del cartel de Pruitt. "Le tomo el pelo al preguntarle cuándo va a abrir su campaña en Iowa". Más tarde, Steven Geller, un senador demócrata de Hallandale Beach, me dijo: "No es ningún secreto que quiere ser el primer presidente cubanoamericano".

Los políticos nunca se han caracterizado por su eficiencia en predecir futuros políticos, y sus motivaciones están siempre abiertas a interrogantes, haciendo que sus oyentes se pregunten si tratan de aumentar o de disminuir las expectativas en este sentido. Sin embargo, los guionistas de Hollywood suelen hacerlo bien, pues para 2010, ya se habían adelantado y elegido a un presidente cubanoamericano ficticio, Elías Martínez, en *The Event*, un drama de corta duración de NBC. Este episodio combina el estilo narrativo no lineal del popular drama *Lost* con el ritmo palpitante de *24*, el exitoso programa sobre una conspiración. El presidente cubanoamericano de *The Event* no era muy parecido a Marco Rubio —Martinez es negro— y no ha habido ningún indicio público de que el personaje estuviera inspirado en Rubio. Pero era evidente que la idea de un presidente estadounidense hijo de inmigrantes cubanos en Miami no era exagerada para los creadores de la serie. La pregunta era si acaso lo sería para el electorado.

Cuando una figura política es lanzada a la categoría de futuro presidente, se deduce que los periodistas rastrearán toda la historia de su vida, analizarán sus declaraciones, examinarán sus documentos y harán todo lo posible para detectar discrepancias o errores. Algo de esto es obra de los informes de interés público. Otra parte de esto es el producto de investigaciones y filtraciones de la oposición y de los rivales que tienen intereses propios. El proceso se transforma en una evaluación pública para el cargo que puede ser tan minuciosa y relevante como el escrutinio privado, para el cual los candidatos contratan a costosos bufetes de abogados.

Otra cosa que puede suceder —al menos cuando las raíces familiares del candidato no pertenecen al territorio continental de Estados Unidos— es que los llamados *birthers** cuestionen las cualificaciones del aspirante a la presidencia. En la campaña presidencial de 2008, los *birthers* atacaron a los candidatos de ambos partidos: al demócrata Barack Obama y al republicano John Mc-Cain. Siguieron cuestionando la elegibilidad de Obama durante los primeros años de su presidencia.

En 2011, y en un guiño perverso a su condición de estrella, Marco Rubio fue víctima de estas dos acusaciones. Los *birthers* señalaron, sin tener fundamentos, que la Constitución le impedía unirse a la lista nacional, y la divulgación de discrepancias en su vida, así como un incidente familiar, hicieron que se enfrentara en varias ocasiones con el *St. Petersburg Times*, el *Washington Post*, *National Public Radio* y *Univisión*.

Los *birthers* lanzaron su ataque en la primavera de 2011, con un disparo que no se escuchó casi en ninguna parte. El 22 de mayo, Charles Kerchner, un ex comandante de la Marina de los Estados Unidos, escribió un artículo en WordPress, su provocativo blog. "El padre del senador Marco Rubio no era un ciudadano naturalizado cuando Marco nació en mayo de 1971, según datos de los Archivos Nacionales", señaló Kerchner. "Su padre solicitó

---

* Creyentes en teorías conspiratorias, que sostienen que algunos candidatos no son elegibles para la presidencia por no ser ciudadanos naturales nacidos en los Estados Unidos. (N. del T.)

la naturalización en septiembre de 1975. Marco Rubio no [es] constitucionalmente elegible para postularse como presidente o vicepresidente... Un ciudadano nacido en los Estados Unidos es alguien que nace con una lealtad exclusiva a los Estados Unidos, una persona que nace sin la ciudadanía de cualquier otro país más que los Estados Unidos en el momento de su nacimiento. Un ciudadano natural no tiene ninguna influencia externa o reclamo por otro país en el momento de su nacimiento bajo las leyes de los Estados Unidos y del Derecho Internacional".

Kerchner basaba su argumento en contra de la elegibilidad de Rubio principalmente en una frase en la Constitución de los Estados Unidos, y en una lectura descuidada de escritos jurídicos y resoluciones judiciales. Su punto de referencia más importante, que puso de relieve cuando actualizó su blog cinco días después, era el Artículo II, Sección 1 de la Constitución: "No será elegible para el cargo de presidente quien no fuere ciudadano por nacimiento o ciudadano de los Estados Unidos al tiempo en que se adopte esta Constitución". En varios escritos acerca de la elegibilidad de Rubio, Kerchner también hacía referencia a la *Ley de las Naciones*, una obra del filósofo suizo Emer de Vattel, publicada en 1758, que había sido citada en algunas ocasiones como una influencia para los Padres Fundadores. "Los nativos o ciudadanos natos son los nacidos en el país, de padres que son ciudadanos", escribió Vattel. Kerchner también se basó en *Minor v. Vappersett,* un caso de la Corte Suprema de los Estados Unidos de 1875, que utilizaba el término "ciudadano natural" para referirse a los hijos nacidos en los Estados Unidos de ciudadanos estadounidenses.

En su mensaje, Kerchner decía que él había hecho muchos intentos para contactarse con Rubio a través de cartas y llamadas telefónicas. Rubio, o tal vez su equipo, optó por hacer caso omiso de estas, lo que parece ser una respuesta lógica. Los argumentos legales de Kerchner eran débiles, y durante varios meses su blog y sus argumentos recibieron poca atención. Pero para el otoño su argumento comenzó a despertar un poco de interés. Otros blogueros aprovecharon esto y redactaron sus propios escritos en una línea semejante. En septiembre, Alan Keyes, un ex candidato presidencial republicano, se alineó con los *birthers* en un programa de radio. "Hemos llegado al colmo", dijo Keyes. "Ahora los republicanos están hablando de Marco Rubio para la presidencia cuando es evidente que no califica. Independientemente de la etiqueta de partido, no les importa la Constitución. No son más que palabras vacías llenas de mentiras".

Ese mismo mes, el *Fort Myers News-Press* se sintió lo suficientemente intrigado como para investigar estos reclamos. "No hay ninguna objeción importante porque él nació en los Estados Unidos. Cualquier argumento contrario a esto es una tontería tipo *birther*", le dijo al periódico Daniel Takaji, profesor de derecho de la Universidad Estatal de Ohio.

"El estado de inmigración de sus padres es irrelevante para su ciudadanía estadounidense según la [Enmienda]14.

Sin embargo, el rumor se había difundido lo suficiente y al mes siguiente, el *St. Petersburg Times*, un periódico premiado que cuenta con la mayor circulación diaria en la Florida y cuyo nombre actual es *Tampa Bay Times*, publicó esta polémica en su portada. El artículo, de 1.200 palabras, es un análisis serio, claro y equilibrado de las alegaciones de los *birthers*. Entre otros, cita a Lawrence Solum, profesor de Georgetown, que no cree en los argumentos de los *birthers*, pero al menos concedió que "sus argumentos no son descabellados".

En el artículo del *Times* se menciona otra afirmación hecha por Kerchner, sobre la descripción que hace Rubio con respecto a la inmigración de su familia a los Estados Unidos. Esta aseveración sería ampliamente comentada por los medios de comunicación. Pero en los días previos a la publicación del artículo, el asunto que ocupaba la atención era la afirmación *birther*.

A medida que la afirmación *birther* sobre Rubio llamaba más la atención, fue comparada con frecuencia con la controversia *birther* sobre Obama. Habían surgido varias sospechas sobre Obama, que iban desde la afirmación de que él era un ciudadano británico debido a que su padre nació en Kenya, a la afirmación de que su certificado de nacimiento de Hawai no existía o estaba falsificado. Uno de los más fuertes defensores del *"birtherismo"* fue Donald Trump, quien hizo tanto ruido sobre el tema, que Obama finalmente cedió a las presiones y divulgó su partida de nacimiento. Mientras que Trump lanzaba su cruzada, a Rubio le preguntaron qué pensaba sobre la controversia. Rubio respondió con una evasiva ingeniosa. Estaba más "preocupado por asuntos que están sucediendo aquí en el planeta Tierra", respondió.

La tontería del caso *birther* contra Rubio tiene menos similitudes con los disparatados comentarios sobre Obama que con la disputa sobre la elegibilidad de McCain. Algunos han sostenido que no es un "ciudadano de nacimiento", y que por lo tanto, no era elegible para postularse a la Casa Blanca porque había nacido en la zona del Canal de Panamá. Me puse en contacto con los dos juristas más destacados en cada lado del debate sobre McCain: Laurence H. Tribe de la Universidad de Harvard, y Gabriel "Jack" Chin, profesor de derecho de la Universidad de Arizona, que más tarde trabajó en la Universidad de California en Davis. Tribe había argumentado que McCain era elegible sin duda alguna, y Chin había escrito un texto legal lleno de citas y con una profunda investigación, argumentando que el senador por Arizona no era elegible. Les pregunté a ambos qué pensaban del caso Rubio. Tribe me respondió por correo electrónico: "Una vez que empezamos a hacer distinciones entre los ciudadanos nacidos aquí, para decidir quiénes tienen los requisitos genealógicos para la presidencia, se torna en algo interminable. ¿Por qué no decir que los ciudadanos nacidos en los Estados Unidos cuyos abuelos o bisabuelos no eran ciudadanos de los Estados Unidos en el momento de su nacimiento no son elegibles para ser presidentes? ¿En dónde terminará toda esta locura?".

Chin me respondió por medio de una entrevista telefónica. Sin vacilar, dijo que Rubio era "claramente" un "ciudadano de nacimiento", y que la no ciudadanía de sus padres en ese momento era irrelevante, ya que Rubio había nacido en territorio de los Estados Unidos. "Mi punto de vista, y estoy bastante seguro de que sería el punto de vista convencional, es que él es un ciudadano de nacimiento" dijo Chin. Pero admitió que no es particularmente sorprendente que hubiera un debate sobre el requisito de la "ciudadanía de nacimiento". "Es una disposición de la Constitución que cuando los juristas se reúnen y hablan sobre las disposiciones más tontas de la Constitución... siempre está entre las primeras".

El debate de los *birthers* fue desapareciendo. Para el verano de 2011 Rubio ya se había acostumbrado a que los medios indagaran sobre su vida personal. Su campaña de 2010 estuvo salpicada de investigaciones exhaustivas sobre sus hipotecas, sus gastos de tarjeta de crédito y otros temas. Pero lo que ocurrió en julio de 2011 representaba otro nivel de escrutinio, uno que generó un debate nacional sobre cuán exhaustiva e invasiva podía ser la prensa al investigar la vida familiar de una figura pública y sacó a relucir la forma en que Rubio maneja la controversia pública. El encargado de perseguir a Rubio fue Univisión, un canal más conocido por las telenovelas acarameladas que por el periodismo investigativo. La batalla del senador contra Univisión tendría eco en la campaña presidencial y confirmaría también la extraordinaria importancia que este senador debutante había logrado en la política republicana nacional.

Todo comenzó a principios de julio de 2011, cuando sonó el teléfono en la casa de West Miami donde Barbara y Orlando Cicilia —la hermana y el cuñado de Rubio— vivían con la madre de los Rubio, quien tenía ochenta años. En el otro extremo de la línea estaba Gerardo Reyes, un experimentado periodista investigativo que trabajó más de veinte años en el *Miami Herald* y en el *Nuevo Herald* antes de ser el jefe de la unidad investigativa de Univisión.

Barbara Cicilia recibió la llamada. Reyes, un periodista respetado, le pidió su comentario sobre el arresto por drogas de Orlando en 1989 y su condena en 1987. Barbara negó que eso hubiera ocurrido y colgó el teléfono.

La negación no disuadió a Reyes en lo más mínimo, pues conocía todos los detalles de la historia. Él y su equipo habían pasado muchas horas examinando los expedientes de la Corte, y no tenían la menor duda sobre lo que había sucedido a principios de los años ochenta. Reunieron los documentos, los cuales mostraban claramente que Cicilia había sido encontrado culpable en 1989, y condenado a una larga pena de prisión. Los documentos mostraban también que el Gobierno federal había confiscado la vivienda de Cicilia, así como otra propiedad suya, porque los investigadores no pudieron encontrar los $15 millones en ganancias relacionadas con drogas que el jurado concluyó que había obtenido.

El caso había sucedido hacía casi veinticinco años antes de la investigación de Univisión, y Cicilia, que pronto quedó en libertad, era un hombre libre desde hacía más de una década.

Menos de una hora después de la llamada de Reyes, Alex Burgos, director de comunicaciones de Rubio que había perfeccionado sus habilidades como portavoz en la campaña presidencial de Mitt Romney de 2008, llamó a la sala de redacción de Univisión. El equipo de Rubio consistía en experimentados operarios políticos que respondían agresivamente cuando los medios atacaban a su jefe. Reaccionaban de un modo apresurado y brusco, que a algunos veteranos políticos y periodistas les parecía desproporcionado e innecesariamente hostil. Al mismo tiempo que discutían con los periodistas que se les cruzaban, habían cultivado fuertes aliados en publicaciones conservadoras y en sitios web de activistas que publicaban informes noticiosos. Cuando se escribían o transmitían historias negativas sobre Rubio, estos sitios solían devolver el golpe con tanta fuerza o incluso más que el equipo del senador. Se desempeñaban como los sustitutos de Rubio, en un paisaje mediático cada vez más difuso, donde las líneas entre el periodismo y la promoción partidaria se estaban borrando a un nivel casi irreconocible.

María Martínez-Henao, una veterana productora y reportera de Univisión, tomó la llamada de Burgos. La conversación fue breve. Burgos pensó que la llamada a Cicilia podría haber sido una broma. Martínez-Henao no había trabajado en la investigación sobre Cicilia, y buscó a Reyes para ver de qué se trataba. "No es una broma", le dijo él.

El siguiente paso del equipo de Rubio fue tratar de ejercer presión a nivel corporativo. En un correo electrónico enviado al día siguiente, se quejaban de que un equipo televisivo de Univisión estaba acechando la casa de los Cicilia. Este correo le fue enviado a Randy Falco, presidente ejecutivo de Univisión. Falco fue ejecutivo de NBC, y también presidente de la junta directiva y director ejecutivo de AOL. No quiso manejar personalmente el reclamo, pues era un asunto de la sala de redacción, y no de la oficina ejecutiva. Así que le devolvió este asunto a Miami y a Isaac Lee, su nuevo presidente de noticias. Lee es un hombre grande como un oso, de barba oscura y gafas con estilo. Tiene acento colombiano y almuerza con frecuencia en el Ritz Carlton en Coconut Grove, donde los meseros lo saludan como a un viejo amigo. Este veterano periodista se había hecho amigo de muchos corresponsales extranjeros de los Estados Unidos en Colombia durante el apogeo de las guerras de la cocaína. Lee, que había asumido su cargo sólo siete meses antes, estaba ansioso por pulir las credenciales de prensa de Univisión, y la unidad investigativa de Reyes era una parte importante de esa estrategia. El canal buscaba aumentar también su visibilidad e influencia al organizar un debate presidencial republicano.

La llegada de Lee y de Reyes marcó un cambio pronunciado en la estructura de poder del canal, pues su división de noticias había estado controlada en gran parte por cubanoamericanos. "Durante muchos años, Univisión fue visto a través de la lente de la comunidad cubanoamericana de derecha recalcitrante", dijo un alto ejecutivo de Univisión. Pero Lee, Reyes y Daniel Coronell, el vicepresidente de Univisión, eran todos de ascendencia colombiana, y estaban ocupando cargos de nivel superior en la sala de prensa, cargos que fueron dejados por varios cubanoamericanos. La importancia tanto simbólica como práctica de este cambio no podía subestimarse.

En la política estadounidense hay profundas divisiones entre los latinos. Los cubanoamericanos muchas veces se encuentran al otro lado en sus argumentos con otros latinos sobre temas como la inmigración. La Florida es el ejemplo perfecto de esto: su numerosa población cubanoamericana es republicana, y la nutrida población puertorriqueña tiende a ser demócrata. El objetivo de Univisión era llegar a millones de hispanos, no solo en la Florida, sino en todo el país. En 2010, este canal emitió cuarenta y seis de los cincuenta programas más vistos por los hispanos de entre dieciocho y cuarenta y nueve años de edad. Y el 70% de esos espectadores no veía ningún otro canal, en comparación con menos del 10% que solo veía Fox, NBC, ABC o CBS. En muchos mercados, Univisión superaba a las tres grandes cadenas en inglés, y a nivel nacional, a veces superaba a todas las cadenas —independientemente del idioma— como lo hizo a mediados de febrero cuando fue el programa de mayor audiencia en el horario de las 10 de la noche entre personas de dieciocho a treinta y cuatro años de edad.

Univisión no se disculpa por presentar la información desde un punto de vista latino. Su presentador estrella, Jorge Ramos, es un partidario declarado de una reforma integral de inmigración y de la Ley DREAM, una propuesta para ofrecer una vía a la ciudadanía a los jóvenes que hayan entrado a los Estados Unidos antes de tener dieciséis años, que hayan vivido en el país durante cinco años consecutivos y que se hayan graduado en la escuela secundaria o sido aceptados en una universidad. Ramos es uno de los hispanos más respetados y conocidos en los Estados Unidos. Sin embargo, su inclinación política contrasta con los esfuerzos de los principales presentadores de las cadenas televisivas en inglés de mantener un aire de imparcialidad.

Los nuevos jefes de Univisión organizaron una teleconferencia confidencial con los representantes de Rubio para discutir el informe de Cicilia. Tres periodistas noticiosos de Univisión —Reyes, Martínez-Henao y Coronell— se reunieron con Lee en Miami, mientras dos abogados del canal escuchaban por teléfono. Lee necesitaba un salón grande para acomodar a los periodistas, y se sentaron alrededor de un escritorio en la oficina de Cesar Conde, el presidente de Univisión Networks, quien tiene sólo un poco más de treinta años, y que estaba ausente en ese momento. (Cesar Conde no debe confundirse con Cesar Conda, un ex asesor del vicepresidente Dick Cheney, quien se desempeña como jefe de personal de Rubio). Rubio estaba representado en la conferencia telefónica por Burgos y por Todd Harris, el consultor político.

Lo que pasó durante esa llamada de cuarenta y cinco minutos de duración, se convertiría en tema de debate y recriminaciones. Hay dos versiones: la de Univisión y la del equipo de Rubio. Ambas son similares en muchos aspectos, pero difieren en un punto clave. Harris y Burgos afirman que Univisión les ofreció un trato, un "quid pro quo": que si Rubio apareciera en *Al Punto*, el programa de entrevistas del domingo por la mañana, Univisión eliminaría o suavizaría su informe sobre Cicilia. Univisión niega haber ofrecido ese acuerdo.

Durante la llamada, el equipo de Rubio sostuvo que Univisión debía retractarse porque Cicilia era un ciudadano privado, y no un oficial electo. Harris, quien había ayudado a catapultar a Rubio de Miami a Washington, hizo una pregunta hipotética: "¿Qué dirían ustedes si hurgáramos en la vida privada de Jorge

Ramos?". Los empleados de Univisión interpretaron esta pregunta como una amenaza. Que un consultor que representa a un senador integrante de las comisiones con poder de citación hiciera una sugerencia como ésa, fue algo que hizo sentir incómodos a los periodistas. Por regla general, el personal de Rubio no ahorraba esfuerzos para atacar la credibilidad personal de periodistas, así como la veracidad de sus informes. Si se aplicara de manera efectiva, esta estrategia podría tener un efecto negativo con los periodistas; el equipo de Rubio se jactaba de neutralizar a quienes se les cruzaban. "Ramos es un ciudadano privado, no ha sido elegido y no es pagado por los contribuyentes", respondió Lee tras la sugerencia de Harris de investigar al presentador.

Lee, quien tomó la iniciativa en la llamada, argumentó que Rubio había convertido a Cicilia en una figura pública al subirlo al escenario durante varios eventos políticos, y también señaló que la campaña de Rubio había contratado al hijo de Cicilia como ayudante de viaje pagado.

El equipo de Rubio sostuvo que era injusto e indignante develar un caso tan antiguo. También consideró que era ridículo dedicarle un informe completo. Lee interpretó esto como una entrada a otras posibilidades. "Es un asunto de sustancia, no de formato", les dijo. "Si ustedes quieren que hagamos una entrevista, la haremos. Si quieren que hagamos un perfil, lo haremos". Posteriormente, Lee señaló en una entrevista, "Para mí, era completamente irrelevante si lo hicieras a través de una entrevista o de lo que sea".

El debate fue presentado más tarde como un "quid pro quo". No obstante, las notas que Burgos tomó de la reunión, y que fueron analizadas por Ken Auletta, escritor y periodista del *New Yorker*, pintan un cuadro más blando. Una frase suya dice que

Univisión "suprimiría este informe si asiste a *Al Punto*". Pero esta frase es contradicha por la siguiente, en la que Lee dice, "No hay promesas". Las notas de Auletta también dicen que Univisión "no ofreció garantías".

Cambiar el formato no suavizaría necesariamente el informe. Aunque la historia de Cicilia fuera presentada en un informe más amplio, un comentario de Rubio en la televisión habría aumentado considerablemente la visibilidad del informe y lo habría obligado a abordar por primera vez un incidente familiar. Al final, el equipo de Rubio no se comprometió a que el senador concediera una entrevista, y la llamada terminó sin ninguna conclusión. Bien sea que se haya ofrecido un trato o no, lo cierto es que no se hizo ninguno. Cuando el equipo de Rubio colgó, dice Coronell, los abogados de Univisión aplaudieron la llamada.

Al día siguiente, Burgos envió otra carta en señal de protesta, destacando los parámetros de la teleconferencia. Reprendió a Univisión por tomar la posición de que "cualquier aspecto de la vida de cualquier familiar de un oficial 'vale', sin importar lo antiguo que sea". Burgos continuó, "Interactuamos a diario con prácticamente todos los principales medios noticiosos en los Estados Unidos, y les aseguro que Univisión se encuentra solo en la adopción de dicha política".

Faltaba notablemente cualquier referencia a "un quid pro quo". Dado que la carta hace un recuento tan detallado de la teleconferencia, así como un profundo análisis hecho por el personal de Rubio sobre la prudencia periodística de Univisión, parece poco probable que no haya incluido al menos un comentario fugaz al supuesto trato.

Los ejecutivos de noticias de Univisión no veían ninguna razón para suprimir la historia, y cuatro días más tarde abrieron el noticiero de la noche con el informe sobre Cicilia. En lugar de abrir con el descubrimiento del caso, decidieron empezar por exponer su justificación para hacer la investigación. El informe señaló que "Rubio había dado detalles generosos sobre su familia, expresando una y otra vez durante su exitosa campaña para el Senado de los Estados Unidos, que estaba orgulloso de los esfuerzos de sus padres para construir un futuro mejor para sus cuatro hijos en este país". También señaló que su hermana había sido "arrestada en la operación antinarcóticos más importante del año en el sur de la Florida". Esa declaración era falsa porque Barbara Cicilia nunca fue acusada en el caso y no había ninguna indicación de que estuviera implicada en ningún sentido en el tráfico de drogas.

El informe de tres minutos contenía también un extracto de la carta de Burgos, que fue leído al aire: "Simplemente, el objetivo de esta historia y el hecho de concentrarse en los familiares del senador, quienes son ciudadanos privados, es indignante", escribió Burgos. "Cuando el esposo de la hermana del senador Rubio era un hombre joven hace veinticinco años, es un hecho que cometió muchos errores. Él y su familia han pagado el precio por ellos... esto no es una noticia. Esto es periodismo sensacionalista".

El informe de Univisión le molestó profundamente a Rubio. "Estaba muy irritado porque le dolía a su anciana madre, que ve Univisión todas las noches, dijo Ana Navarro, una amiga cercana de Rubio. "Su hermana trabaja en una escuela pública. Ella seguramente tenía amigos y colegas que no sabían cómo había sucedido esto".

Pero a pesar de esta preocupación, la historia no generó casi ningún rumor. Los principales medios de comunicación la ignoraron básicamente, y en los pocos lugares donde fue mencionada, por lo general fue ridiculizada. Despertó tan poca atención que era casi como si el informe no se hubiera emitido.

Dos meses y medio más tarde, un correo electrónico de un reportero del *Miami Herald* llegó a la bandeja de entrada de Lee. La nota decía que el *Herald* había hablado con altos miembros del personal de Rubio y con algunos empleados de Lee, y que todos estaban diciendo que él había ofrecido lo que parecía ser un "quid pro quo" para "suavizar o suprimir" la historia sobre la detención de Cicilia. "Algunos en la sala de redacción también nos han sugerido lo mismo", decía el correo electrónico, "que la dirección de Univisión está cambiando bajo su liderazgo, en el cual usted ha traído un estilo más llamativo de informar que es más parecido al periodismo de Colombia que al de Miami".

Lee se sintió ofendido por la sugerencia de que el periodismo en Colombia era diferente de algún modo al de Miami. En diversas épocas, Colombia ha sido uno de los lugares más peligrosos del mundo para ejercer el periodismo, un país donde los periodistas que desafiaron a los cárteles de la droga a veces pagaron con sus vidas. El Comité para la Protección de los Periodistas ha confirmado cuarenta y tres casos de periodistas asesinados en Colombia entre 1992 y 2011 debido a su labor. Uno de ellos fue Jaime Garzón, un satírico político y amigo de Lee que recibió varios disparos en la cabeza y en el pecho. Lee respondió a la inquietud del *Herald* negando haber ofrecido un quid pro quo al personal de Rubio, y citó otro correo electrónico del *Herald* explicando la posición de Rubio: "Por supuesto, la familia Rubio simplemente lo llama 'basura' para cumplir con una agenda, teniendo en cuenta la sustancia de la historia, el hecho de concentrarse en su cuñado, los veinticinco años de antigüedad del caso, las circunstancias derivadas de la llamada telefónica, los dos días de juego que le dieron a la historia, la etiqueta velada de Twitter '#rubio #drogas', etc.".

Cuando el *Herald* empezó a investigar el caso del "quid pro quo", Univisión cometió un grave error. En vez de defenderse, se aisló. El manejo de las averiguaciones fue desviado de la sala de redacción y cayó en manos de una ejecutiva de relaciones públicas corporativas llamada Mónica Talán. Talán, que trabajó en el departamento de relaciones públicas de la condenada empresa Enron para sus operaciones en América Latina, puso una orden de mordaza en la sala de redacción. A Lee y a los demás se les prohibió hablar con el *Herald* sobre el caso. "He enterrado historias antes", se jactó ella, me dijeron empleados de Univisión.

———

Si a los periodistas del *Herald* y del *Nuevo Herald* les hubieran permitido entrevistar a algunos de los participantes y revisar su correspondencia, como lo hicieron unos meses después varios medios noticiosos, es probable que se hubieran encontrado con el mismo frente unificado observado por algunos periodistas que siguieron el embrollo. Los seis participantes de Univisión estuvieron de acuerdo en que no ofrecieron un quid pro quo. Sin embargo, la ineficaz Talán respondió al *Herald* con el simple envío a los periodistas de un comunicado atribuido a Lee negando la acusación. En ese momento, la balanza se inclinó a favor de Rubio. Por un lado, los reporteros del *Herald* vieron al equipo de Rubio ofrecer claramente su versión de los acontecimientos, respaldada por fuentes de la sala de redacción que no se identificaron. Al otro lado estaba una organización de noticias que no cooperó.

Los periodistas del *Miami Herald* y del *Nuevo Herald* dijeron posteriormente que habían decidido hacer el informe después de recibir "pistas de amigos de Rubio" y de empleados no identificados de Univisión. Después de alguna reticencia inicial, el equipo de Rubio confirmó la historia, dijeron. Este es un punto clave. Es difícil imaginar que el *Herald* publique una historia que parezca tener tanta autoridad sin la confirmación de Burgos y de Harris. Al cooperar, el personal de Rubio hizo lo que Univisión había sido incapaz de hacer: hicieron de la vergüenza de Orlando Cicilia una historia nacional, que penetró en la audiencia de habla inglesa y llegó mucho más allá de la audiencia hispana de Univisión. En el lenguaje de las campañas políticas, arrojaron eficazmente a Orlando Cicilia —quien ya había pagado su deuda con sociedad— bajo el autobús. El *Miami Herald* y el *Nuevo Herald* publicaron sus artículos el primero de octubre. Los artículos incluyen la declaración de Isaac Lee, pero sobre todo presentan una versión de los hechos que coincide con las de Burgos y Harris: "Días antes de que Univisión trasmitiera una historia controvertida este verano sobre una redada de drogas de más de dos décadas de antigüedad contra el cuñado de Marco Rubio, altos empleados del influyente canal en español le ofrecieron al personal del senador de los Estados Unidos, lo que parecía ser un acuerdo".

Puede que la historia de la operación antidrogas haya sido ignorada en su mayoría, pero las afirmaciones en el artículo del *Herald* produjeron un escándalo nacional. Erik Fresen, un joven legislador cubanoamericano que había ocupado el escaño de la Cámara de la Florida que dejó vacante Rubio, dice que se puso furioso cuando leyó las denuncias del *Herald* contra Univisión. El 3 de octubre, él y otros dos políticos de la Florida —David Rivera, amigo cercano de Rubio y congresista de los Estados Unidos, y Carlos López-Cantera, líder de la mayoría en la Cámara de Representantes de la Florida— enviaron una carta indignada a Reince Priebus, presidente del Comité Nacional Republicano, exigiendo una disculpa y el despido de Lee. Los tres firmaron el mensaje, pero su distribución estuvo a cargo de Rivera, dijo Fresen. La carta señalaba que Univisión pensaba organizar un debate presidencial el 29 de enero, dos días antes de las primarias republicanas de la Florida. "Dado el carácter reprensible de la división de noticias de la cadena televisiva Univisión, les estamos advirtiendo a todos los candidatos presidenciales republicanos que no participen en el debate que tiene previsto Univisión". La carta seguía diciendo que los tres hombres le cobrarían un costo político a cualquier candidato que dejara de seguir su consejo: "Aún más, cuando los votantes acudan a las urnas el 31 de enero durante las primarias presidenciales de la Florida, es nuestra intención informarles a los electores hispanos, especialmente a los votantes cubanoamericanos, cuál candidato presidencial decidió ignorar nuestras preocupaciones". Incluso sugirieron una alternativa: hacer el debate en Telemundo, una cadena televisiva mucho más pequeña, y cuya estrella era el presentador José Díaz-Balart, hermano del congresista republicano Mario Díaz-Balart y del ex congresista Lincoln Díaz-Balart.

La amenaza pareció surtir efecto en los republicanos más importantes. "Obviamente, no queremos hacer nada para enajenar a Rubio ni a sus electores", señaló el veterano estratega republicano Ed Rollins. A continuación, los principales candidatos republicanos dijeron que no iban a participar en el debate propuesto por Univisión.

Sin embargo, algunos observadores consideraron que la secuencia de eventos parecía ser casi demasiado perfecta como para tratarse de una coincidencia. El viernes 30 de septiembre, el Partido Republicano de la Florida adelantó la fecha de su primaria presidencial, una decisión que obligó a otros estados de la junta política, donde las primarias se celebraban temprano, a cambiar sus fechas. Al día siguiente, apareció el artículo del *Herald* sobre Univisión. Dos días después de que Rivera y los dos legisladores de la Florida le entregaran su carta a la Convención Nacional Republicana, los candidatos presidenciales se retiraron rápidamente del debate propuesto por Univisión.

Un posible motivo —negado por los republicanos— sería evitarles a sus candidatos la incomodidad de enfrentarse a una avalancha de preguntas por parte de Ramos sobre la inmigración. Los dos partidos estaban ansiosos por atraer el voto hispano en las elecciones de 2012, y algunos analistas decían que los votantes hispanos probablemente harían la diferencia si la votación entre el candidato republicano y el presidente Obama era muy pareja. Pero la inmigración es un tema delicado para los republicanos en las primarias, debido a la posición que habían estado tomando los candidatos republicanos de línea dura en materia de seguridad y de presencia de agentes de la ley en la frontera.

Las alegaciones del quid pro quo estaban afectando seriamente la reputación de Univisión. A pesar de las refutaciones de la cadena, la impresión general era que había actuado de forma poco ética. Y a medida que aumentó el furor, la cadena televisiva siguió estropeando el manejo de su imagen pública. La sala de redacción llevó a Rick Altabef, un abogado que había trabajado para *60 Minutes*, el programa noticioso de la cadena CBS, para que llevara a cabo una revisión interna. Sin embargo, el impacto potencial de la revisión fue deficiente porque él no entrevistó a todos los participantes en la llamada telefónica de Univisión, y recibió poca atención.

En este punto, Rubio tenía claramente la ventaja. Se había convertido en objeto de compasión, y Univisión en la encarnación de todo lo que estaba mal con los medios de comunicación. Pero ese invierno comenzaron a circular otras interpretaciones. La revista *The New Yorker*, y luego el *Columbia Journalism Review*, una publicación respetada en el medio, plantearon preguntas acerca de la historia del *Herald*, sobre sus fuentes y sobre el papel que habían tenido el equipo y los amigos de Rubio. "Hay algunas cosas sobre la historia del *Herald* que no cuadran", escribió Erika Fry en el *Columbia Journalism Review*. "Por ejemplo, sus fuentes. Más allá de la gente de Rubio, la historia depende de 'empleados de Univisión' anónimos que se encuentran a una distancia ambigua del supuesto quid pro quo. Uno de ellos es descrito como un 'ejecutivo de Univisión'; se dice que otros 'tienen conocimiento de la discusión'. No está claro... si estos 'empleados' trabajaban para la cadena o para la filial de Miami, una cuestión importante, puesto que las dos entidades tienen relaciones muy diferentes con el campamento de Rubio. Lo más problemático, sin embargo, es que no se dice que ninguno de los 'empleados' haya estado presente en la llamada telefónica en la que supuestamente se ofreció el quid pro quo".

En señal de respuesta, el *Herald* defendió enérgicamente su historia y su manera de informar. "Nos sentimos muy cómodos con lo que teníamos", me dijo Aminda Marques, editora ejecutiva del *Herald*. "Tenemos nuestras fuentes".

Marques se mostró irritada por la implicación en algunas evaluaciones de la controversia que sugerían que "fuimos utilizados", y que el *Herald* había sido suave con Rubio. El periódico había publicado duros artículos de investigación sobre él durante su campaña, y revelado su uso de la tarjeta de crédito del Partido Republicano estatal y sus finanzas personales. A una de sus periodistas —la reportera investigativa Beth Reinhard— le fue prohibida la entrada al vehículo del departamento de prensa de la campaña de Rubio. "Puedo decirte que fue una relación difícil con el candidato", dijo Marques.

Univisión también fue criticado por las dos publicaciones, pero por razones diferentes. *The New Yorker* y *CJR* se preguntaban si el informe original sobre Cicilia era digno de la atención y de los recursos que le había dado el canal. Marques dijo que la historia de Cicilia "no era una historia que el *Miami Herald* iba a publicar", en parte debido a que la detención había ocurrido mucho tiempo atrás, y porque Rubio era apenas un adolescente cuando ocurrió. "Para nosotros, diré que no cumplía con nuestros estándares".

Una curiosidad de esta saga fue que los reporteros del *Herald* no habían llamado a Gerardo Reyes, un ex colega. La noche antes de que se publicara la historia, Reyes llamó a Marques, editora del *Herald*, a su casa para advertirle que estaba a punto de publicar una historia falsa. Marques dijo que los reporteros no se pusieron en contacto con Reyes porque "él no estaba realmente en condiciones de ser un árbitro neutral".

Aunque la versión ofrecida por Univisión estaba empezando a tener más acogida, la cadena siguió haciéndose daño. Su presidente, Haim Saban, gran contribuyente del Partido Demócrata y una de las personas más ricas de los Estados Unidos, enfatizó su inclinación política al hacer un comentario en el *New Yorker* que ninguna organización de noticias que procura mantener el equilibrio quisiera que su presidente hiciera. "El hecho de que Rubio y algunos candidatos presidenciales republicanos tengan una postura anti-hispana que no quieren compartir con nuestra comunidad es comprensible, pero despreciable. Así que 'boicotear' a Univisión, la empresa más grande de medios de comunicación en español de los Estados Unidos, es falso en el mejor de los casos, y tonto en el peor", comentó Saban.

Los republicanos demolieron a Saban por ese comentario, entre ellos Al Cárdenas, antiguo mentor de Rubio y presidente de la Unión Conservadora Americana. "¿Quién es él para determinar cuáles son los puntos de vista de todos los estadounidenses?" preguntó Cárdenas. "[Sugerir que los hispanos] son monolíticos en su proceso de pensamiento es un insulto para nosotros y pertenece más a una mentalidad de plantación". Desde el momento en que las palabras de Saban fueron de dominio público, los republicanos tuvieron un arma poderosa para argumentar que Univisión estaba sesgado contra ellos.

Univisión nunca organizó su debate. La cadena tuvo que conformarse con un modesto foro de candidatos en el que Ramos entrevistó a los aspirantes republicanos por separado. Fue una gran oportunidad desperdiciada para la cadena, sobre todo en una campaña cuyos debates lograron grandes audiencias y jugaron un gran papel en determinar la suerte de los candidatos. También fue una oportunidad perdida para los votantes hispanos de los Estados Unidos.

Si el objetivo del contratiempo de Univisión era descalabrar el debate republicano, Rubio y los republicanos ganaron. Si el objetivo no era ese, aún así ganaron algo. Pero, ¿a qué costo?

Capítulo diez

LA PUERTA DORADA

Los hombres y mujeres que fueron a oír a Marco Rubio ese día al comienzo de los años 2000 tenían las manos callosas y un sinfín de preocupaciones. Las camionetas que los transportaban a ellos y a sus amigos —y hermanas, hermanos y cónyuges— para trabajar en el campo no eran nada seguras. Cuando los vehículos resbalaban, los trabajadores caían al asfalto, y morían o quedaban heridos. Sus pulmones se llenaban de pesticidas cuando llegaban a las granjas. Y después de un duro día de trabajo bajo el sol calcinante, sus empleadores a veces se negaban a pagarles el salario mínimo garantizado por el Gobierno federal, pues sabían que los inmigrantes indocumentados no podían hacer nada al respecto.

Sin embargo, algo en el político rebosante de energía que fue a hablar con ellos ese día en el complejo de viviendas para trabajadores migrantes les dio esperanza. No era solo que él les hablara en español; también sentían que él los entendía. "Mi corazón está con los trabajadores de este sector", había dicho una vez. "Al igual que muchos de mis constituyentes, ellos han venido a este país, han trabajado duro e intentado salir adelante, y por lo tanto, deben ser tratados de una manera digna".

Rubio era un legislador estatal en ascenso, y no les podía prometer mucho a los casi cincuenta latinos que fueron a recibirlo. Sin embargo, "dio un buen discurso y expresó su apoyo a los problemas de los trabajadores agrícolas", dijo Tirso Moreno, un sindicalista que dirige la Asociación de Trabajadores Agrícolas de la Florida. "Ellos estaban felices". Lo aplaudieron.

La capacidad de Rubio para hacer felices a los latinos —no solo a los cubanoamericanos, sino a votantes de países como México y Guatemala y El Salvador— es una de las cuestiones centrales de su futuro político. ¿Es uno de ellos o no? ¿Es un hijo de exiliados o de inmigrantes? ¿Tal vez las dos cosas? ¿Es una respuesta a las esperanzas republicanas para atraer votos latinos, o un problema?

La paradoja es, en gran parte, una creación de Rubio, el resultado del hincapié que hace él en sus raíces cubanas, y de sus duras posiciones sobre el volátil tema de la inmigración. Como dice él: "Yo hablo sobre el legado y la historia de mi familia como parte central de mi identidad política, porque es la fuente de mi identidad política". Pero la paradoja de Rubio también habla de una mayor verdad acerca de la política étnica en los Estados Unidos: muchas veces se espera que las figuras políticas latinas estén a favor de un camino fácil a la inmigración, y de un generoso sistema de aceptación de los inmigrantes que están ilegalmente en este país. El voto latino se ha vuelto cada vez más influyente en la política estadounidense. Más de 21 millones de hispanos son elegibles para votar en los Estados Unidos en 2012. Los hispanos representaban el 7,4% del electorado en las elecciones presidenciales de 2008, más del doble del porcentaje de 1988. Los hispanos fueron el segundo grupo minoritario más grande en 2008, después de los afroamericanos, que representaron el 12,1%. Y todas las tendencias apuntan a que la importancia nacional de los hispanos aumente de manera exponencial. Se calcula que la población hispana pasará del 16% actual, al 29% en 2050, según el Centro Hispano Pew. Entre 2005 y 2050, se espera que los latinos compongan el 60% del crecimiento demográfico en los Estados Unidos.

Los estrategas están de acuerdo en que para llegar a la Casa Blanca, un candidato republicano tiene que asegurar el 40% del voto latino, porcentaje que ganó George W. Bush en 2004. Cuatro años más tarde, el republicano John McCain sólo obtuvo el 33%, y fue derrotado por el demócrata Barack Obama.

Pero para los republicanos que buscan la nominación de su partido, el cálculo puede ser diferente: es más importante ganar los votos de la clase trabajadora blanca siendo el candidato más duro con los inmigrantes ilegales que cortejar al ascendente grupo de latinos, cuya influencia se presenta básicamente en las elecciones generales. Así que en las primarias de 2012, el ex gobernador de Massachusetts, Mitt Romney, promovió la idea de instalar una valla de alta tecnología a lo largo de la frontera entre México y Estados Unidos, de casi dos mil millas de extensión, y la congresista Michele Bachmann de Minnesota propuso una valla doble. Para no ser menos, Herman Cain, un ejecutivo de la pizzería cuya campaña pasó por un buen momento y llegó a ser brevemente el más favorecido antes de retirarse, propuso una valla electrificada, pero acompañada de un foso con cocodrilos.

La moderación en materia de inmigración a finales de 2011 no ayudó a ganar votaciones primarias, como descubrieron Rick

Perry y Newt Gingrich. Perry, el gobernador de Texas, fue objeto de duros ataques por ofrecerles educación estatal gratuita a los hijos de algunos inmigrantes ilegales. Desde un comienzo, Gingrich apoyó la idea de un programa para trabajadores invitados, y sugirió que debía existir una ruta para que algunos de los once millones de inmigrantes indocumentados que había en el país permanecieran legalmente, pero no tardó en ser etiquetado como blando en el tema y criticado por activistas conservadores, quienes lo acusaron de llevar el país a una amnistía.

Dos meses más tarde, mientras la contienda se trasladaba a la Florida, un estado con 4,2 millones de latinos, y que era el tercero con mayor número de personas de este grupo étnico en el país, Rubio y su antiguo mentor, Jeb Bush, criticaron a sus colegas republicanos por confundir a los latinos con su retórica anti-inmigrante. "En los 15 estados que pueden decidir quién controlará la Casa Blanca y el Senado en 2013, los votantes hispanos representarán el margen de la victoria", escribió Bush en un artículo de opinión para el *Washington Post*. "Para el Partido Republicano, lo que está en juego no podría ser más importante. Apenas ocho años después del exitoso intento por atraer a los votantes hispanos en 2004, esta comunidad —la de mayor crecimiento en los Estados Unidos, según datos del censo— se ha alejado de sus filas".

Al mismo tiempo que los republicanos parecían estar alejando a los latinos, los demócratas tampoco se estaban haciendo ningún favor. La administración de Obama informó de un número récord de deportaciones en sus primeros tres años. Los demócratas señalaron que este aumento era el reflejo de un nuevo esfuerzo por expulsar a los criminales del país, dejando sin embargo una mala impresión entre muchos latinos. Y el presidente también estaba siendo criticado por emplear capital político en medidas radicales, como la reforma de la salud y los estímulos económicos, pero sin dedicarle muchas energías a la reforma de inmigración. Ni los demócratas ni los republicanos estaban captando la simpatía de las comunidades de migrantes.

Y los latinos estaban dispuestos a tomar partido, pero antes habría que saber cómo llegar a ellos.

———

Cerca de 200.000 hombres y mujeres trabajan en los cultivos de la Florida, un estado que produce la gran mayoría de las naranjas y toronjas de los Estados Unidos, así como dos de cada cinco tomates frescos del mercado.

Nadie sabe con exactitud cuántos trabajadores agrícolas de la Florida entraron ilegalmente al país, pero se sabe que la mayoría son indocumentados. "Más del 75%", dijo Greg Schell, abogado del Proyecto de Justicia para los Trabajadores Agrícolas Migrantes, una organización que les ofrece servicios legales a los trabajadores. En cualquier esfuerzo para ayudar a los trabajadores agrícolas, está implícita una comprensión de que los inmigrantes indocumentados deben ser los principales beneficiarios. "No es ningún secreto", dijo Schell. "Todos saben de quiénes estamos hablando".

Schell y sus colegas simpatizaron con Marco Rubio cuando se desempeñaba en la Cámara de Representantes de la Florida. Cuando se reunía con grupos de apoyo, Rubio los interrumpía con entusiasmo cuando hablaban de sus peticiones. "¡Es lo justo!", exclamaba.

"Teníamos muchas esperanzas de que él iba a ser el campeón de los trabajadores agrícolas", dijo Schell.

En los primeros años del siglo XXI, Rubio confirmó esas esperanzas al ofrecerle su creciente influencia a esta causa. Rubio formó una alianza improbable para un joven republicano del sur de la Florida con la esperanza de pulir sus credenciales conservadoras, haciendo equipo con Frank Peterman, un liberal demócrata afroamericano de St. Petersburg que intentaba llevar adelante varias propuestas de protección a los trabajadores agrícolas. Rubio copatrocinó con Peterman una medida que les prohibía a los contratistas de mano de obra obligar a los trabajadores a pagar el transporte y el equipo básico necesario para realizar su trabajo. Era una estrategia para evitar que los contratistas inescrupulosos aumentaran sus ganancias al no pagar las herramientas y los medios de transporte de los trabajadores. Rubio y Peterman copatrocinaron también una propuesta mucho más ambiciosa, que les concedía a los trabajadores el derecho a demandar a los contratistas de mano de obra que no pagaran el salario mínimo. Las propuestas no se convirtieron en ley, pero los activistas quedaron impresionados con el hecho de que Rubio, un legislador con un futuro tan prometedor, lo hubiera intentado al menos.

Rubio también apoyó una iniciativa para darles descuentos en las matrículas universitarias a los hijos de inmigrantes indocumentados que habían vivido en la Florida por lo menos durante tres años consecutivos antes de graduarse de la escuela secundaria. Otros estados con grandes poblaciones de inmigrantes, entre ellos Texas y California, habían adoptado medidas similares, pero las propuestas de la Florida que había respaldado Rubio permanecieron estancadas durante dos años mientras él se desempeñó como presidente de la Cámara estatal.

La llegada de Rubio a la presidencia de la legislatura estuvo acompañada de una renovada atención a su apasionante historia familiar. Cuando aceptó la presidencia en septiembre de 2005 ante la legislatura de la Florida, se posicionó como un hijo de la generación de refugiados políticos que habían encontrado libertad y oportunidades en América.

Rubio es un orador sofisticado, y ese día pronunció un discurso sofisticado. En él, se incluía a sí mismo entre los hijos y nietos de los cubanos expulsados de la isla por Castro. La sugerencia, sin embargo, estaba en conflicto con los hechos de su historia familiar. Los documentos de inmigración de su padre, su madre y su hermano mostraban claramente que habían llegado a los Estados Unidos en mayo de 1956, dos años y medio antes de que Castro tomara el poder. Pero esta discrepancia solo salió a la luz pública unos meses después de que Rubio fuera elegido como senador de los Estados Unidos. "En enero de 1959", dijo durante su discurso de aceptación como presidente de la Cámara, "un matón llamado Fidel Castro tomó el poder en Cuba, y un gran número de cubanos se vio obligado a huir y a venir aquí; muchos —la mayoría— a los Estados Unidos".

Cuando llegaron, fueron recibidos por las personas más compasivas de todo el planeta. Y se les dijo que si trabajaran duro y cumplieran con todas las reglas, podrían salir adelante en los Estados Unidos, y eso fue precisamente lo que hicieron. Aceptaron cualquier empleo que pudieran encontrar, y no siempre eran buenos empleos. Pero trabajaron duro y cumplieron con las reglas, y como lo había hecho con muchos otros antes, América les cumplió su promesa. Con el tiempo, se convirtieron en directivos, propietarios y empresarios.

Compraron sus primeras casas aquí y participaron en la vida cívica. Enviaron a sus hijos e hijas a combatir y, a veces, a morir en las selvas de Vietnam y en los desiertos de Irak. Vieron crecer a sus hijos, ir a la universidad y comenzar sus propias vidas, unas vidas mejores que las de ellos. Un número significativo de los hombres y mujeres a quienes represento son miembros de esa generación, y por eso quería tomarme un momento para hablar con ellos, especialmente con los que están hoy aquí. Sé que cuando ustedes eran jóvenes, también tenían sueños. Cuando eran jóvenes, soñaban con ser médicos o abogados, ingenieros o periodistas. Pero cuando perdieron su tierra natal, la mayoría de ustedes también perdió la oportunidad de alcanzar esos sueños. Hoy me dirijo a ustedes en nombre de una generación agradecida, que es la generación de sus hijos y nietos. Aunque ustedes sufrieron grandes dificultades, nunca nos convirtieron en víctimas. Nunca nos inculcaron amargura. Al contrario, infundieron en nosotros la profunda creencia de que nuestro único límite era nuestra voluntad de trabajar. Y ahora, a medida que ustedes reflexionan en sus vidas, necesitan saber esto: que sus sueños no han muerto; nos los han transmitido a nosotros.

Hoy sus hijos y nietos viven los sueños que ustedes tuvieron en su juventud. Hoy en día esos sueños encuentran satisfacción en nuestras vidas. Hoy en día vivimos esos mismos sueños que antes tuvieron ustedes. Hoy sus hijos y nietos son el secretario de Comercio de los Estados Unidos y miembros del Congreso, son los presidentes ejecutivos de compañías Fortune 500 y empresarios exitosos, son artistas ganadores de Grammys y periodistas de renombre, son un senador y, pronto, el presidente de la Cámara de Representantes de la Florida.

El discurso fue recibido con aplausos y con una buena dosis de lágrimas. Pero también hubo burlas. El discurso tenía algo que a algunos de los cubanoamericanos en la audiencia les pareció falso, aunque nunca lo hayan dicho públicamente. Estos cubanos sabían, sin lugar a dudas, que sus propios padres habían sido obligados a abandonar la isla y de algún modo sentían que Rubio estaba exagerando las experiencias de sus padres. Y los de Rubio "no fueron los únicos que tuvieron que sacrificarse", dijo uno de ellos.

En su discurso, Rubio sólo había hablado de la generación que se vio obligada a huir, y de las generaciones integradas por sus hijos y nietos. No mencionó a los inmigrantes que llegaron antes de Castro, ni a una comunidad más grande de exiliados.

Cuando dijo, "Hoy me dirijo a ustedes en nombre de una generación agradecida, que es la generación de sus hijos y nietos", estaba asumiendo el papel de portavoz de los hijos y nietos de una generación de cubanos que había huido de la isla. Él se incluyó a sí mismo en esa generación, diciendo: "nunca nos convirtieron en víctimas. Nunca nos inculcaron amargura".

El mensaje de su discurso fue claro para el periódico más grande del estado, y para la agencia de noticias más grande del país, pues los dos medios informaron que los padres de Rubio habían huido del régimen de Castro. "Rubio nació en Miami como hijo de padres cubanoamericanos, y él dijo que ellos habían escapado de un 'matón', de Fidel Castro, para que sus hijos tuvieran una vida mejor en los Estados Unidos", señaló el *St. Petersburg Times*. "El abogado miamense de 34 años de edad, describió al presidente cubano Fidel Castro como 'un matón' que obligó a sus padres a huir de su tierra natal antes de que él naciera", señaló el despacho de Associated Press. El *Palm Beach Post* publicó un informe similar sobre Rubio, señalando que sus padres se vieron obligados a abandonar la isla. Y posteriormente, Human Events, un portal de Internet que suele describir a Rubio en términos elogiosos, escribió que el presidente saliente de la Cámara había "denunciado a Castro como un matón que obligó a los padres de Rubio a huir de Cuba antes de que él naciera".

Rubio sería mucho más explícito en los años siguientes. La falsa afirmación de que sus padres llegaron a los Estados Unidos después de que Castro llegara al poder, ocupó un lugar destacado en las biografías que aparecen en la página web de su campaña al Senado y en la página web oficial del Senado tras su elección. Durante la contienda para el Senado de 2010, Beth Reinhard, periodista del *Miami Herald*, tomó nota de que su "habitual discurso electoral describe su campaña como el próximo capítulo de la clásica historia de éxito americana. 'Soy hijo de exiliados cubanos', comenzó a decir en Navarre, contando la historia de sus padres en La Habana y de su viaje a los Estados Unidos en 1959 [en] busca de una vida mejor". La publicidad de su campaña mostraba la imagen de una familia que salió de Cuba en contra de su voluntad. "Mis padres lo perdieron todo: su casa, sus familias, sus amigos, e incluso su país". En realidad, gran parte de su familia ya estaba radicada en los Estados Unidos o en proceso de hacerlo, según documentos de inmigración. Muchos cubanos habían perdido realmente sus casas y granjas, las cuales fueron confiscadas por el régimen de Castro, y ellos fueron expulsados de la isla por ser enemigos políticos; la familia de Rubio abandonó la isla voluntariamente.

Rubio difundió aún más la historia del éxodo post-Castro diciendo que sus padres llegaron en 1959 en entrevistas con la estación de televisión Fox 13 de Tampa, en NPR y en *America's*

Nightly Scoreboard, un programa de la cadena Fox News. "Creo que la dirección a la que va Washington, D.C.", le dijo Rubio al anfitrión, David Asman, "nos hará más como el resto del mundo, y no como la nación excepcional que encontraron mis padres luego de venir de Cuba en 1959, y el país en el que trabajaron muy duro para que yo pudiera heredarlo". Y Rubio, que estaba captando muchos seguidores en Twitter, también transmitió la historia post-Castro digitalmente por este medio en julio de 2009: "Gracias Estados Unidos por darles la bienvenida a mis padres hace 50 años. Soy muy afortunado de ser estadounidense".

La historia estaba tan profundamente arraigada que por lo menos cincuenta medios impresos y de difusión publicaron informes que hacían referencia al viaje de la familia de Rubio desde la Cuba post-Castro. Entre ellos estaban casi todos los principales periódicos de la Florida, así como publicaciones y programas de televisión nacionales e internacionales, como el *New York Times*, el *Washington Post*, el *Weekly Standard*, el *American Spectator*, la Agencia France-Presse y *Nightline*, de ABC. El falso escape del régimen castrista también apareció en libros escritos por William J. Bennett, el experto conservador y ex secretario de Educación de los Estados Unidos, y por Scott Rasmussen y Doug Schoen, dos conocidos encuestadores.

La historia fue revelada como falsa en octubre de 2011 en los informes publicados por el *St. Petersburg Times* y el *Washington Post*. Las pruebas eran irrefutables, y no de difícil acceso. Las vi por primera vez mientras hacía una investigación de antecedentes rutinarios para este libro. "Las solicitudes de naturalización" presentadas por la madre, el padre y el hermano mayor de Rubio en la década de 1970, muestran que llegaron a los Estados Unidos el 27 de mayo de 1956.

Rubio y sus aliados republicanos reaccionaron con indignación ante el informe del *Post*. Mitt Romney, que era el gran favorito para la nominación presidencial republicana, señaló que el artículo del *Post* era "un manchón". Rubio respondió con una columna editorial en Politico.com, el sitio web ampliamente leído, donde escribió, "El *Washington Post* me acusó el viernes de buscar un beneficio político al maquillar la historia de la llegada de mis padres a los Estados Unidos. Esa es una acusación indignante que, no solo es incorrecta, sino también un insulto a los sacrificios que hicieron mis padres para darles una vida mejor a sus hijos". En las entrevistas, Rubio sostuvo que él se había basado en la tradición familiar, pero cuando fue presionado posteriormente acerca de si alguien en su familia le había dicho que específicamente alguna vez que habían llegado en 1959, Rubio señaló, "Mira, esa no fue la forma en que se habló en nuestra familia o entre muchas personas en la comunidad de exiliados. Se trata más de la pérdida de su país de origen, y de la incapacidad de regresar o de ser parte de él... Esa fue una parte importante de nuestra educación; crecer en esta comunidad rodeada de personas que lo habían perdido todo, que fueron enviados aquí cuando eran niños, mientras sus padres permanecieron allá".

Rubio sólo aumentó la polémica tras escribir su defensa en Politico. Declaró que su madre había regresado a Cuba en febrero de 1961 con sus hermanos mayores, "con la intención de vivir allá" mientras su padre permanecía en Miami "solucionando asuntos familiares". Decidieron no quedarse en Cuba al darse cuenta de que se estaba convirtiendo en un país comunista, escribió.

El mismo día en que fue publicado el escrito de Rubio, NPR

había transmitido poco antes la grabación de una entrevista realizada en 2009. Rubio dijo que sus padres habían venido de Cuba en 1959, y dio también otros detalles que no son compatibles con los documentos y que contradecían su explicación. Le dijo al entrevistador Robert Siegel, que su madre regresó a Cuba en 1960 para cuidar a su abuelo tras ser "atropellado por un autobús". "Cuando llegó el momento de regresar a los Estados Unidos, el Gobierno cubano no se los permitió", dijo Rubio. "Dejaron que mi hermana regresara porque era ciudadana americana, pero no a mi hermano ni a mi mamá. Y durante nueve meses, fueron todos los días al aeropuerto esperando que los dejaran viajar y finalmente lograron hacerlo. Fue algo muy aterrador. Y creo que fue entonces cuando supieron a ciencia cierta que no era el lugar donde querían vivir".

Era una historia dramática, pero no estaba respaldada por ningún documento. El pasaporte cubano de la madre de Rubio muestra que nunca estuvo en Cuba por un período de nueve meses en la década de 1960. El año de su regreso también era diferente: 1960, y no 1961. El portavoz de Rubio trató de señalar que las dos versiones no estaban en conflicto, aunque era obvio que sí.

El episodio fue una prueba temprana de cómo manejaban Rubio y su equipo las crisis a nivel nacional, y que varios republicanos prominentes del país dijeron que planteaba preguntas sobre su temperamento y experiencia. "Un poco más de experiencia, y él no habría tenido una reacción tan exagerada", me dijo un republicano experimentado e influyente. "Es importante separar lo que es realmente crítico para tus principios de lo que puede ser una prueba de los medios de comunicación".

Paul Gigot, un columnista del *Wall Street Journal* que ha

expresado que Rubio se puede beneficiar de un temprano examen riguroso de antecedentes a nivel nacional, observó que "El equipo de Rubio no manejó bien [las revelaciones sobre la migración de su familia]". Sin embargo, la tenacidad de la respuesta de Rubio pudo haberle ganado un poco de apoyo entre los republicanos conservadores que corrieron a su defensa. Luchar contra los medios de comunicación dominantes casi siempre es un movimiento popular.

—

Algunos aliados de Rubio y cubanos de Miami sostienen que no había diferencia entre los cubanos que llegaron a los Estados Unidos antes de Castro y los que vinieron después. Andy S. Gómez, profesor de la Universidad de Miami, estaba tan convencido de esto que dio el paso inusual de emitir un comunicado de prensa para manifestar que no había ninguna distinción: "todos comparten la herencia dolorosa de no poder regresar a su tierra".

Sin embargo, otros señalaron que Rubio lograba claras ventajas políticas al retratarse a sí mismo como hijo de padres que huyeron de Castro. Raúl Martínez, el ex alcalde de Hialeah que una vez apoyó a Rubio, sugirió que éste estaba motivado por "conveniencias políticas", y por un intento de ganar aceptación entre los exiliados post-Castro, pues de lo contrario "ellos te mirarán como diciendo, 'Espera, tú no eres uno de nosotros'. Supongo que es más importante ser elegido que decir la verdad", comentó Martínez, cuya familia fue expulsada de Cuba, después de que Castro tomara el poder.

"Si [Rubio] hubiera sido honesto y sincero al decir que habían llegado antes de la revolución cubana, no creo que hubiera tenido la misma carrera política", dijo George González, profesor de ciencias políticas de la Universidad de Miami, cuyo padre fue rescatado de Cuba por el programa Pedro Pan después de que su abuela fuera encarcelada por posesión de documentos contrarrevolucionarios. "Eso es parte de la experiencia cubana en el exilio, el trauma político y psicológico derivados de ello. Así que la idea de que Rubio no haya sido claro en ese sentido no produce un cambio de opinión... Para mi padre y mis abuelos, estás en una categoría diferente si llegaste antes de la revolución.

"Todo cubanoamericano sabe cuándo llegaron sus padres, y las circunstancias en que lo hicieron".

Frank González, un miamense cuyo padre participó en la fallida invasión a Bahía de Cochinos, vivió la fuerte división causada por el exilio. Su padre recibió amenazas de muerte después de sugerir el diálogo con el régimen de Castro para liberar a los presos políticos. Fue echado de los grupos de exiliados, y catalogado como una especie de traidor a la causa a pesar de su servicio en la invasión fallida, comentó Frank González. "Tienes que decirlo [que fuiste expulsado por Castro] porque si no lo haces, no eres parte de la camarilla", dijo González. Y Ralph Fernández, un dirigente de la comunidad cubana exiliada en Tampa, recuerda que se establecían límites claros: "Incluso tenían clubes diferentes de cubanos pre-Castro y post-Castro. Los inmigrantes pre-Castro eran conocidos como *verduleros*, encasillándolos como migrantes económicos. Y ellos tenían nombres igualmente desagradables para nosotros", dijo Fernández, quien llegó a los Estados Unidos después de que Castro tomara el poder.

Que Rubio desconociera su historia familiar o hubiera engañado intencionalmente a los votantes y colegas, es un asunto que lo ha perseguido. En dos ocasiones, ha hecho declaraciones indicando que tal vez supiera que sus padres llegaron antes de que Castro tomara el poder en 1959: en una entrevista que le hizo Fox News en febrero de 2010, Rubio dijo, "'58, '59", en referencia a su llegada, pero en otra del *Miami Herald*, dijo, '57, '58, o '59, y posteriormente, cuando fue presionado, afirmó que habían llegado antes de la revolución. El periódico informó que sus padres habían llegado "justo antes de la revolución".

Sin embargo, Rubio fue claro en decir que habían llegado después de que Castro tomara el poder en los sitios web de su campaña y del Senado, en dos entrevistas en la televisión, en una entrevista radial y en su cuenta de Twitter. A pesar de que leía atentamente los artículos que se escribían sobre él, nunca trató de corregir las decenas de informes de prensa que indicaban que sus padres habían llegado en 1959. La única fecha que no aparece en las base de datos de sus afirmaciones es la correcta: 1956. Lo que está claro es que, durante su ascenso, Rubio puso mucho énfasis en la historia de su familia, y quería identificarse como hijo de exiliados. Incluso después de que la verdadera historia saliera a la luz, Rubio argumentó que tenía razón en considerarse un exiliado porque sus padres no podían regresar a Cuba. Pero este argumento ignora el hecho de que él había descrito a sus padres no como exiliados porque no pudieran regresar, sino como exiliados porque habían sido obligados a abandonar la isla.

———

En los meses posteriores al destacado discurso de alto perfil pronunciado por Rubio en la Cámara de la Florida, los legisladores allí presentes lo presionaron para que la aplicación de la ley en materia inmigratoria fuera parte de su agenda como presidente de la Cámara. "Yo dije que era muy importante", señaló uno de sus asesores. "Marco no quería tener nada que ver con eso".

Cuando asumió la presidencia, siguió evitando que la inmigración se convirtiera en una parte importante de su cargo. Por medio de varias maniobras, se aseguró de que seis medidas inmigratorias fueran enterradas en lugar de ser debatidas. Las medidas eran leves en comparación con las leyes posteriores de Arizona y Alabama, las cuales hacían más fácil que las autoridades solicitaran documentos de inmigración y detuvieran a los inmigrantes indocumentados. Pero el problema no era la sustancia de la medida, sino la posibilidad de que pudieran modificarla para agregarle cláusulas más estrictas. Además, Rubio quería evitar los debates acalorados y potencialmente divisivos.

"Marco me dijo que él no quería que se aprobaran esos proyectos de ley, porque podrían ser muy desagradables", dijo un ex asociado suyo. "Una de sus tareas era administrar la Cámara y ayudar a mantener un ambiente civilizado".

Rubio lo hizo a riesgo de alienar al ala derecha de su partido. "Muchos de nosotros nos enojamos con él porque bloqueó esos proyectos de ley", dijo David Caulkett, uno de los fundadores de Floridians for Immigration Enforcement. "Rubio afirma estar en contra de la amnistía, pero la pregunta es, '¿le creemos?'".

Sin embargo, la decisión de mantener la inmigración por fuera del centro de atención, también resultó en un beneficio político para Rubio. Debido a que las propuestas no estaban recibiendo oxígeno, él no se vio obligado a hablar de un tema que era peligroso para cualquier conservador. Así que lo que resultó siendo bueno para Rubio en términos políticos, también resultó siendo bueno para los inmigrantes indocumentados, por lo menos en el corto plazo.

—

La campaña de Marco Rubio al Senado de los Estados Unidos no iba a girar en torno a los derechos de los trabajadores agrícolas y a ciertas facilidades educativas para los hijos de inmigrantes indocumentados. El objetivo de su campaña era definir a Charlie Crist como un liberal, ver qué posición tomaría con respecto al presidente y oponerse a medidas como los estímulos federales, defender el sistema de libre empresa y afirmar el excepcionalismo de los Estados Unidos.

Sin embargo, Rubio no era sólo un candidato; era un candidato hispano. Eso significaba que su historial en materia de inmigración sería sometida a un escrutinio mayor que el que enfrentaría un candidato no hispano. Y de repente, la forma en que habló sobre este tema fue notablemente diferente. "Su tono sobre el tema ha cambiado, y para mí es bastante obvio que se debe a razones políticas", afirmó Juan Zapata, legislador estatal de Miami, un año antes de la elección al Senado de los Estados Unidos. Zapata, quien se desempeñó en el comité ejecutivo de la Junta Nacional Hispana de Legisladores Estatales, una organización que presionaba por la reforma migratoria y el tratamiento equitativo de los migrantes, había trabajado con Rubio en el proyecto de ley de las matrículas estatales, pero respaldó a Crist en la contienda de 2010.

Rubio era muy consciente del dilema que enfrentaba. Después de que le preguntaran durante varios meses por su oposición a la nominación que hizo Obama de Sonia Sotomayor, una puertorriqueña que se convertiría en la primera jueza hispana en la Corte Suprema de los Estados Unidos, Rubio escribió una columna de opinión que trataba de responder a las expectativas que muchas personas depositaban en los políticos hispanos. Sotomayor había dicho que las experiencias de una "Latina sabia" podían conducir a mejores decisiones judiciales. "Algunos han dicho que mi oposición a la confirmación de Sotomayor, así como la de otros senadores republicanos, indignaría a los votantes hispanoamericanos. De hecho, muchos están tratando de tildar a los republicanos de anti-hispanos", escribió Rubio en Politico .com. "Sin embargo, debe quedar en claro que nuestra oposición a su filosofía judicial no es en absoluto una oposición general a los hispanos. Yo creo que el peor favor que podríamos hacerle a la comunidad hispana y a la nación en su conjunto es evitar una discusión seria, y basada en principios sobre el papel del poder judicial".

Rubio dijo que se oponía a la candidatura de Sotomayor debido a su historia de sus casos, y a testimonios sobre "el llamado derecho a la privacidad" que dio como resultado la decisión sobre derechos de aborto en el caso *Roe v. Wade*, y la preocupación de que "llevaría un enfoque activista" a la corte.

La ley de Arizona, que le daba a las autoridades una mayor libertad para pedirles documentos de inmigración a las personas, puso a Rubio en una posición aún más difícil. Al criticar la medida en un comienzo, y luego aceptarla después de modificaciones muy pequeñas, Rubio se expuso a acusaciones de incurrir en juegos políticos en un tema que era fundamental para su aprobación nacional. En su campaña al Senado, Rubio se opuso a la Ley DREAM, un proyecto que ofrecía un camino a la ciudadanía para los jóvenes que reunieran una serie de requisitos, incluyendo haber llegado a los Estados Unidos antes de los dieciséis años, vivir en el país por más de cinco años y haberse graduado de la escuela secundaria. Al oponerse a la propuesta, fue virando más a la derecha que una serie de prominentes republicanos de la Florida, incluyendo la congresista Ileana Ros-Lehtinen, de quien Rubio había sido interno, y de Jeb Bush, su mentor. Algunas personas tenían dificultades para conciliar al Marco Rubio que se había reunido con los trabajadores agrícolas y evitado que se trataran proyectos potencialmente divisivos sobre inmigración en la Cámara de Representantes de la Florida, con el Marco Rubio de la campaña electoral. Schell, el abogado que defendía los derechos de los migrantes, detectó un giro claro hacia la derecha. J. C. Planas, un ex colega republicano en la legislatura de la Florida, dijo: "Su retórica no refleja sus acciones como presidente de la Cámara".

Al apelar al ala derecha del partido, Rubio también señaló diferencias entre su historia de inmigración y las de otros, pareciendo sugerir que la experiencia del exilio cubano lo ponía por encima de otros migrantes. Esta era una manera de conciliar sus posiciones duras sobre inmigración —haciendo que los ilegales tuvieran dificultades para entrar con facilidad— y su defensa de los cubanos y de su condición especial. Al hacer esto, Rubio estaba segregando a los cubanos, que representan el 3,5% de los hispanos en los Estados Unidos, comparado con el 96,5% proveniente principalmente de México y América Central. "No tengo nada contra los inmigrantes, pero mis padres son exiliados", dice Rubio en un discurso que fue subido a YouTube por un partidario durante su campaña al Senado. "La experiencia del exilio es diferente a la experiencia de los inmigrantes. Es semejante en muchos aspectos, pero diferente en el sentido de que los exiliados son personas que han perdido su país; que básicamente son de alguna parte y todavía estarían viviendo allá si no fuera por alguna razón política".

Los cubanos siempre han recibido un trato preferencial gracias a una serie de iniciativas del Gobierno de los Estados Unidos, entre ellos la política de "pies mojados, pies secos" que prácticamente garantizaba el ingreso a cualquier cubano que tocara suelo estadounidense. Los programas de ayuda a refugiados instituidos para ayudarlos son los "más duraderos en la historia de América y los más generosos en términos de apoyo", escribió Roger Daniels, una de las principales autoridades en materia de inmigración, en su fascinante libro *Guarding the Golden Door: American Immigration Policy and Immigrants since 1882.*

Mario H. López, presidente del Fondo del Liderazgo Hispano, de tendencia conservadora, diría más tarde, "Pienso que [Rubio] sin darse cuenta, sacó a relucir un poco de esa vieja tensión que existe con generaciones mayores dentro de la comunidad hispana en el sentido de que ellos tienen un estatus especial y no lo quieren para nadie más".

Y a pesar de obtener una victoria abrumadora en la campaña al Senado, hubo indicios de que tendría que trabajar en el futuro para reparar las relaciones con los no cubanos. Justo antes de las elecciones de noviembre de 2010, una encuesta realizada por la empresa Latino Decisions mostró que el apoyo a Rubio entre los cubanoamericanos era sólido: el 78% dijo que iba a votar por él. Sin embargo, su apoyo entre los segmentos latinos no cubanos —un segmento del electorado de la Florida que está creciendo tanto en tamaño como en influencia— era de solo el 40%.

—

En sus primeros meses en el Senado, Rubio continuó disgustando a los defensores de la reforma migratoria. Después de la reintroducción de la Ley DREAM —que fue apoyada por la mayoría de los estadounidenses en las encuestas— Rubio reiteró su oposición a la misma: "He dicho en repetidas ocasiones que quiero ayudar a estos niños. Creo que se trata de niños que fueron traídos a este país por sus padres cuando eran muy pequeños; tuvieron un alto rendimiento académico y quieren ir a la universidad y contribuir al futuro de los Estados Unidos o servir en las fuerzas armadas. Creo que ayudarlos sería bueno para los Estados Unidos. Yo quiero hacerlo; pero no creo que la Ley DREAM sea la manera correcta o la mejor forma de hacerlo". Sostuvo que la medida podría formar parte de un "esfuerzo más amplio para otorgar la amnistía general". Cualquier sugerencia de amnistía para los 11 a 12 millones de inmigrantes indocumentados en los Estados Unidos era rechazada enérgicamente por los seguidores del Partido Republicano, y la mera sugerencia de propuestas que se parecieran remotamente a una amnistía —incluso si no se trataba de una— podía hundir la carrera de cualquier político.

En junio de 2011, Rubio firmó como copatrocinador de una polémica medida que haría que E-Verify, un sistema de Internet para verificar el estatus migratorio, fuera obligatorio para todos los empleadores. "Sé de primera mano las grandes cosas que ha significado la inmigración para los Estados Unidos", dijo Rubio en un comunicado. "Pero no podemos ser la única nación en el mundo que no hace cumplir sus leyes de inmigración. Por ello, he dicho que una modernización del sistema legal de inmigración es imposible a menos que primero tengamos que asegurar la frontera e implementar un sistema de E-Verify que ayudará a evitar la contratación y explotación de los trabajadores indocumentados".

La propuesta fue rechazada con vehemencia por los activistas migrantes y por muchos granjeros, incluidos los de la Florida, quienes advirtieron que los cultivos se pudrirían en los campos si les imponían esa medida. "Tengo que decir que algunos de nuestros miembros —concretamente de inmigración— han expresado cierta frustración con lo que ellos creen que es intransigencia en este asunto", dijo Mario López. Y hubo momentos en que la frustración fue expresada directamente. Durante el discurso de Rubio en una conferencia de la Red de Liderazgo Hispano el 27 de enero de 2012, justo dos días antes de las primarias presidenciales republicanas, dos jóvenes levantaron un letrero que decía: RUBIO: LATINO O TEA PARTINO. Rubio, que tiene un don para la espontaneidad en el estrado y una capacidad de transmitir empatía, convirtió lo que podría haber sido un episodio más vergonzoso en una afirmación de los valores estadounidenses. "Estos jóvenes son muy valientes en estar hoy aquí", dijo por el micrófono. "Les pido a ustedes que les permitan quedarse... no quiero que se vayan. Ellos tienen la valentía y el coraje de levantar sus voces. Le agradezco a Dios estar en un país donde ellos pueden hacerlo.

"No soy el que ellos creen que soy", dijo. "No defiendo lo que ellos dicen que defiendo".

En la primavera de 2012, Rubio reveló que estaba desarrollando una versión diferente de la Ley DREAM, que otorgaría estatus legal —pero no la ciudadanía— a migrantes que llegaron a los Estados Unidos cuando eran niños y que se matricularan en la universidad o se enlistaran en el Ejército. Hablar de esta idea posicionó una vez más a Rubio como una destacada voz hispana en los Estados Unidos. "Creo que la gran mayoría de los estadounidenses entiende que si tenías cuatro años de edad cuando te trajeron aquí —creciste en este país toda tu vida, eres el mejor estudiante de la escuela secundaria o una persona de alto rendimiento académico, y tienes mucho que aportar a nuestro futuro— creo que a la mayoría de los estadounidenses les parece convincente y quieren darle cabida a eso".

Rubén Navarrete Jr., un columnista muy leído que había criticado a Rubio en ciertas ocasiones, calificó la idea como "una solución de sentido común" que "podía romper con un punto muerto y mejorar millones de vidas". Los demócratas lanzaron críticas mordaces. Sin mencionar a Rubio por su nombre, Harry Reid, de Nevada, líder de la mayoría del Senado, escribió en el *Miami Herald* que "el plan republicano para relegar a cientos de miles de jóvenes a una clase inferior permanente, no tiene precedentes en la legislación estadounidense ni en la historia, y va en contra del valor esencial estadounidense de igualdad de oportunidades".

Rubio ha dicho que se opone a la propuesta original de la Ley DREAM en parte porque cree que causaría una "migración en cadena", con personas que obtienen la ciudadanía patrocinando a otros familiares. "Podrían ser tres o cuatro millones de personas", dijo Rubio. "Respaldo la idea detrás de la Ley DREAM, que es ayudar a estos jóvenes. No respaldo la Ley DREAM en su redacción actual, ya que permite la migración en cadena, porque crea un camino a la ciudadanía que podría fomentar la inmigración ilegal en el futuro. Yo respaldo y he respaldado constantemente, incluso durante mi campaña, la idea de que necesitamos ayudar a acomodar a estos niños, quienes por causas ajenas a las propias, se encuentran en este limbo legal. Pero tenemos que hacerlo de la manera correcta".

Sin embargo, la historia de la familia de Rubio también se inscribe en una cadena migratoria. Su tía y su tío —Irma y Luis Lastres— llenaron papeles en noviembre de 1956 diciendo que "recibirían, mantendrían y apoyarían" a Pedro Víctor García, el abuelo de Rubio, si le permitían venir a los Estados Unidos desde Cuba. En mayo de 1956, los Lastres habían presentado también "un affidávit de apoyo" para la abuela de Rubio —Dominga García Rodríguez— y sus tías, Adria García Rodríguez y Magdalena García Rodríguez. Y ese mismo mes, los padres de Rubio echaron una solicitud para un visado de inmigrantes y de registro extranjero, indicando que iban adónde estaba su tía, Dolores Denis.

Muchos líderes conservadores rechazaron la idea de que las posiciones de Rubio sobre la inmigración disminuirían de alguna manera su atractivo nacional en general y entre los latinos. Alfonso Aguilar, quien se desempeñó como jefe de la Oficina de Ciudadanía de los Estados Unidos bajo el Presidente George W. Bush y ahora dirige la Sociedad Latina para los Principios Conservadores, un grupo de apoyo, sostuvo que la inmigración se había enfatizado excesivamente al evaluar a Rubio. "Lo más importante es que él defiende los valores en los que creen los hispanos: la familia, la fe y el espíritu empresarial. Todo esto de que los republicanos no están prestando atención a los latinos, todo ese argumento se basa en la inmigración". Sería "muy ingenuo" pensar que la inmigración es lo único que les preocupa a los latinos, dijo. Aguilar elogió a Rubio por incluir una disposición en su Ley AGREE que terminaría con los límites a los visados de empleo por cada país y aumentaría el número de visados otorgados para los familiares. Son pequeños pasos. Sin embargo, a Aguilar le gustó el enfoque. Según él, si Rubio no pide mucho ahora, podrá pedir más después.

Epílogo

En 2012, mientras su historia personal seguía siendo cuestionada, Marco Rubio —el político que forjó una identidad política a partir de su historia familiar— pagó a una firma de California para que lo estudiara a él, con dinero proveniente de donaciones a su campaña, con el fin de realizar un proceso de investigación no muy diferente a las que los nominados les hacen a sus posibles compañeros de fórmula presidencial.

La revelación de que había dicho una historia que no se ajustaba a los hechos fue "una bendición disfrazada", le dijo Rubio a una audiencia de la Florida. "Me obligó a hacer algo que no hacemos lo suficiente: remontarme y descubrir quiénes fueron nuestros padres cuando tenían nuestra edad. ¿Cuáles eran sus sueños y esperanzas? ¿Qué es lo que querían de la vida?... Desde las páginas desgarradas de los pasaportes y los papeles amarillentos de documentos antiguos, a lo largo de cinco décadas, oí claramente la voz de personas que nunca conocí".

Se enteró, dijo, de que su padre, Mario Rubio, había luchado en la vida. Se enteró de su abuelo también, el abuelo a quien le encantaba hablar de historia con su nieto mientras estaba sentado en el porche, el aire cargado con el humo de su puro. Pedro Víctor García había sido próspero alguna vez, dijo Rubio, pero cayó en desgracia después de perder su trabajo administrando una estación de ferrocarril en Cuba. Tenía que caminar durante varias horas en busca de trabajo, y volvía a casa con las rodillas ensangrentadas, pues tenía una pierna inservible a causa de la polio; no siempre podía mantener el equilibrio y se golpeaba contra el suelo. No había nadie para atajarlo.

En ese momento de fragilidad política, Rubio se convirtió una vez más en el aprendiz de profesional, en el estudiante ansioso por compartir lo que había aprendido. En las dos décadas de ascenso, había aprendido a deslizarse rápidamente por los temas, a adaptar los mensajes sobre la inmigración y los gastos, llegando hasta donde necesitaba ir, aunque a veces suscitara dudas sobre su esencia política. Había absorbido las lecciones de los políticos de Hialeah, que eran combativos y conocían el mundo de la calle, de mentores experimentados en West Miami, de los ideólogos en Tallahassee, y de hombres sabios de la élite nacional republicana. Ahora estaba recibiendo una clave pedagógica proveniente de una vergüenza pública.

Su tono ya no era desafiante y enfadado, como alguna vez lo había sido. El político que podía ser tan irritable en Tallahassee, o tan susceptible y rudo cuando era cuestionado en Washington, ahora irradiaba calidez y empatía.

Sus dones, tanto innatos como aprendidos, estaban completamente a la vista.

Rubio había alcanzado una posición de influencia a una velocidad notable. Pero en la política, al igual que en los campos de fútbol americano de su juventud, la velocidad por sí sola no garantiza que uno vaya a reaccionar a tiempo para estar en el lugar correcto en el momento indicado. Uno debe estar preparado para hacer la jugada correcta al llegar al lugar. Ahora, con un ojo en el escenario nacional, Rubio necesita toda la diligencia, la tenacidad y la paciencia de sus antepasados para llegar a la línea de gol.

Agradecimientos

Creo que un libro es una idea transferida al papel (o a pixeles). Y la idea para este provino de Jonathan Karp y de Priscila Painton, de Simon & Schuster, quienes reconocieron desde el principio que Marco Rubio es una de las figuras más fascinantes en el actual escenario político de los Estados Unidos.

Yo no podría haber pensado en una mejor editora que Priscila, quien se tomó el tiempo para repasar incluso los más mínimos detalles de este libro conmigo, aunque eso significara comenzar a cocinar tarde la cena del día de San Valentín, o esforzarse por hacerse oír en el tráfico de Nueva York. Estoy muy agradecido por su orientación y amistad, así como por la ayuda de Michael Szczerban, su colega y editor asociado.

Decenas de personas —republicanos y demócratas, entrenadores de fútbol americano y profesores, gente de adentro y de afuera— me dedicaron su tiempo con generosidad. Independientemente de que yo estuviera en Washington, Miami, Tallahassee o en otros lugares, muchas personas fueron pacientes y me concedieron largas entrevistas, respondiendo a mis preguntas sobre documentos, campañas, legislación e ideas. La política puede ser una profesión delicada, y muchas de estas personas —algunas nombradas y otras no— hablaron con franqueza, aunque obrar con honradez pueda tener consecuencias.

Agradecimientos

Soy afortunado de tener grandes amigos que también resultaron ser expertos mundiales en todo lo relacionado con la Florida. Peter Wallsten, un colega del *Washington Post* que fue vecino mío en Miami Beach cuando él trabajaba en el *Herald* y yo era el jefe de la oficina del *Post* en Miami, me ayudó enormemente al leer el manuscrito y al darme su Rolodex. Michael Grunwald, un ex colega del *Post* que también fue vecino mío en Miami Beach, compartió su casa y sus puntos de vista conmigo. Los desayunos musicales y bailables con Michael, su esposa Cristina Domínguez y sus hijos Max y Lina, fueron la mejor manera de empezar una mañana en la Florida. Mi amigo y colega en el *Post*, Ian Shapira, también leyó partes del manuscrito y me dio sugerencias útiles. Peter Baker, Robert Draper y Mark Leibovich me ofrecieron las lecciones que aprendieron al escribir libros.

Melissa Maltby ayudó a localizar fotografías interesantes para la sección de fotos del libro. Es bueno contar con fotógrafos ganadores del premio Pulitzer entre tus amigos: Michel duCille, del *Post* me dio consejos sobre la selección de fotos, y el fantástico Nikki Kahn tuvo la amabilidad de tomarle una foto al autor.

Marcus Brauchli, editor ejecutivo del *Post*, fue un partidario entusiasta de este proyecto desde el principio. Mis editores Frances Sellers, Christine Ledbetter, Sydney Trent y Kevin Sullivan, me permitieron estar lejos del periódico para informar y escribir. Los editores Kevin Merida, Marilyn Thompson y Steven Ginsberg allanaron el camino para la publicación del material recogido en mis primeras investigaciones en el *Post*. También estoy agradecido de que el *Post* mantenga un compromiso con el periodismo extranjero, lo que me permitió viajar a Cuba en viajes de periodismo y tener una idea más profunda sobre la situación de la isla cuando fui corresponsal extranjero con base en Ciudad de México.

Tengo una deuda de gratitud especial con Alice Crites, una investigadora extraordinaria del *Post*, que encuentra cosas grandes y pequeñas. Su entusiasmo por el descubrimiento es infeccioso. Y tuve la suerte de que María Helena Carey interviniera en un momento crucial de la investigación para ofrecerme su valiosa ayuda y amistad. También me encontré con investigadores tan profesionales como serviciales, y con custodios de registros en los Archivos Nacionales de los Servicios de Ciudadanía e Inmigración de los Estados Unidos. Y Alan Cooperman, del Foro Pew sobre Religión y Vida Pública me condujo a datos esclarecedores.

Los artículos escritos por numerosos periodistas de la Florida me ayudaron a expresar mis pensamientos y a reforzar mi investigación. Me pareció especialmente útil leer artículos de Alex Leary y de Adam C. Smith en el *St. Petersburg* (ahora *Tampa Bay*) *Times*, de Gary Fineout en los periódicos regionales del *New York Times*, de Zac Anderson en el *Sarasota Herald Tribune* y de Beth Reinhard y Mary Ellen Klas en el *Miami Herald*. Tim Elfrink, del *Miami New Times* fue generoso con su asesoramiento y ayuda. Mi hermano Carlos Roig me ayudó a navegar por el mundo de la tecnología. Y le agradezco al agente literario Andrew Wylie, y a su socio Adam Eaglin por su orientación y apoyo.

Pensé mucho en dos fumadores de puros mientras trabajé en este proyecto: en Pedro Víctor García, el abuelo del senador Rubio, y en Manuel Roig Meca, mi abuelo, a quien está dedicada esta edición en español del libro. Cada uno de ellos compartió su sabiduría con sus nietos a través de una fragante nube de humo. Mi abuelo, que tiene más de noventa años, me llamaba desde

Agradecimientos

España todos los domingos por la tarde después de fumar su Montecristo y siempre le interesaba escuchar lo que yo estuviera descubriendo sobre el otro abuelo que poco a poco estaba conociendo. Creo que los abuelos se habrían caído en gracia.

Pero la persona a la que más le debo las gracias es a Ceci Connolly, el amor de mi vida. Ceci, a quien está dedicado la edición en inglés de este libro, vive a través de todos los proyectos que emprendo. Ella es mi editora más incansable y la luz más importante que me guía.

Notas

INTRODUCCIÓN: EL HEREDERO

2 *No era veloz:* James Colzie, entrevista del autor, nov. 16, 2011.

2 *Un blog del* Los Angeles Times: Andrew Malcolm, "Marco Rubio to the Rescue! Freshman Senator Saves a Falling Nancy Reagan", blogs del *Los Angeles Times,* agosto 24, 2011.

3 *Al ver el video:* Ron Reagan, entrevista del autor, dic. 16, 2011.

3 *"Bromeábamos en la oficina:* entrevista del autor con una fuente confidencial, 2011.

6 *Gerald Parsky, fiduciario:* Gerald Parsky, entrevista del autor, dic. 21, 2011.

6 *"La señora Reagan", dijo:* palabras de Marco Rubio en desayuno de Politico Playbook, Washington, D.C., nov. 16, 2011.

8 *"Es un lugar sorprendente en el cual estar:* palabras de Marco Rubio en la Biblioteca Ronald Reagan, Simi Valley, California, agosto 23, 2011.

9 *El senador por el Estado:* Informe de inscripción estatal de Medicare, 2010, Centros de Servicios para Medicare y Medicaid, Department of Health and Human Services, http://www.cms.gov/MedicareEnRpts/Downloads/10All.pdf.

10 *"Que Marco Rubio:* transcripción de *The Ed Show* con Ed Schultz, MSNBC, agosto 25, 2011.

10 *"¿Cómo se iba:* transcripción de *The Rachel Maddow Show,* MSNBC, agosto 25, 2011.

11 *"Su discurso enloqueció a los:* Alex Leary, "Reagan Speech 'Drove Extreme Liberals Crazy,' and He Turns It into Fundraising Pitch", blogs del *St. Petersburg Times,* agosto 31, 2011.

12 *"Creo que:* Parsky, entrevista del autor, dic. 21, 2011.

12 *Dos semanas después:* Alex Leary, "Rush Limbaugh Goes Nuclear on the Anti-purists and Brings Up Crist vs. Rubio", blogs del *St. Petersburg Times,* sept. 7, 2011.

CAPÍTULO UNO: LA ISLA

13 *En un pueblo:* registro de nacimiento de Pedro Víctor García, Registro Civil de la ciudad de Santo Domingo, Las Villas, folio 170, volumen 24, fechado julio 7, 1899, suministrado por U.S. National Archives.

13 *El bebé respiró:* Jacobo de la Pezuela, *Diccionario geográfico, estadístico, histórico, de la isla de Cuba* (Madrid: Imprenta del Establecimiento de Mellado, 1863), 45, 215.

13 *En 1492, el descubridor: The Journal of Christopher Columbus (during his first voyage, 1492–93)* (Cambridge: Cambridge University Press, 1893), 61.

13 *Después de cuatro siglos:* U.S. War Dept., Cuban Census Office, *Report on the Census of Cuba, 1899* (Washington, D.C.: Government Printing Office, 1900), 625.

14 *aldea llamada Jicotea:* Esteban Pichardo, *Diccionario provincial casirazonado de voces cubanas* (Habana: Soler, 1849), 150.

14 *El paisaje se hace plano:* descripción del área geográfica de Santo Domingo en *Lippincott's New Gazetteer* (Londres: J. P. Lippincott, 1906), 1651.

15 *El 25 de mayo:* certificado bautismal de Pedro Víctor García, Iglesia Nuestra Señora de la Esperanza, provincia de Las Villas, libro 40, folio 50, suministrado por U.S. National Archives.

15 *Durante el levantamiento:* Louis A. Pérez Jr., *Cuban Studies,* vol. 38 (Pittsburgh: University of Pittsburgh Press, 2007), 52.

15 *Santa Clara:* Ibíd., 52.

16 *Los rebeldes quemaban:* Gillian McGillivray, *Blazing Cane: Sugar Communities, Class and State Formation in Cuba, 1868–1959* (Durham: Duke University Press, 2009), 60.

16 *Los rebeldes se llamaban:* David C. Carlson, *In the Fist of Earlier Revolutions* (Chapel Hill: University of North Carolina Press, 2007).

16 *líderes revolucionarios como:* Gillian McGillivray, *Blazing Cane,* 38.

16 *"destruir el sistema social:* Ibíd., 38.

17 *A las 9:40 de la noche:* James Rankin Young y Joseph Hampton Moore, *History of Our War with Spain including Battles on Sea and Land* (Washington, D.C.: National Publishing Company, 1898), 59.

17 *Las víctimas fatales:* Louis Fisher, *The Destruction of the Maine (1898),* The Law Library of Congress publication, agosto 24, 2009.

18 *El 1 de enero de 1899, John P. Wade:* George Washington Cullum, *Biographical Register of the Officers and Graduates of the U.S. Military Academy at West Point,* N.Y. (Saginaw, Mich.: Seemann & Peters, 1920), 762.

18 *se negó a asistir:* Leslie Bethell, ed., *The Cambridge History of Latin America,* vol. 5 (Cambridge, U.K.: Cambridge University Press, 1986), 246.

19 *En Santo Domingo:* Departamento de Guerra de los Estados Unidos, Oficina de Censo Cubano, *Report on the Census of Cuba, 1899* (Washington D.C.: Government Printing Office, 1900).

19 *Cuando las fuerzas estadounidenses:* John R. Brooke, *Civil Report of Major-General John R. Brooke* (Washington, D.C.: Government Printing Office, 1900), 9.

19 *Durante su juventud:* certificado médico Clase "B" de Pedro Víctor García, Miami Florida Station, dic. 18, 1956, suministrado por National Archives of the United States.

19 *"No podía trabajar:* palabras de Marco Rubio en la Biblioteca Ronald Reagan, Simi Valley, California, agosto 23, 2011.

21 *Prío bromeó posteriormente:* Joan Didion, *Miami* (Nueva York: Simon & Schuster, 1987), 12.

21 *No es de extrañar:* solicitud de visa de inmigrante y registro de extranjeros, Pedro Víctor García, vicecónsul americano en la Habana, Cuba, suministrado por U.S. National Archives.

CAPÍTULO DOS: EL CAMINO A LA CIUDADANÍA

23 *El vuelo 352 de National Airlines:* Mario Rubio, visa de inmigrante y registro de extranjeros de los Estados Unidos de América en el Puerto de Miami, mayo 27, 1956, suministrado por U.S. Citizenship and Immigration Services, U.S. Department of Homeland Security, National Records Center.

23 *Durante un tiempo:* Louis A. Pérez, *On Becoming Cuban: Identity, Na-*

tionality and Culture (Chapel Hill: The University of North Carolina Press, 1999), 435.

24 *Nueve días antes:* Mario Rubio, solicitud de visa de inmigrante y registro de extranjeros, Servicio Exterior de los Estados Unidos de América, vicecónsul americano, la Havana, Cuba, mayo 18, 1956, suministrado por U.S. Citizenship and Immigration Services, U.S. Department of Homeland Security, National Records Center.

24 *Los titulares en:* Baseball-reference.com, Box Score, Indians vs White Sox, mayo 27, 1956, http://www.baseball-reference.com/boxes/CHA/CHA195605271.shtml.

25 *En el Fenway Park:* Baseball-reference.com, Box Score, Senators vs Red Sox, mayo 27, 1956, http://www.baseball-reference.com/boxes/BOS/BOS195605272.shtml.

25 *Para la época:* Peter C. Bjarkman página web, http://www.baseballdecuba.com/NewsContainer.asp?id=2558.

25 *En el lenguaje reductivo:* Mario Rubio, solicitud de visa de inmigrante y registro de extranjeros, mayo 18, 1956.

25 *No se permitían más de:* Informe anual del Immigration and Naturalization Service para 1956, Department of Justice, 42.

26 *El Departamento de la Policía Nacional:* afidávit de Mario Rubio, Policía Nacional, Ministerio de Defensa de Cuba, abril 10, 1956.

26 *Un archivista de la prisión:* certificado emitido por Arsenio Fariñas Moreno, encargado de archivos de la prisión de Vivac en la Habana, abril 10, 1956.

26 *El jefe de la:* certificado emitido por la Comisión Local de Reclutamiento de la Habana de la República de Cuba, Folio número 64, Volumen 20 del Libro de Registros de inscripciones militares, enero 26, 1956.

26 *En la solicitud de visado:* Mario Rubio, solicitud de visa de inmigrante, mayo 18, 1956.

26 *Mario tenía seis años:* Marco Rubio, carta escrita tras la muerte de su padre, sept. 4, 2010.

26 *El mismo día:* palabras de Marco Rubio en la Conferencia de Acción Política Conservadora, Washington, D.C., feb. 18, 2010.

27 *Durante su adolescencia:* Marco Rubio, carta tras la muerte de su padre, sept. 4, 2010, http://saintpetersblog.com/2010/09/heartbreaking

-inspiring-and-a-must-read-a-letter-from-marco-rubio-about-the-passing
-of-his -father/.

27 *El senador Rubio ha:* Sen. Marco Rubio, entrevista del autor, Oct. 20, 2011.

27 *En 2012, Marco Rubio:* Marc Caputo, "Three things you didn't know about Marco Rubio," *Miami Herald,* feb. 23, 2012.

27 *Tenía la segunda tasa:* Cuba Transition Project, "Socioeconomic Conditions in Pre-Castro Cuba", Cuba Facts, Institute for Cuban & Cuban-American Studies, Universidad de Miami, Número 43, dic. 2008.

27 *30% de:* estudio de 1956–57 citado en Jaime Suchliki, *Cuba: From Columbus to Castro* (Nueva York: Scribner, 1974), 152.

27 *Luego, en abril de 1956:* Patricia Sullivan, "Ramon M. Barquin, 93; Led failed '56 coup in Cuba," *Washington Post,* mar. 6, 2008.

28 *Los anteriores patrones de migración:* Lisándro Pérez, "Cubans in the United States," http://latinamericanstudies.org/exile/cubans.pdf.

28 *La migración se disparó:* Lisándro Pérez, "Cubans in the United States," *AAPSS Annals,* sept. 1986, 127.

29 *En 1953, el cubano promedio:* palabras de John F. Kennedy en una Cena Democrática, Cincinnati, Ohio, oct. 6, 1960, http://www.jfklibrary .org/Research/Ready-Reference/JFK-Speeches/Remarks-of-Senator-John -F-Kennedy-at-Democratic-Dinner-Cincinnati-Ohio-October-6–1960.aspx.

29 *y en 1956:* Jaime Suchliki, *Cuba: From Columbus to Castro and Beyond* (Washington, D.C.: Potomac Books, 2002), 119.

29 *Dos años después:* Tad Szulc, *Fidel: A Critical Portrait* (Nueva York: Avon, 1987), 20.

30 *la hermana y el cuñado de Oriales:* Luís Enrique Lastres e Irma García Rodríguez de Lastres, Afidávit de Respaldo Económico, U.S. Immigration and Naturalization Service, mayo 26, 1956, suministrado por National Archives of the United States.

30 *Irma ganaba:* J. Enolff, Tama Sportswear Inc., carta con respecto a referencias de personalidad e información de salario, Nueva York, nov. 7, 1956.

30 *Luis Enrique ganaba:* George Goldberg, Jollé Jewelers International Inc. Carta confirmando salario y empleo, Nueva York, Nov. 7, 1956.

30 *Un día antes de que:* Luís Enrique Lastres e Irma García Rodriguez de Lastres, Afidávit de Respaldo Económico, mayo 26, 1956.

Notas

30 *Les habían "preparado:* Ibíd.

30 *Seis meses después:* Luís Enrique Lastres e Irma García Rodriguez de Lastres, Afidávit de Respaldo Económico, United States Immigration and Naturalization Services, Nov. 10, 1956.

31 *Pedro Víctor siguió:* certificado médico clase "B" de Pedro Víctor García, Miami Florida Station, dic. 18, 1956, suministrado por the National Archives of the United States.

31 *El informe, que reflejaba:* Ibíd.

31 *tenía la columna vertebral:* Ibíd.

31 *"Estamos dispuestos:* Luís Enrique Lastres e Irma García Rodriguez de Lastres, Afidávit de Respaldo Económico, nov. 10, 1956.

32 *Sin embargo:* hoja de trabajo y memorando de Audiencia de Exclusión, U.S. Department of Justice Immigration and Naturalization Service, oct. 4, 1962.

32 *Por un tiempo:* William J. Bennett, *The Book of Man: Readings on the Path to Manhood* (Nashville, Tenn.: Thomas Nelson, 2011).

32 *Parece ser que: Polk's Miami Beach (Dade County, Fla.) City Directory,* 1958 (Miami: R.L. Polk & Co., Publishers, 1958), 433.

32 *El Roney era un:* Patricia Kennedy, *Miami Beach in Vintage Postcards* (Charleston, SC: Acadia Publishing, 2000).

32 *Las celebridades acudían al:* Larry Shupnick, entrevista del autor, nov. 18, 2011.

33 *No era raro:* Ibíd.

33 *Los barman de los:* Ibíd.

33 *Los vuelos frecuentes hacia:* Alejandro Portes y Alex Stepick, *City on the Edge: The Transformation of Miami* (Los Angeles: University of California Press, 1993), 100.

34 *En 1958, solo:* Robert M. Levine y Moises Asis, *Cuban Miami* (Piscataway, NJ: Rutgers University Press, 2000), 21.

34 *Reflejando la actitud:* Helen Muir, *Miami U.S.A.* (Gainesville: University Press of Florida, 2000), 240.

35 *Los supervisores de la policía se:* Ibíd.

35 *"Su preocupación principal:* Richard Nixon, Memorando Confidencial del vicepresidente Nixon, conversación con Fidel Castro, abril 25, 1959, http://www.gwu.edu/~nsarchiv/bayofpigs/19590425.pdf.

36 *Pedro Víctor vivió:* Pedro Víctor García, audio de Audiencia de Exclu-

sión, U.S. Department of Justice Immigration and Naturalization Service, Miami, oct. 4, 1962.

36 *Reparaba zapatos:* Ibíd.

36 *"Tuve que regresar:* Ibíd.

36 *El 15 de enero de 1959:* Ibíd.

36 *Había dejado:* Ibíd.

37 *Dirigió su tienda:* Ibíd.

37 *El trabajo era con:* Ibíd.

37 *Años más tarde:* Ibíd.

37 *Alquiló un apartamento:* Ibíd.

38 *los alquileres de los apartamentos:* Mark Falcoff, *Cuba the Morning After: Confronting Castro's Legacy* (Jackson, TN: American Enterprise Institute Press, 2003).

38 *Seis días después:* Pedro Víctor García, audio de Audiencia de Exclusión, oct. 4, 1962.

39 *"Cómo pude haber:* Peter Wyden, *Bay of Pigs: The Untold Story* (Nueva York: Simon & Schuster, 1979), 8.

39 *Los Estados Unidos finalmente:* Informe de Bahía de Cochinos, John F. Kennedy Presidential Library and Museum, http://www.jfklibrary.org/JFK/JFK-in-History/The-Bay-of-Pigs.aspx.

39 *Mientras la banda:* Michael Dobbs, *One Minute to Midnight: Kennedy, Khrushchev, and Castro on the Brink of Nuclear War* (Nueva York: Vintage Books, 2009), 149.

40 *Los comités de bloque:* Manuel Roig-Franzia, "Cuba's Waning System of Block-Watchers; Raúl Castro May Push to Revitalize a Legacy, and Enforcement Tool, of the Revolution," *Washington Post,* oct. 30, 2007.

40 *"Los CDRs paralizaron:* Ibíd.

41 *Abordó el:* Memorando de Oficial de Interrogatorios Especiales a Oficial de Inmigración, United States Department of Justice, Immigration and Naturalization Service, Miami, agosto 31, 1962.

41 *Un oficial de inmigración:* Notice to Applicant for Admission Detained for Hearing before Special Inquiry Officer, Form I_122, United States Department of Justice, Immigration and Naturalization Service, Miami, agosto 31, 1962.

43 *El 4 de octubre de 1962:* hoja de trabajo y memorando de Audiencia de Exclusión, oct. 4, 1962. En los años siguientes, Milich se vería en-

vuelto en una serie de acciones legales de gran notoriedad, incluyendo el extraño caso de la era de Vietnam, en que un joven eludió ser reclutado por el ejército huyendo a Canadá, y renunció formalmente a su ciudadanía estadounidense sin adoptar la de ningún otro país. Milich ordenó que se lo deportara de los Estados Unidos.

43 *La audiencia de Pedro Víctor:* Ibíd.

44 Y *antes de comenzar:* Pedro Víctor García, audio de Audiencia de Exclusión, oct. 4, 1962.

44 *"Señor, levante la mano:* Ibíd.

49 *"Durante la semana pasada:* palabras televisadas del Presidente John F. Kennedy, nov. 12, 1962.

50 *La situación jurídica de Pedro Víctor:* Pedro Víctor García, audio de Audiencia de Exclusión, oct. 4, 1962.

50 *El verano siguiente:* Pedro Víctor García, solicitud de refugiado cubano para residencia permanente, United States Department of Justice, Immigration and Naturalization Service, Miami, agosto 2, 1967.

51 *El estatus de refugiado pudo:* Bill Yates, entrevista del autor, nov. 12, 2011.

CAPÍTULO TRES: EL HIJO DE MIAMI

53 *En los dos primeros años:* Mario Rubio, Solicitud para presentar pedido de naturalización, U.S. Department of Justice, Immigration and Naturalization Service, mar. 4, 1975.

54 *Cuando se celebraron partidos:* declaración de colores oficiales de los Miami Dolphins en NFLshop.com, disponible en http://www.nflshop .com/category/index.jsp?categoryId=716624.

54 *Las ovaciones seguramente:* Mario Rubio, Solicitud para presentar pedido de naturalización, mar. 4, 1975.

54 *La familia Rubio:* Ibíd.

55 *Su casa estaba:* Joan Didion, *Miami* (Nueva York: Simon & Schuster, 1987), 11.

55 *"Cuando yo era pequeño:* Marco Rubio, carta escrita tras la muerte de su padres, sept. 4, 2010, http://saintpetersblog.com/2010/09/heartbreak ing-inspiring-and-a-must-read-a-letter-from-marco-rubio-about-the-pass ing-of-his-father/.

56 *Kennedy subió al podio:* John F. Kennedy, discurso al regreso de prisio-

neros de Bahía de Cochinos, Miami, dic. 29, 1962, http://www.you tube.com/watch?v=bgWRx NUR494.

56 *Pero el recuerdo:* Alejandro Portes y Alex Stepick, *City on the Edge* (Los Angeles: University of California Press, 1993), 142.

56 *Durante la ceremonia:* John F. Kennedy Presidential Library and Museum, artículo sobre Bahía de Cochinos, http://www.jfklibrary.org/JFK/JFK-in-History/The-Bay-of-Pigs.aspx.

56 *En 1980, los:* "The Cuban Refugee Problem in Perspective, 1959–1980," Heritage Foundation Reports, julio 18, 1980.

56 *En promedio, los cubanos:* Ibíd.

56 *El sociólogo Juan M. Clark:* Ibíd.

57 *Solo dos décadas:* Ibíd.

57 *Años más tarde, Marco:* Marco Rubio, carta escrita tras la muerte de su padre, sept. 4, 2010.

57 *El 4 de marzo:* United States Department of Justice, Immigration and Naturalization Service, Solicitud para presentar pedido de naturalización, Mario Rubio, mar. 4, 1975.

57 *durante los 227:* Ibíd.

57 *Una nota escrita a mano:* United States Department of Justice, orden para comparecer a una audiencia de pedido de naturalización, Mario Rubio, oct. 22, 1975.

57 *Era un ciudadano:* United States Department of Justice, número de certificado de naturalización 10196055, Mario Rubio, nov. 5, 1975.

58 *por lo menos cinco años y medio antes de convertirse en ciudadano:* Ibíd.

58 *El famoso arquitecto:* Jeffrey Limerick, *America's Grand Resort Hotels* (Nueva York: Pantheon, 1979), 44.

58 *en una época de mayor abundancia:* Gypsy Rose Lee, *Gypsy: Memoirs of America's Most Celebrated Stripper* (Nueva York: Harper, 1957), 347.

58 *en una ocasión, este hotel pintó:* "The Shah by the Seashore," *Life,* feb. 14, 1955.

58 *En 1977:* Patrick Riordan, "Miami Beach Tourist Development Authority," *Miami Herald,* julio 7, 1977.

59 *Los llevó:* Marco Rubio, carta tras la muerte de su padre, sept. 4, 2010.

59 *Los seis años:* Ibíd.

59 *En la década de 1970:* Eugene P. Moehring, *Resort City in the Sunbelt,*

Notas

Second edition (Reno y Las Vegas: University of Nevada Press, 2000), 264.

59 *En 1980, un año:* Ibíd., 265.

59 Y *a pesar de:* Mary Manning y Andy Samuelson, "A Gamble in the Sand: How Las Vegas Transformed Itself from a Railroad Watering Hole to the 'Entertainment Capital of the World,'" *Las Vegas Sun*, mayo 15, 2008.

60 *Había sido construido:* página web de Boyd Gaming, www.boydgaming .com/about-boyd/mission-and-history.

60 *A pesar de sus veinte años:* Marco Rubio, carta tras la muerte de su padre, sept. 4, 2010.

60 *Instalaron una:* Ibíd.

60 *"Anotaba todas:* Alex Leary, "A Speaker of Intrigue and Ambition," *St. Petersburg Times*, mar. 4, 2007.

60 *"Me acuerdo cuando:* Ibíd.

60 *Cuando jugaba al corre que te pillo en el barrio:* Ibíd.

60 *Armando Denis:* Mo Denis for Assembly, sitio web oficial, http://www .modenis.com/biography.htm.

60 *Dolores y Armando:* Obituario de Dolores Denis, *Las Vegas Review-Journal*, mar. 4, 2008.

61 *"[Marco] tiene aspiraciones:* Ray Hagar y Anjeanette Damon, "Capital Notes", *Reno Gazette-Journal*, abril 17, 2005.

61 *Al igual que sus padres:* Ibíd.

61 *Mario, que había:* McKay Coppins, "Marco Rubio's Mormon Roots", BuzzFeed.com, feb. 23, 2012, http://www.buzzfeed.com/mckaycop pins/exclusive-marco-rubios-mormon-roots.

62 *"Cuando ellos vivían:* entrevista de Mo Denis con Univisión, nov. 2011, suministrada por Univisión.

62 *"Él estaba muy comprometido:* McKay Coppins, "Marco Rubio's Mormon Roots", BuzzFeed.com, feb. 23, 2012.

62 *Marco asistió a los grupos:* Ibíd.

62 *"Era lo que:* Ibíd.

63 *"Durante su infancia:* entrevista del autor con una fuente confidencial, 2011.

63 *La locuacidad del abuelo:* Tim Elfrink, "Marco Rubio, Tea Party Pretty Boy", *Miami New Times*, julio 22, 2010.

63–64 *"Mis padres temían:* Marco Rubio, carta tras la muerte de su padre, sept. 4, 2010.

64 *Marco dice:* McKay Coppins, "Marco Rubio's Mormon Roots", Buzz Feed.com, feb. 23, 2012.

64 *"Volvieron a la Iglesia Católica:* entrevista de Mo Denis con Univisión, nov. 2011.

64 *"Él convenció realmente:* McKay Coppins, "Marco Rubio's Mormon Roots", BuzzFeed.com, feb. 23, 2012.

64 *Había tantos:* Joseph Davis citado en *Cocaine Cowboys,* película lanzada en 2006, dirigida por Billy Corben.

65 *"Lo que veo:* Ibíd.

65 *"Para Fidel Castro:* Ralph Renick citado en *Cocaine Cowboys.*

66 *"Mariel fue muy:* Alfonso Chardy, "Mariel Boatlift Tested Miami's Strength, Then Made It Stronger", *Miami Herald,* abril 25, 2010.

66 *Mario encontró:* Marco Rubio, carta tras la muerte de su padre, sept. 4, 2010.

66 *El* Herald *lo llamó:* Fred Tasker, "Hold the Hype for a Few Little Details", *Miami Herald,* agosto 7, 1985.

66 *Una reseña de:* Tom O'Toole y Joanne O'Toole, "Things Looking Up for Boom-and-Bust Miami", *Globe and Mail (Toronto),* nov. 30, 1985.

67 *Al gerente del hotel:* Fred Tasker, "Hold the Hype for a Few Little Details", agosto 7, 1985.

67 *"Era una cultura hispana:* Fran Cosgrove, entrevista del autor, nov. 2011.

68 *A James Colzie:* James Colzie, entrevista del autor, nov. 16, 2011.

68 *"Uno de los uniformes más:* Sam Miller, entrevista del autor, nov. 16, 2011.

69 *"No era el más:* Otis Collier, entrevista del autor, nov. 17, 2011.

69 *Marco jugó como:* Otis Collier, entrevista del autor, nov. 17, 2011.

69 *"No era veloz:* James Colzie, entrevista del autor, nov. 16, 2011.

69 *"Él se esfuerza:* Elfrink, "Marco Rubio, Tea Party Pretty Boy", julio 22, 2010.

70 *"Se puede decir:* Ibíd.

70 *"Jugábamos profundo:* Otis Collier, entrevista del autor, nov. 17, 2011.

70 *Kenneth Dodd, que:* Kenneth Dodd, entrevista del autor, nov. 20, 2011.

71 *"El tipo de:* Ibíd.

Notas

71 *Los jugadores lloraron en:* Mike Phillips, "Season Ends One Point Too Soon for South Miami", *Miami Herald*, dic. 5, 1987.

71 *El 16 de diciembre:* Jeff Leen, "Miami Cops Tied to Another Drug Ring", *Miami Herald*, dic. 17, 1987.

72 *La acusación muestra:* Acusación de Orlando Cicilia.

72 *la banda giraba:* Ibíd.

73 *Mientras tanto, Guillermo:* Frank Cerabino, "Trial of Alleged Jewelry -Store Drug Ring Begins", *Miami Herald*, nov. 4, 1988.

73 *Había sido miembro:* David Lyons, "Jeweler Tabraue Gets 5-year Sentence, Fine", *Miami Herald*, mayo 25, 1989.

74 *Había solo:* Mike Phillips, "S. Miami Beats Gables in a Game without Fans", *Miami Herald*, sept. 23, 1988.

74 *"Marco Rubio era:* Elfrink, "Marco Rubio, Tea Party Pretty Boy", julio 22, 2010.

74 *El 27 de octubre:* Mike Phillips, "Homestead Holds off S. Miami", *Miami Herald*, oct. 28, 1988.

74 *"Deberíamos haber:* John J. Miller, "Rubio Rising—The Florida GOP Has a New Star", *National Review*, sept. 7, 2009.

75 *Pero Kellner dejó:* Richard Cole, "U.S. Attorney Who Indicted Noriega Resigns", Associated Press, junio 18, 1988.

75 *Dexter era:* Bob Minzesheimer, "New Woman of the House", *USA Today*, Sept. 7, 1989.

75 *Si hubiera sido:* Frank Cerabino, "Trial of Alleged Jewelry-Store Drug Ring Begins", *Miami Herald*, nov. 4, 1988.

76 *abogado de Mario Tabraue:* Ibíd.

76 *El caso fue llevado:* Frank Cerabino, "Tabraue Drug Trial Now in Jury's Hands", *Miami Herald*, enero 27, 1989.

76 *El cabecilla:* "Key Figure in Drug-Smuggling Ring Draws 100 Years", Associated Press, abril 13, 1989.

76 *Cicilia recibió la:* Ibíd.

76 *El Gobierno confiscó:* United States of America vs. Orlando Cicilia, Final Judgment of Forfeiture, junio 15, 1989.

76 *el otro supuesto:* Associated Press, "Key Figure in Drug-Smuggling Ring Draws 100 Years".

76 *fue condenado posteriormente:* David Lyons, "Jeweler Tabraue Gets 5-Year Sentence, Fine", mayo 25, 1989.

Notas

77 *Tim Elfrink, periodista del:* Tim Elfrink,"Tea Party Pretty Boy", julio 22, 2010.

77 *también añadió otra:* South Miami high school yearbook.

77 *"Enviamos postales a:* Sam Miller, entrevista del autor, nov. 16, 2011.

77 *En aquellos días:* Mike Muxo, entrevista del autor, dic. 14, 2011.

78 *"Le expliqué:* Mike Muxo, entrevista del autor, dic. 14, 2011.

79 *Tarkio no otorgaba:* Doyle Slayton, entrevista del autor, dic. 7, 2011.

79 *Marco se presentó:* entrevista del autor, Northwest Missouri State University registrar's office (custodio de documentos de Tarkio College), octubre 2011.

79 *Cuando los pateadores lanzaban:* Mike Muxo, entrevista del autor, dic. 14, 2011.

79 *La pequeña ciudad . . . tenía:* datos del Censo de 1990 de los Estados Unidos.

79 *"Si parpadeas:* Doyle Slayton, entrevista del autor, dic. 7, 2011.

79 *El McDonald's más cercano:* Mike Muxo, entrevista del autor, dic. 14, 2011.

79 *Los futbolistas:* Ibíd.

79 *Tarkio jugaba en:* lista de la conferencia de Heart of America, publicada en el *St. Louis Post-Dispatch*, dic. 20, 1989.

80 *En Tarkio, que:* Doyle Slayton, entrevista del autor, dic. 7, 2011.

80 *Una tarde le dijo:* Ibíd.

80 *Un mes antes de que:* Jo Ann Tooley, Marianna I. Knight y Joannie M. Schrof, "A Class of Deadbeats", *U.S. News & World Report*, julio 3, 1989.

80 *se había puesta la escuela:* Associated Press, "Tarkio College Gets Probation", *St. Louis Post-Dispatch*, nov. 10, 1989.

81 *Su esposa Catherine:* Catherine Slayton, entrevista del autor, dic. 7, 2011.

81 *Los Slayton y:* Doyle Slayton, entrevista del autor, dic. 7, 2011.

81 *La mayoría eran jóvenes pobres:* Anthony DePalma, "A College Acts in Desperation and Dies Playing the Lender", *New York Times*, abril 17, 1991.

81 *"Básicamente era:* Ibíd.

82 *Vivió de:* Marco Rubio, carta tras la muerte de su padre, sept. 4, 2010.

83 *"Él hablaba siempre:* Zac Anderson, "Money Matters Follow Candidate Rubio", *Herald Tribune,* sept. 20, 2010.

83 *"Si esta elección:* Andrew Phillips, "Battle in the Sun: To Dole and Clinton, as Florida Goes, So Goes the Presidency", *Maclean's,* oct. 21, 1996.

83 *"De alguna manera le:* Leary, "A Speaker of Intrigue and Ambition".

CAPÍTULO CUATRO: EL APRENDIZ

86 *Exceptuando la isla:* datos del Censo de 2000 de los Estados Unidos, analizado por ePodunk, http://www.epodunk.com/ancestry/Cuban.html.

86 *Ya en la década de 1940:* Miami-Dade Transportation and Community Mapping, Community History Report, Florida International University GIS-RS Center y Metropolitan Center, http://mpoportal.fiu.edu/community_history_view.cfm?hist_id=25.

87 *Los soldados que regresaban de:* Ibíd.

87 *Pero el lugar:* Cecile Betancourt, "West Miami Begins Beautification with Live Oaks; 50 Young Trees to Be Planted", *Miami Herald,* julio 15, 1998.

87 *Sus propiedades:* Cesar Carasa, entrevista del autor, nov. 1, 2011.

87 *Se convirtió en un refugio:* Tania Rozio, entrevista del autor, nov. 5, 2011.

87 *"Una pequeña ciudad:* Ibíd.

87 *Actualmente, cuando:* sitio web de West Miami Police Department, "House Checks", http://westmiamipolice.org/.

88 *"¿Cuántas noches:* palabras de Marco Rubio en la Conferencia de Acción Política Conservadora, Washington, D.C., feb. 18, 2010, http://www.youtube.com/watch?v=8XY0pX5xBGE.

88 *"Ella tiene una especie de:* Cristina Silva, "To Love, Honor and Campaign for, Ladies", *St. Petersburg Times,* agosto 1, 2010.

88 *A primera vista:* Tim Elfrink, "Marco Rubio, Tea Party Pretty Boy", *Miami New Times,* julio 22, 2010.

88 *"Empezó a hablar:* Elfrink, "Marco Rubio, Tea Party Pretty Boy".

89 *Actualmente es miembro:* Cesar Carasa, entrevista del autor, nov. 1, 2011.

89 *El 13 de enero de 1998:* Marco Rubio, Florida Department of State

Division of Elections, Campaign Treasurer's Report Summary, enero 1-marzo 20, 1998.

90 *Cárdenas donó:* Ibíd.

90 *Rubio también recibió $200:* Jake Bernstein, "Florida Bank, Used as ATM by Insiders, Won TARP Loan But Now Teeters", ProPublica, oct. 22, 2011.

90 *En marzo, Rubio:* Marco Rubio, Campaign Treasurer's Report Summary, Florida Department of State Division of Elections, mar. 27, 1998.

90 *[Rubio] tenía un montón:* Tonia Rozio, entrevista del autor, nov. 5, 2011.

90 *Él siempre quería:* Danny Ruiz, entrevista del autor, dic. 15, 2011.

91 *"Quisiera que nuestros: Herald* Staff, "Meet the Candidates", *Miami Herald,* abril 5, 1998.

91 *Cuando Rozio conoció:* Tonia Rozio, entrevista del autor, nov. 5, 2011.

91 *"No había nadie afuera:* Danny Ruiz, entrevista del autor, dic. 15, 2011.

91 *"Era el mismo Jeb Bush:* Elfrink, "Marco Rubio, Tea Party Pretty Boy".

92 *El 12 de junio de 1998:* Frank Davies, "Sen. Gutman Indicted on Fraud Counts, Lawmaker Says He'll Fight Charges," *Miami Herald,* junio 13, 1998.

92 *El fiscal general Thomas:* Jay Weaver, "Gutman's Career on the Line; State Senator Faces Medicare Fraud Charges, Says He's Innocent", *Sun-Sentinel,* junio 13, 1998.

93 *"Esto nunca hubiera:* Will Lester, "Court: Carollo Is Mayor of Miami", Associated Press, marzo 11, 1998.

93 *Un periodista de la Florida:* Robert Andrew Powell, "Miami Vice: A New Golden Era of Government Corruption", *Newsday,* julio 5, 1998.

94 *Valdés había:* sitio web de Carlos Valdes, http://www.carlosvaldes.com/, consultado marzo 12, 2012.

95 *"en la Cámara de:* Dan Gelber, entrevista del autor, oct. 28, 2011.

95 *Una encuesta realizada:* Karen Branch, "Eight Contend for House Seats", *Miami Herald,* dic. 1, 1999.

95 *Rodriguez-Chomat había causado noticia:* Adam C. Smith, "Lawmakers Engage in Roughhousing", *St. Petersburg Times,* abril 10, 1998.

96 *"A la tercera:* Ibíd.

96 *Ponce, que se estaba recuperando:* Joan Fleischman, "Miami Nice Personified", *Miami Herald,* oct. 12, 1998.

96 *Solo unos días:* Mike Bryant y Rosy Pastrana, Miami-Dade Elections Department, correspondencia vía correo electrónico con el autor, enero 25, 2012.

96 *Tres de los:* Branch, "Eight Contend for House Seats".

97 *"Todo el mundo es un forastero:* Jose Fuentes, entrevista del autor, dic. 15, 2011.

97 *la consideró como:* Cecile Betancourt, "City's First Bike Officer Takes Road Less Traveled", *Miami Herald,* junio 28, 1998.

97 *"Ahora sé por qué:* Cecile Betancourt, "W. Miami Debates Commissioner's 'Free Ride'", *Miami Herald,* junio 21, 1998.

98 *El mensaje que quiso:* Cesar Carasa, entrevista del autor, nov. 1, 2011.

98 *Días antes de:* Ivette M. Yee and Charles Savage, "Primary Candidates Rake in the Contributions", *Miami Herald,* dic. 14, 1999.

98 *"Puede convertir:* "The Herald Recommends for Florida House District 111", editorial, *Miami Herald,* dic. 10, 1999.

99 *"El treinta por ciento:* Ivette M. Yee, "House District 111 Voters to Choose Rep. on Tuesday", *Miami Herald,* enero 20, 2000.

100 *"Se creía que:* Danny Ruiz, entrevista del autor, dic. 15, 2011.

100 *Durante la contienda:* entrevista del autor con una fuente confidencial, 2011.

100 *Durante un tiempo:* Ibíd.

101 *Lehtinen tuvo que:* James Rowley, "Justice investigating Miami US Attorney for Misconduct", Associated Press, abril 28, 1990.

101 *y mentora de:* Modesto Pérez, entrevista del autor, nov. 1, 2011.

102 *Rodríguez sirvió en:* Regino Rodríguez, entrevista con el autor, nov. 1, 2011.

103 *"Fue todo un:* Modesto Pérez, entrevista del autor, nov. 1, 2011.

104 *"Yo no conocía:* Raul L. Martinez, entrevista del autor, mar. 6, 2012.

104 *"Él sabe cómo:* Regino Rodriguez, entrevista del autor, nov. 1, 2011.

104 *Pérez le dijo al:* Modesto Pérez, entrevista del autor, nov. 1, 2011.

104 *"[Rubio] vino:* Ibíd.

105 *Alex Penelas, alcalde de:* Ivette M. Lee, "District 111 Candidate's War Chest Tops $99,000", *Miami Herald,* enero 22, 2000.

105 *Rubio consiguió más de:* Ibíd.

Notas

CAPÍTULO CINCO: EL ALQUIMISTA

107 *Pickens se sorprendió:* Joe Pickens, entrevista del autor, dic. 6, 2011.

108 *La mitad [de]:* Lloyd Dunkelberger y Gary Fineout, "Battle over 2006 Speaker Shaping Up", *Lakeland Ledger*, Aug. 3, 2003.

108 *Pero cuando estaba allá:* Ibíd.

110 *Años más tarde, Byrd:* Johnnie Byrd, entrevista del autor, dic. 5, 2011.

110 *En esa época:* Lesley Clark, "Marco Rubio Makes Mark as GOP Wonder Boy", *Miami Herald*, marzo 9, 2003.

110 *"Ellos pueden sacarte:* Dan Gelber, entrevista del autor, oct. 28, 2011.

111 *Le gustaban las capacidades tácticas:* Johnnie Byrd, entrevista del autor, dic. 5, 2011.

112 *"Sé que Ralph:* Jim Ash, "Fla. House Speaker Byrd Serious about His Spanish", *Palm Beach Post*, nov. 24, 2002.

112 *Pero a finales de:* Fred Barnes, "Demolition Derby in Florida, Can Marco Rubio Prevail?", *Weekly Standard*, agosto 9, 2010.

112 *"Pasé mucho:* Johnnie Byrd, entrevista del autor, dic. 5, 2011.

113 *El club también:* datos de la campaña del Federal Election Commission analizados por OpenSecrets.org, http://www.opensecrets.org/politicians/summary .php?cid=N00030612&cycle=2012.

113 *Durante sus primeros años:* PolitiFact, "Marco Rubio Wasn't Always against Earmarks", nov. 16, 2010.

114 *Más tarde, Rubio haría:* Jim DeMint, *The Great American Awakening* (Nashville: B & H Publishing Group, 2011).

114 *Pero la comparación:* Janny Scott, "In Illinois, Obama Proved Pragmatic and Shrewd", *New York Times*, julio 30, 2007.

114 *"Todas esas negociaciones:* entrevista del autor con una fuente confidencial, nov. 2011.

115 *Byrd podía ser:* Jim Ash, "House Speaker Stirs Budget Pot", *Palm Beach Post*, abril 7, 2003.

115 *Una vez dijo:* Steve Bousquet, "Byrd's 'Sheep' Analogy Riles Colleagues", *St. Petersburg Times*, feb. 26, 2004.

115 *Cuando el estilo de Byrd:* Ash, "Fla. House Speaker Byrd Serious about His Spanish".

116 *si los republicanos no estaban:* Peter Wallsten, "Drug Plan a Cure for What Ails GOP", *Miami Herald*, feb. 23, 2003.

116 *Sin embargo, cuando los presupuestos:* Jim Ash, "House Speaker Stirs Budget Pot", *Palm Beach Post*, abril 7, 2003.

116 *"Sus votantes estarían:* Jim Saunders, "Bush Calls Special Session May 12", *Daytona Beach News-Journal*, mayo 3, 2003.

117 *Pero Rubio no había apartado sus ojos:* entrevista del autor con una fuente confidencial, feb. 2011.

118 *En una ocasión:* Nancy Cook Lauer, "'New Democrats to Watch' List Includes Ausley", *Tallahassee Democrat*, mayo 18, 2003.

118 *"Era la primera:* Jeff Kottkamp, entrevista del autor, marzo 13, 2012.

119 *Esta práctica continuó:* Gary Fineout, "Thanks to a Campaign Finance Loophole Many Lawmakers Are Raising SECRET MONEY", *Sarasota Herald-Tribune*, sept. 28, 2003.

119 *Rubio defendió inicialmente:* Steve Bousquet, "Lawmakers Secretly Raise Big Bucks", *St. Petersburg Times*, sept. 28, 2003.

119 *Cuando los nombres:* Adam C. Smith, Beth Reinhard y Scott Hiaasen, "Marco Rubio's Lavish Rise to the Top", *St. Petersburg Times* y *Miami Herald*, marzo 12, 2010.

120 *"Estoy orgulloso:* Ibíd.

120 *"La teneduría de libros:* Ibíd.

121 *"Él no es el:* entrevista del autor con una fuente confidencial, 2012.

121 *La mayoría consideró que:* entrevista del autor con una fuente confidencial.

122 *"Marco realmente hizo:* Joe Pickens, entrevista del autor, dic. 6, 2011.

123 *"Tuvimos una especie de:* entrevista del autor con una fuente confidencial.

125 *"Había muchos:* J. C. Planas, entrevista del autor, oct. 11, 2011.

125 *Cuando le pregunté:* Dennis Baxley, entrevista del autor, dic. 6, 2011.

126 *Posteriormente, Rubio le dio:* Jan Pudlow, "Rubio to Lead House: Lawyer-Legislator Takes Center Stage in 2006", *Florida Bar News*, abril 1, 2005.

127 *"Hay gente que:* "Some Opt for Baseball over Legislative Vote", Associated Press, oct. 28, 2003.

128 *En términos retrospectivos:* Fred Brummer, entrevista del autor, dic. 15, 2011.

128 *"No hubo:* Ibíd.

Notas

128 *Un avión fletado de Falcon:* Mary Ellen Klas y Lesley Clark, "Rubio Sets Goals Issues Challenge", *Miami Herald*, sept. 14, 2005.

129 *Años más tarde, Modesto:* Modesto Pérez, entrevista del autor, nov. 1, 2011.

129 *También recibió:* Bousquet, "House Makes History with Choice of Speaker".

131 *El apodo fue:* Adam Smith, "Marco Rubio Is the Messiah", *St. Petersburg Times*, The Buzz blog, marzo 23, 2010.

131 *"fue un:* entrevista del autor con una fuente confidencial.

131 *"Una de las:* Dennis Baxley, entrevista del autor, dic. 6, 2011.

132 *La delegación de Miami-Dade:* Rebecca Wakefield, "Miami Dade County Days: Welcome to Fabulous Tallahassee Where Your Humble State Legislators Work Hard by Day and Play Hard by Night", *Miami New Times*, abril 22, 2004.

132 *Un análisis realizado:* Amy Keller, "Cheap Labor: Fla. Lawmakers", *Florida Trend*, oct. 1, 2009.

132 *Sin embargo, los ingresos de Rubio,:* Marco Rubio, "Full and Public Disclosure of Financial Interests", Florida Commission on Ethics, agosto 8, 2003; y "Final Full and Public Disclosure of Financial Interests", Commission on Ethics, feb. 9, 2009. Disponible de la Florida Commission on Ethics.

132 *A partir de 2004:* Marco Rubio, "Full and Public Disclosure of Financial Interests", Florida Commission on Ethics, 2006, 2007, 2008. Disponible de la Florida Commission on Ethics.

133 *El bufete realizó:* Zac Anderson, "Money Matters Follow Candidate Rubio", *Herald Tribune*, sept. 20, 2010.

133 *"El enfoque de Rubio provino:* Carol E. Lee, "Rubio, Hotly Wooed, Plays Cool", *Wall Street Journal*, enero 28, 2012.

133 *"Congeniaron de inmediato:* Ibíd.

133 *"Es una idea tan inteligente:* Mary Ellen Klas, "Rubio on GOP Mission", *Miami Herald*, marzo 20, 2006.

133 *"Creo que:* Ibíd.

134 *Las ideas van desde:* Marco Rubio, *100 Innovative Ideas for Florida's Future* (Washington, D.C.: Regnery, 2006), 136, 57, 70, 168.

134 *En abril de 2006:* Jim Ash, "Agency Woes Not Helping Gay-Adoption Advocates", *Tallahassee Democrat*, abril 6, 2006.

134 "*Algunos de estos niños:* Ibíd.

135 "*Las estampillas de recaudaciones:* Fred Brummer, entrevista del autor, dic. 15, 2011.

135 "*Tú repartes las cartas:* Dan Gelber, entrevista del autor, oct. 28, 2011.

136 "*Un matón", lo llamó Brummer:* Fred Brummer, entrevista del autor, dic. 15, 2011.

136 "*Una de las personas más:* entrevista del autor con una fuente confidencial, 2012.

137 "*Se quedó de:* Carol Marbin Miller y Marc Caputo, "Arza Won't Heed Calls to Resign", *Miami Herald*, oct. 25, 2006.

137 "*Cuando tienes:* Mary Ellen Klas, "Arza Scandal Puts Incoming Speaker Rubio in Tough Spot", *Miami Herald*, nov. 6, 2006.

138 *Seis meses más tarde:* Susannah A. Nesmith, "Ex Rep. Arza gets Probation in Voice Mail Case", *Miami Herald*, mayo 25, 2007.

138 *Contrató a un:* Alex Leary y Steve Bousquet, "New House Speaker Paying New Aides Hefty Wages", *St. Petersburg Times*, dic. 1, 2006.

139 "*La broma era:* Fred Brummer, entrevista del autor, dic. 15, 2011.

139 *Tres de los seis:* Alex Leary, "Rubio Already Changes House", *St. Petersburg Times*, agosto 31, 2006.

139 "*No hay caoba:* J. Taylor Rushing, "Speaker's Spending Draws Scrutiny", *Florida Times-Union*, dic. 8, 2006.

139 *Lo hizo tan a menudo:* entrevista del autor con una fuente confidencial.

139 "*Puede poner nerviosas:* Dennis Baxley, entrevista del autor, dic. 6, 2011.

140 *Durante el aprendizaje:* Johnnie Byrd, entrevista del autor, dic. 5, 2011.

141 *En la parte posterior:* Dan Gelber, entrevista del autor, oct. 28, 2011.

141 *Rubio seguía:* tweet de Marco Rubio, oct. 25, 2009. Video disponible en http://www.youtube.com/watch?v=ptxVK4xWr8g#tcot.

142 "*Él es prácticamente cubano:* Peter Wallsten, "Bush Brothers, Exiles Renew Their Support", *Miami Herald*, mayo 21, 2002.

142 "*Andaba por todo:* Fred Brummer, entrevista del autor, dic. 15, 2011.

142 *Bush fue llamado alternativamente:* Steve Bousquet, "The Bush Legacy; Part I: The Office", *St. Petersburg Times*, dic. 29, 2006.

143 "*Los Bush saben:* Johnnie Byrd, entrevista del autor, dic. 5, 2011.

144 "*Yo me pregunto si:* J. C. Planas, entrevista del autor, oct. 11, 2011.

144 *Fue mariscal:* J. Taylor Rushing, "Despite Apparent Dismissals, Crist Campaign Seems Likely", *Florida Times-Union*, abril 21, 2004.

144 *En un artículo:* Adam C. Smith, "It's All New GOP Day", *St. Petersburg Times*, marzo 30, 2007.

145 *"Era empalagosamente:* entrevista del autor con una fuente confidencial, 2011.

146 *En abril, mientras:* Marc Caputo y Mary Ellen Klas, "House Speaker Rips Compromise Tax-Cut Plan", *Miami Herald*, abril 27, 2007.

146 *"Fue algo:* J. C. Planas, entrevista del autor, oct. 11, 2011.

147 *En abril de 2008:* Gary Fineout, "Rubio Helps Political Ally in Budget", *Miami Herald*, abril 7, 2008.

147 *lo había hecho sin:* entrevista del autor con una fuente confidencial.

147 *Los editorialistas criticaron:* "A Favoritism Fill-Up", *Palm Beach Post*, abril 14, 2008.

147 *Rubio había intentado:* Marc Caputo, "Rubio Defends Adding Wording", *Miami Herald*, abril 8, 2008.

147 *"Solo porque un:* Linda Kleindienst y John Kennedy, "Budget Full of 'Turkeys'—Even in Lean Times, House Leaders Steered $350 million in Pork-barrel Spending into the State Budget, Critics Said", *Orlando Sentinel*, abril 15, 2003.

148 *"Es muy bueno:* Jill Chamberlin, entrevista del autor, dic. 12, 2011.

148 *un galardonado:* Aaron Sharockman, "PolitiFact: Rubio's Claim of Spurring 57 Laws Proves High", *Tampa Bay Times* y *Miami Herald*, feb. 28, 2010.

149 *"Del dicho al:* Adam C. Smith y Alex Leary, "Rubio Record Diverges from Campaign Rhetoric", *St. Petersburg Times*, nov. 6, 2009.

149 *dejó su cargo:* Gary Fineout y Marc Caputo, "Rubio Leaves Mixed Record; Florida's First Cuban-American House Speaker Ends His Two Years in Office with a Record of Highs and Lows", *Miami Herald*, mayo 4, 2008.

149 *La grandeza de:* palabras del presidente de la Cámara Marco Rubio, Florida House of Representatives, mayo 2, 2008.

CAPÍTULO SEIS: DESTINADO A VOLAR ALTO

151 *Baxley, quien se describe:* Dennis Baxley, entrevista del autor, dic. 6, 2011.

151 *Rubio estaba pensando:* Ibíd.

152 Y *derrotar a:* Jose K. Fuentes, entrevista del autor, dic. 15, 2011.

152 *Rubio se postularía:* "Rubio's Rise: Tax Returns Show How Income, Influence Rose", *Miami Herald,* mayo 22, 2010.

152 *"No es muy:* Dennis Baxley, entrevista del autor, dic. 6, 2011.

152 *"Hubo un gran:* Ibíd.

153 *"Ella no se:* Ibíd.

154 *"Él tenía esa:* Ibíd.

154 *Dejó de asistir a:* Frank Cerabino, "What Hug? Governor Just Doing His Duty", *Palm Beach Post,* nov. 10, 2008.

155 *El abrazo de:* Adam C. Smith, "Crist, Obama Go Bipartisan", *St. Petersburg Times,* feb. 11, 2009.

155 *Los planes de Rubio finalmente:* Beth Reinhard, "Marco Rubio Quietly Registers to Run for U.S. Senate", *Miami Herald,* mar. 5, 2009.

156 *El mes anterior:* Paula McMahon y Peter Franceschina, "Ex-Power Broker: 4 Years in Prison", *Sun-Sentinel,* junio 2, 2011.

156 *Fue declarado:* Ibíd.

156 *Una encuesta realizada:* Quinnipiac University, "Florida's Crist Has Pick of Gov. or Senate Race, Quinnipiac University Poll Finds; Voters Back Seminole Casino Plan", feb. 18, 2009, http://www.quinnipiac .edu/institutes-and-centers/polling-institute.

156 *Verónica Ponce, la hermana:* Veronica Ponce blog, "Six Months Is a Long Time", mar. 8, 2011, http://veronicaponce.typepad.com/v_pho tography/.

157 *le envió una nota:* Adam C. Smith, "Rubio's Boldness Beat All the Odds", *St. Petersburg Times,* nov. 14, 2010.

158 *Catorce minutos después:* Beth Reinhard, "Gov. Charlie Crist Announces Bid for U.S. Senate", *Miami Herald,* mayo 12, 2009.

159 *Posteriormente describiría:* Stephen F. Hayes, "It Was Rubio's Tuesday; The Most Important Freshman Senator", *Weekly Standard,* nov. 15, 2010.

159 *Tal como lo había hecho:* Fred Barnes, "Demolition Derby in Florida, Can Marco Rubio Prevail?", *Weekly Standard,* agosto 9, 2010.

159 *"Recuerdo que se me:* Stephen F. Hayes, "It Was Rubio's Tuesday; The Most Important Freshman Senator", *Weekly Standard,* nov. 15, 2010.

160 A *pesar de que sus:* Tom Tillison, entrevista de un investigador académico, feb. 7, 2012.

160 *El 15 de abril de 2009:* discurso de Marco Rubio a activistas del Tea Party, West Palm Beach, Florida, abril 15, 2009, http://www.youtube .com/watch?v=5CHFJgqCv0c.

161 *"A la gente le encantó lo:* Everett Wilkinson, entrevista de un investigador académico, feb. 7, 2012.

161 *Rubio diría en términos retrospectivos:* palabras de Marco Rubio en desayuno de Politico Playbook, nov. 16, 2011.

161 *Una noche sus:* palabras de Marco Rubio tras su elección al Senado de los Estados Unidos, Coral Gables, Florida, nov. 2, 2010, http://rncnyc 2004.blogspot.com/2010/11/marco-rubio-marco-rubio-acceptance.html.

161 *"Nuestro país está:* Bill Thompson, "Fla. Christian Coalition Head Baxley Quits to Endorse Rubio", *Gainesville Sun,* junio 8, 2009.

162 *Los dos asistieron:* Dennis Baxley, entrevista del autor, dic. 6, 2011.

162 *"Mis colegas literalmente:* Jim DeMint, *The Great American Awakening* (Nashville: B & H Publishing Group, 2011), 9.

162 *El reporte de Crist:* John McArdle, "Crist Far Outpaces Rubio in Second-Quarter Fundraising", *Roll Call,* julio 7, 2009.

163 *Sus asesores le hablaron:* Smith, "Rubio's Boldness Beat All the Odds".

163 *"Es uno de los mejores:* entrevista del autor con una fuente confidencial, 2011.

163 *"Esto no te va a:* Smith, "Rubio's Boldness Beat All the Odds".

164 *el joven director de la campaña:* Adam C. Smith, "Two Leave Rubio's Campaign Staff", *St. Petersburg Times,* julio 24, 2009.

164 *Rubio contrató a:* William March, "Rubio Draws Crowds; Coffers Slow to Fill", *Tampa Tribune,* julio 25, 2009.

164 *Shortridge argumentó:* Smith, "Rubio's Boldness Beat All the Odds".

165 *"¡Él puede escupir:* entrevista del autor con una fuente confidencial, 2011.

165 *"Sabes, me:* palabras de Marco Rubio en desayuno de Politico Playbook, nov. 16, 2011.

165 *"Tengo fuertes:* Smith, "Rubio's Boldness Beat All the Odds".

165 *Los asesores de Rubio miraban:* entrevista del autor con una fuente confidencial, 2011.

Notas

166 *Llamó a Crist:* John J. Miller, "Rubio Rising—The Florida GOP Has a New Star", *National Review,* sept. 7, 2000.

166 *Fue el punto de inflexión:* Dennis Baxley, entrevista del autor, dic. 6, 2011.

167 *Él lo gastaba:* Smith, "Rubio's Boldness Beat All the Odds".

167 *Una encuesta realizada:* Rasmussen Reports, Primaria Republicana de 2010 para el Senado de la Florida, dic. 4, 2009, http://www.rasmussen reports.com/public_content/politics/elections/election_2010_senate _elections/florida/questions/toplines_2010_florida_senate_republican _primary_december_14_2009.

167 *El abrazo se estaba:* entrevista del autor con una fuente confidencial, 2011.

168 *En enero, escribió:* tweet de Marco Rubio, enero 27, 2010.

168 *"Mucha gente:* Dennis Baxley, entrevista del autor, dic. 6, 2011.

168 *José "Pepe" Fanjul:* entrevista del autor con una fuente confidencial, 2012.

168 *"Observé dos cosas:* entrevista del autor con una fuente confidencial, 2012.

169 *Rubio y sus:* Ibíd.

169 *"Hace una semana:* palabras de Marco Rubio al Comité de Acción Política Conservador, Washington, D.C., feb. 18, 2010, http://www .youtube.com/watch?v=8XY0pX5xBGE.

172 *Los periodistas investigativos:* Beth Reinhard, Scott Hiaasen y Adam C. Smith, "Rubio Credit Flap Grows", *St. Petersburg Times,* feb. 26, 2010.

172 *"Todo esto son:* George Bennett, "Rubio Casts Race as Battle for America", *Palm Beach Post,* oct. 23, 2010.

173 *Ben Wilcox, del:* Adam C. Smith, Beth Reinhard y Scott Hiaasen, "A Lavish Rise for Rubio", *St. Petersburg Times,* mar. 13, 2010.

173 *Por ejemplo, a Rubio:* Adam C. Smith y Beth Reinhard, "Rubio's Aide Spent Lavishly like His Boss", *St. Petersburg Times,* mar. 23, 2010.

174 *"La contratación de Rubio:* Zac Anderson, "Money Matters Follow Candidate Rubio", *Sarasota Herald Tribune,* sept. 20, 2010.

174 *Rubio se había:* Ibíd.

174 *El equipo de Rubio dijo:* Jake Bernstein, "Florida Bank, Used as ATM

by Insiders, Won TARP Loan But Now Teeters", ProPublica, oct. 22, 2011.

174 *"El hecho de tener decenas:* Ibíd.

175 *El equipo de Rubio se defendió:* Ibíd.

175 *"Un tipo compró:* entrevista del autor con una fuente confidencial, 2011.

175 *En un debate en Fox: Fox News Sunday,* mar. 28, 2010, http://www.pol iticsdaily.com/2010/03/28/transcript-of-charlie-crist-marco-rubio-debate -on-fox-news-sund/.

176 *el popular presentador:* transcripción del programa de Sean Hannity en Fox News, abril 6, 2010, http://www.foxnews.com/on-air/hannity/2010/ 04/07/giuliani-backing-rubio-fiery-fla-senate-race.

176 *Sus principales asesores:* William March, "It's Farewell to the GOP", *Tampa Tribune,* abril 30, 2010.

178 *En cierta ocasión, un aliado:* entrevista del autor con una fuente confidencial, 2012.

178 *En una investigación:* Scott Hiaasen y David Ovalle, "FDLE Team Takes Lead of David Rivera Probe", *Miami Herald,* enero 29, 2011.

178 *Rivera también dejó de:* Laura Wides-Munoz, "Fla. Probe Finances of New U.S. Rep. David Rivera", Associated Press, enero 20, 2011.

179 *En abril, hablando de:* Beth Reinhard, "3-Way Senate Race Would Change Old Script", *Miami Herald,* abril 28, 2010.

179 *Rubio le dijo a Human Events:* Jason Mattera, "Exclusive: Rubio Clarifies Critique of Arizona Law", Humanevents.com, mayo 6, 2010.

180 *Durante su campaña:* entrevista del autor con una fuente confidencial, 2011.

181 *Fanjul organizó un:* entrevista del autor con una fuente confidencial, 2012.

181 *La lista de invitados:* Ibíd.

181 *"Me duele:* entrevista del autor con una fuente confidencial, 2011.

181 *"Metimos la pata:* Ibíd.

182 *Un video de Crist:* http://www.youtube.com/watch?v=9hG1PsA_ltE.

182 *El equipo de Rubio prefería:* entrevista del autor con una fuente confidencial, 2011.

182 *"El Partido Republicano:* debate del Senado de la Florida de CNN,

Notas

oct. 24, 2010, http://transcripts.cnn.com/TRANSCRIPTS/1010/24/ sotu.01.html.

183 *"Mi padre era:* Marco Rubio, carta tras la muerte de su padre, sept. 4, 2010, http://saintpetersblog.com/2010/09/heartbreaking-inspiring-and -a-must-read-a-letter-from-marco-rubio-about-the-passing-of-his-father/.

183 *Su condición de favorito:* Lucy Morgan, "Rubio Listed as 'Hero' to the Court", *St. Petersburg Times,* sept. 23, 2010.

184 *"Cometemos un grave:* palabras de Marco Rubio tras se elección al Senado de los Estados Unidos, Coral Gables, Florida, nov. 2, 2010, http:// rncnyc2004.blog spot.com/2010/11/marco-rubio-marco-rubio-accep tance.html.

CAPÍTULO SIETE: DIOS Y PATRIA

185 *"Dios es real:* palabras de Marco Rubio a la Cámara de Representantes de la Florida, Tallahassee, mayo 2, 2008, http://www.youtube.com/ watch?v=z5uugXEZY58.

186 *Un año y medio:* palabras de Marco Rubio tras su elección al Senado de los Estados Unidos, Coral Gables, Florida, nov. 2, 2010, http://rncnyc 2004.blogspot .com/2010/11/marco-rubio-marco-rubi o_acceptance .html.

186 *Dios aparece cuando:* palabras de Marco Rubio en la Conferencia de Acción Política Conservadora, Washington, D.C., feb. 9, 2012.

186 *Dios está presente cuando Rubio analiza:* palabras de Marco Rubio en la Biblioteca Ronald Reagan, Simi Valley, California, agosto 23, 2011.

187 *"Él siempre ha estado:* Coppins, "Marco Rubio's Mormon Roots", BuzzFeed.com

187 *"Él convenció realmente:* Ibíd.

187 *Y es probable que la fe mormona:* Ibíd.

188 *Con los años:* Dennis Baxley, entrevista del autor, dic. 6, 2011.

188 *En 2004, cuando:* Gary Fineout, "Lawmakers Invited to See 'Passion' ", *Miami Herald,* mar. 10, 2004.

188 *Cuando se le preguntó acerca de:* Ibíd.

189 *"Hemos tenido conversaciones:* Ibíd.

189 *Fue bautizado:* Damian Thompson, "Marco Rubio Tries to Still Debate over His Religion", *Daily Telegraph (Londres),* nov. 12, 2010.

189 *se identifió como:* Marco Rubio, biografía oficial, sitio web de la Cá-

— 298 —

mara de Representantes de la Florida, http://www.myfloridahouse.gov/
Sections/Representatives/details.aspx?MemberId=4180.

189 *en el Directorio del Congreso:* Marco Rubio, biografía oficial, Directorio del Congreso para el 112 ° Congreso.

189 *"Uno de los:* palabras de Marco Rubio en desayuno de Politico Playbook, nov. 16, 2011.

189 *Sin embargo, también:* Ibíd.

189 *Rubio y su amigo Baxley compartían:* Ibíd.

190 *El 35%:* Centro de Investigación Pew, Foro sobre Religión y Vida Pública, sondeo, "Many Americans Mix Multiple Faiths", dic. 2009.

190 *Los latinos siguen siendo:* "U.S. Latino Religious Identification 1990–2008: Growth, Diversity and Transformation. A Report Based on the American Religious Identification Survey 2008", Trinity College, Hartford, Connecticut.

190 *las dos religiones en las que:* Mark Noll, entrevista del autor, feb. 1, 2012.

190 *A nivel práctico:* Ibíd.

190 *Los católicos consideran la:* Chad C. Pecknold, entrevista del autor, feb. 9, 2012.

191 *Pero en la:* sitio web de la iglesia Christ Fellowship, "Our Beliefs," http://cfmiami.org/im-new/our-beliefs/.

191 *"Esa es una gran:* Chad C. Pecknold, entrevista del autor, feb. 9, 2012.

191 *Después de la victoria de Rubio al Senado:* Eric Giunta, "Marco Rubio: Catholic or Southern Baptist? Voters Deserve to Know", RenewAmerica .com, nov. 4, 2010, http://www.renewamerica.com/columns/giunta/101104.

192 *"Si encuentras:* Eric Giunta, "Rubio Campaign to Catholic Voters: 'Screw You; Get a Life!'"", RenewAmerica.com, nov. 11, 2010, http://www.renewamerica.com/columns/giunta/101111.

192 *Los analistas descartaron:* Mark Oppenheimer, "Catholic or Protestant? Few Seem Troubled", *New York Times,* nov. 26, 2010.

193 *"Los católicos y los evangélicos:* Richard Land, entrevista del autor, feb. 9, 2012.

194 *"Somos una nación bendecida:* palabras de Marco Rubio en la Conferencia de Acción Política Conservadora, Washington, D.C., feb. 9, 2012.

195 *"No se trata de: On the Record with Greta Van Susteren*, Fox News, feb. 8, 2012.

195 *"La libertad religiosa es:* Marco Rubio, "Religious Liberty Can Still Trump ObamaCare", *New York Post*, feb. 2, 2012.

196 *"Puedo decirles:* Glenn Thrush, "Marco Rubio's Unplanned Parenthood", blog de Politico 44, feb. 2, 2012.

196 *Baxley, su amigo:* Dennis Baxley, entrevista del autor, dic. 6, 2011.

196 *En esas declaraciones:* palabras de Marco Rubio a la Cámara de Representantes de la Florida, Tallahassee, mayo 2, 2008.

196 *creyó que los comentarios de Rubio:* Chad C. Pecknold, entrevista del autor, feb. 9, 2012.

196 *"[Dios] no quiere que:* palabras de Marco Rubio a la Cámara de Representantes de la Florida, Tallahassee, mayo 2, 2008.

CAPÍTULO OCHO: EL CLUB DEL SIGLO

199 *"Parece altamente cafeinado:* entrevista del autor con una fuente confidencial, 2011.

200 *"Podrías pasar:* Marco Rubio, Municipalidad, Naples, Florida, http://www.youtube.com/watch?v=Oh93MAjeDT4.

200 *De hecho, Rubio era:* Jennifer E. Manning, "Membership of the 112th Congress: A Profile", marzo 1, 2011. Disponible en: http://www.senate.gov/reference/resources/pdf/R41647.pdf.

201 *Distendió la:* cuenta de Twitter de Marco Rubio.

202 *"Hay una gran:* cuenta de Twitter de Marco Rubio, marzo 29, 2009.

202 *En mayo de 2009:* cuenta de Twitter de Marco Rubio, mayo 21, 2009.

203 *"Como lo dijo el senador Rubio:* "Media Availability with House Speaker John Boehner, (R-Oh.), Subject: Budget", Federal News Service, julio 11, 2011.

203 *Era más una:* Andrew Price, "Watts Brings Message of Diversity, Opportunity", *Richmond Times-Dispatch* (Virginia), sept. 30, 2005.

204 *"Marco Rubio está:* Jeremy Wallace, "Marco Rubio Is Everywhere", HTpolitics.com, julio 14, 2011, http://htpolitics.com/2011/07/14/marco-rubio-is-everywhere/.

204 *"Quien gane la:* "Analysis with Dick Morris", *The Sean Hannity Show*, Fox News, julio 11, 2011.

204 *Unos días:* "Talking Points Memo", *The O'Reilly Factor*, Fox News, julio 18, 2011.

204 *Su esposa y sus:* palabras de Marco Rubio en desayuno de Politico Playbook, Washington, D.C., nov. 16, 2011.

205 *"Esto es más:* Chris Coons, entrevista del autor, nov. 21, 2011.

206 *"Hay un prisma:* entrevista del autor con una fuente confidencial, 2012.

207 *"Mi temor siempre:* Marco Rubio en desayuno de Politico Playbook.

208 *"Él quiere tener:* Alex Leary, "Marco Rubio Faces an Immigration Issue", *St. Petersburg Times*, mayo 29, 2011.

208 *"Él siente que el:* Everett Wilkinson, entrevista de un investigador académico, feb. 7, 2012.

208 A *Tom Tillison, cofundador:* Tom Tillison, entrevista de un investigador académico, feb. 7, 2012.

208 *Un mes después:* Marco Rubio, Municipalidad, Naples, Florida.

209 *"Yo le dije:* Chris Coons, entrevista del autor, nov. 21, 2011.

210 *"No quiero inducir:* palabras de Marco Rubio en desayuno de Politico Playbook, Washington, D.C., nov. 16, 2011.

212 *"No disfruto:* canal de YouTube del senador Rubio, dic. 16, 2011, http://www.youtube.com/user/SenatorMarcoRubio.

214 *"Ha escuchado:* Julia Wrightstone, entrevista del autor, feb. 5, 2012.

215 *Rubio expresó su preocupación:* "Senator Rubio Challenges Farrar on His Record on Cuba", junio 8, 2011, http://www.youtube.com/watch?v =U1 n8Guf RsuA.

215 *Una noche, cuando:* Manuel Roig-Franzia, "Havana's 148 Flags Prove Mightier Than the Billboard", *Washington Post*, mayo 13, 2006.

216 *"No puedo pensar:* William E. Gibson, "Rubio's First Year in Senate Filled with Frustration", *Fort Lauderdale Sun-Sentinel*, dic. 18, 2011.

CAPÍTULO NUEVE: GRANDES ESPERANZAS

217 *Un día, Cárdenas:* palabras de Al Cárdenas en la Conferencia de Acción Política Conservadora, Washington, D.C., feb. 9, 2012.

218 *En la Florida:* Alex Leary, "Rubio for Prez", blog del *St. Petersburg Times*, marzo 6, 2007.

218 *El marzo anterior:* Mary Ellen Klas, "Rubio on GOP Mission", *Miami Herald*, marzo 20, 2006.

Notas

218 *"Es bueno, y:* Michael C. Bender, "Son of Immigrants Trumpets People's Agenda", *Palm Beach Post*, feb. 26, 2007.

219 *Steven Geller, un:* Tim Elfrink, "Marco Rubio, Tea Party Pretty Boy", *Miami New Times*, julio 22, 2010.

219 *para 2010, ya: The Event*, NBC, http://www.nbc.com/the-event/about/president-martinez/.

220 *El 22 de mayo:* blog de CDR Kerchner, "Senator Marco Rubio's Father Was Not a Naturalized Citizen When Marco Was Born in May 1971 per National Archives Data", mayo 22, 2011, http://cdrkerchner.word press.com/2011/05/22/senator-marco-rubios_father-was-not-a-naturalized -citizen-when-marco-was-born-in-may-1971-per-national-archives-data -his-father-applied-for-naturalization-in-sep-1975/.

221 *En varios escritos:* Ibíd.

221 *"Los nativos o:* Emer de Vattel, *The Law of Nations or Principles of the Law of Nature Applied to Conduct and Nature of Nations and Sovereigns* (Londres: G. G. and J. Robinson, 1797).

222 *En septiembre, Alan Keyes:* Alex Leary, "Birthers Call Out Rubio", *St. Petersburg Times*, oct. 20, 2011.

222 *Ese mismo mes:* Bob Rathgeber, "Exclusive: Now, 'Birthers' Have Eye on Marco Rubio, Is He 'Natural Born?' A Debate Has Begun", Newspress.com, sept. 20, 2011.

222 *El artículo, de 1.200:* Leary, "Birthers Call Out Rubio".

223 *Rubio respondió con:* Jim Puzzanghera, "Leading Republicans Take Shots at Trump", *Sun-Sentinel*, mayo 2, 2011.

224 *Tribe me respondió por:* Laurence H. Tribe, correspondencia vía correo electrónico con el autor, oct. 17, 2011.

224 *Sin vacilar, dijo:* Gabriel Chin, entrevista del autor, oct. 17, 2011.

225 *Todo comenzó a principios:* Isaac Lee, entrevista del autor, oct. 31, 2011.

225 *Barbara Cicilia recibió:* Gerardo Reyes, entrevista del autor, nov. 28, 2011.

226 *Menos de una:* María Martínez-Henao, entrevista del autor, dic. 2, 2011.

226 *Burgos pensó que:* Ibíd.

227 *En un correo electrónico enviado:* Alex Burgos, correspondencia vía correo electrónico a Randy Falco, julio 6, 2011.

Notas

227 *"Durante muchos años:* entrevista del autor con una fuente confidencial, oct. 31, 2011.

228 *En 2010 este canal:* análisis estadístico de Univisión.

229 *Tres periodistas noticiosos:* Isaac Lee, entrevista del autor, oct. 31, 2011.

230 *las notas que Burgos tomó:* Ken Auletta, "War of Choice: Marco Rubio and the G.O.P. Play a Dangerous Game on Immigration", *New Yorker*, enero 9, 2012.

231 *Cuando el equipo de Rubio:* Daniel Coronell, entrevista del autor, oct. 31, 2011.

231 *Al día siguiente:* carta de Alex Burgos a Isaac Lee, julio 8, 2011.

232 *El informe señaló que:* emisión vespertina de noticias de Univisión, julio 11, 2011, http://noticias.univision.com/estados-unidos/videos/video/2011–07–11/univision-investigo-a-marco-rubio.

232 *"Estaba muy irritado:* Auletta, "War of Choice".

233 *Dos meses y medio:* Marc Caputo, correo electrónico a Isaac Lee, sept. 28, 2011.

234 *Si a los periodistas del:* Auletta, "War of Choice".

235 *"Días antes de que Univisión:* Marc Caputo y Manny Garcia, "The Inside Story: Univision's War with Rubio over Immigration, Drug Report", *Miami Herald*, oct. 1, 2011.

235 *Erik Fresen, un:* Erik Fresen, entrevista del autor, dic. 15, 2011.

236 *La carta señalaba:* David Rivera, Carlos Lopez-Cantera y Erik Fresen, carta a Reince Preibus, oct 3, 2011.

236 *"Obviamente, no:* Auletta, "War of Choice".

237 *La sala de redacción llevó:* Richard Altabef, memorando confidencial, "Re. Evaluation of claim by Senator Rubio's office", oct. 19, 2011.

238 *"Hay algunas cosas:* Erika Fry, "Univision, *The Miami Herald*, and Marco Rubio, the GOP's Rising Star", *Columbia Journalism Review*, enero/febrero 2012.

238 *"Nos sentimos muy:* Aminda Marques, entrevista del autor, abril 10, 2012.

239 *"Para nosotros:* Marques, entrevista del autor, abril 10, 2012.

239 *La noche antes:* Gerardo Reyes, entrevista del autor, nov. 28, 2011.

239 *Marques dijo que:* Auletta, "War of Choice".

239 *Su presidente, Haim Saban:* Ibíd.

240 *republicanos demolieron a Saban:* Ibíd.

Notas

CAPÍTULO DIEZ: LA PUERTA DORADA

241 *"Mi corazón está con:* Jim Ash, "Bill Targets Farm Slavery", *Palm Beach Post,* marzo 13, 2003.

242 *"Ellos estaban felices:* Tirso Moreno, entrevista del autor, feb. 17, 2012.

244 *"En los 15:* Jeb Bush, "Winning Hispanics Back", *Washington Post,* enero 26, 2012.

244 *La administración de Obama:* Jordy Yaeger, "Obama's ICE Reports Record Number of Deportations of Illegal Immigrants", *The Hill,* oct. 18, 2011.

245 *Cerca de 200.000 hombres:* Tim Lockette, "New UF Farm Safety Program Targets 200,000 Migrant Workers", *University of Florida News,* junio 30, 2005, http://news.ufl.edu/2005/06/30/farmsafety/.

245 *"Más del 75%:* Greg Schell, entrevista del autor, feb. 17, 2012.

245 *"¡Es lo justo:* Ibíd.

246 *Rubio copatrocinó con Peterman:* Todd Wright, "Legislation Would Help Farmworkers; House Version Stalls as Senate Bill Advances", *Sun-Sentinel,* marzo 1, 2002.

246 *Rubio y Peterman:* Ash, "Bill Targets Farm Slavery".

246 *Rubio también apoyó:* Beth Reinhard, "Rubio Takes Tougher Stance on Illegal Immigration", *Miami Herald,* nov. 10, 2009.

249 *"Rubio nació en:* Steve Bousquet, "House Makes History with Choice of Speaker", *St. Petersburg Times,* sept. 14, 2005.

249 *"El abogado miamense de 34 años:* Associated Press, "Florida's First Cuban-American House Speaker-designate Elected", sept. 13, 2005.

249 *El* Palm Beach Post: Alan Gomez, "Cuban-American to be Named Florida House Speaker for '06", *Palm Beach Post,* sept. 14, 2005.

250 *Y posteriormente, Human:* John Gizzi, "Politics 2005: Week of October 10", *Human Events Online,* artículo accedido vía nexis.com, oct. 7, 2005.

250 *Durante la contienda para:* Beth Reinhard, "Marco Rubio Warming up Panhandle Voters", *Miami Herald,* nov. 1, 2009.

251 *"Creo que:* transcripción de *America's Nightly Scoreboard* para octubre 21, 2011, accedido vía nexis.com.

252 *Rubio respondió con:* Marco Rubio, "Marco Rubio: My Family's Flight

from Castro", Politico.com, oct. 21, 2011, disponible en http://www
.politico .com/news/stories/1011/66567.html.

253 *Rubio dijo que*: NPR, "Reporter Raises Questions about Rubio's Back-
ground", oct. 21, 2011, audio disponible en http://www.npr .org/2011/
10/21/141597314/roig-franzia-discusses-questions-about-rubios-back
ground.

253 *El pasaporte cubano*: pasaporte de Oriales Rubio revisado por el autor,
oct. 20, 2011.

254 *Raúl Martínez, el:* Raúl Martínez, entrevista del autor, marzo 6, 2012.

254 *"Si [Rubio] hubiera sido:* Sandhya Somashekhar, "For Republicans,
Spotlight Turns to Florida—and Rubio", *Washington Post*, enero 28,
2012.

255 *Frank González, un:* Frank Gonzalez, entrevista del autor, dic. 14,
2011.

256 *en febrero de 2010:* transcripción de la entrevista de Sean Hannity con
Marco Rubio, Fox News, feb. 18, 2010.

256 *pero en otra:* Marc Caputo, "Did the Washington Post embellish Marco
Rubio's embellishments", *Miami Herald-Naked Politics blog*, http://
miamiherald.typepad.com/nakedpolitics/2011/10/did-the-washington
-post-embellish-marco-rubios-embellishments.html, oct. 20, 2011.

256 *El periódico informó:* Marc Caputo, "Rubio to pen autobiography",
Miami Herald, sept. 26, 2011.

257 *"Marco me dijo:* entrevista del autor con una fuente confidencial,
2011.

257 *"Muchos de nosotros:* Reinhard, "Marco Rubio Takes Tougher Stance
on Illegal Immigration".

258 *"Su tono sobre:* Ibíd.

259 *"Algunos han dicho:* Marco Rubio, "Opposing the Philosophy of Sonia
Sotomayor Isn't Anti-Hispanic", Politico.com, http://www.politico.com/
news/stories/0809/25788.html, Aug. 5, 2009.

260 *"Su retórica no:* J. C. Planas, entrevista del autor, oct. 11, 2011.

260 *"No tengo nada contra:* Audio y video del senador Marco Rubio disponible en: http://www.youtube.com/watch?v=tyg1HrDJc94&feature=
related.

261 *Los programas de ayuda a refugiados:* Roger Daniels, *Guarding the*

Golden Door: American Immigration Policy and Immigrants since 1882 (Nueva York: Hill and Wang), 193.

261 *"Pienso que [Rubio] sin darse cuenta*: Somashekhar, "For Republicans, Spotlight Turns to Florida—and Rubio".

261 *Justo antes de*: Scott Wong, "Rubio Takes Hard Line on Immigration", Politico.com, mayo 23, 2011.

263 *"Tengo que decir*: Sandhya Somashekhar, "In Florida, GOP Candidates Praise Marco Rubio, a Favorite for Running Mate", washington post.com, Jan. 26, 2012, http://www.washingtonpost.com/politics/in -florida-gop-candidates-praise-marco-rubio-a-favorite-for-running-mate/ 2012/01/26/gIQAzGicVQ_story.html.

263 *"Estos jóvenes*: transcripción del autor de las palabras de Marco Rubio en la Hispanic Leadership Network, enero 27, 2012.

263 *"Creo que la gran*: Jim Geraghty, "Rubio on the Race", *nationalreview .com*, accedido abril 10, 2012, http://www.nationalreview.com/articles/ 294846/rubio-race-jim-geraghty?pg=3.

264 *Ruben Navarrette, Jr.*: Ruben Navarette, Jr., "Navarette: GOP version of Dream Act holds promise", *CNN.com*, accedido abril 10, 2012, http://politicalticker.blogs.cnn.com/2012/04/05/navarrette-gop-version -of -dream-act-holds-promise/.

264 *Sin mencionar a Rubio*: Sen. Harry Reid, "Don't Keep Dreamers Waiting", *Miami Herald*, abril 1, 2012.

264 *"Podrían ser tres*: entrevista con Juan Williams, *Fox News*, abril 4, 2012, disponible en http://www.huffingtonpost.com/2012/04/02/marco-rubio -says-the-dream-act_n_1396824.html.

264 *Su tía y su*: Luís Enrique Lastres e Irma García Lastres, Affidávit de respaldo económico para Pedro Víctor García dirigido a Hon. Cónsul americano, división de visado, la Habana, Cuba, nov. 10, 1956.

265 *En mayo de 1956*: Luís Enrique Lastres e Irma García Lastres, Affidávit de respaldo económico para Dominga García Rodriguez y sus tías, Adria García Rodriguez y Magdalena García Rodriguez, mayo 26, 1956.

265 *Y ese mismo*: Mario Rubio, solicitud de visa de inmigrante y registro de extranjeros, Foreign Service of the United States of America, mayo 18, 1956.

265 *"Lo más importante es que él:* Alfonso Aguilar, entrevista del autor, feb. 17, 2012.

EPÍLOGO

267 *En 2012, mientras:* Scott Wong, "Marco Rubio Builds A_Team to Control Image, Bio", Politico, marzo 12, 2012.

267 *La revelación de que:* palabras de Marco Rubio a la Hispanic Leadership Network Conference, Miami, enero 27, 2012, transcripción del autor.

267 *Tenía que caminar:* Ibíd.

Printed in the United States
By Bookmasters